带货主播必修课
服装话术大全

申铭　答案岱◎著

中国经济出版社

CHINA ECONOMIC PUBLISHING HOUSE

北京

图书在版编目（CIP）数据

带货主播必修课：服装话术大全 / 申铭，答案岱著.
北京：中国经济出版社，2025.7. -- ISBN 978-7-5136-8283-1

I. F768.3；H019

中国国家版本馆 CIP 数据核字第 2025AU7913 号

策划编辑　张梦初
责任编辑　高　鑫　戴　瑛
责任印制　李　伟
封面设计　久品轩

出版发行　中国经济出版社
印 刷 者　北京艾普海德印刷有限公司
经 销 者　各地新华书店
开　　本　710mm×1000mm　1/16
印　　张　25.75
字　　数　345 千字
版　　次　2025 年 7 月第 1 版
印　　次　2025 年 7 月第 1 次
定　　价　78.00 元

中国经济出版社 网址 www.economyph.com 社址 北京市东城区安定门外大街58号 邮编 100011
本版图书如存在印装质量问题，请与本社销售中心联系调换（联系电话：010-57512564）

版权所有　盗版必究（举报电话：010-57512600）
国家版权局反盗版举报中心（举报电话：12390）　　服务热线：010-57512564

前　言

直播带货，这片新兴的商业沃土，近两年来发展得风生水起，成就了无数创业者和副业者的淘金梦想。作为行业的先行者，我亲历了直播带货的每一次变革，见证了平台规则的演变，也洞察了行业的每一次脉动。

每个月，我们最关心的除了直播间的销售额，就是平台规则的更新。因为这些规则的每一次微调，都可能直接影响我们的运营策略。比如，一两年前的起号方式，如果今天继续使用，会很难再取得理想结果。

尽管平台的规则不断变化，但直播带货的核心要素——人、货、场，始终未变。它们决定了用户是否会停留，是否会下单。而在用户从无购买欲望到最终下单的心理转变过程中，主播话术的深层逻辑起到关键作用，这一点从未改变。

写作这本书的初衷，缘于我离开北京后，投身于青岛一家大型服装公司的直播运营工作。公司领导对我充满信任，将直播业务全权交给我。但面对旗下众多子品牌和多个平台的直播需求，主播资源短缺成为我面临的一大挑战。我采取了系统化的培训方法，将我的直播经验传授给新人主播。然而，随着新人的不断加入，我发现培训工作占用了大量时间，影响了整体工作效率。为了解决这一问题，我整理并创建了一份内部学习手册，定期更新产品信息和优质话术案例，以提高培训效率。

这本手册极大地提升了我们的工作效率，让我能够专注于运营工作。在一次与董事长的深入交流中，他建议我将这些专业知识系统化，并可考虑将其出版。这让我意识到，许多新老服装行业从业者缺乏有效的学习资源，而这本手册，或许能成为他们进入直播带货领域的指南。

在这次谈话的启发下，我开始将手册扩展成一本书，并与一位拥有8年广告行业经验、曾在短时间内打造了多个头部直播间的伙伴合作。我们结合彼此的实战经验，让这本书更加实用且易于上手。我们相信，新手主播通过阅读这本书并结合日常练习，能够达到良好的直播水平。

对于那些担心学习后仍无法成功的人，我想在引言中阐明：阅读和记笔记并不能直接转化为个人能力，只有通过不断的消化、实践和练习，书中的知识才能真正为你所用。"纸上得来终觉浅"，真正的技能需要通过不断的练习来掌握。

这本书不仅为直播带货新手提供了深入浅出的指导，也为有经验的主播提供了丰富的案例和启示。同时，书中的优质话术案例可以直接用于初期直播，我更愿意称这本书为"服装话术完全解读"。

最后，提醒所有直播者，无论在哪个平台，都要时刻关注平台规则的更新，避免违规。让我们一同探索直播带货的新天地，期待你的直播间日日爆单，业绩持续飙升，迈向直播带货的新篇章，愿你每天都能收获满满的"9999+"订单！

目录

PART 1
主播话术基础篇
— 服装直播间的话术秘籍 —

构建语言桥梁：带货直播间话术框架全解析 -004

开场停留：如何开口就让用户留下来 -032

活动话术：如何让活动话术更具吸引力 -037

痛点话术：深挖目标用户需求的小技巧 -041

卖点话术：产品优势与寻找卖点的方法 -050

场景话术：如何使用场景话术打动用户 -065

塑品秘籍：如何把产品讲到用户的心坎里 -069

开价话术：如何巧妙处理价格的敏感点 -073

促单攻略：逼单话术心理学与实战应用 -079

转款话术：如何流畅过渡到下一个产品 -085

互动话术：提升直播间互动的话术策略 -092

防退款话术：降低退款率的话术与策略 -098

PART 2 产品介绍篇

– 如何专业且撩人地介绍服装 –

服装版型语言展现：用话术突出版型优势 -105

面料与工艺解析：优缺点与用户的关注点 -111

颜色心理学应用：颜色的高级感话术技巧 -142

服装风格解读：各种风格魅力与标签塑造 -149

服装细节的魅力：领口、袖口等形容话术 -159

PART 3 运营实战篇

– 运营型主播的直播实战手册 –

点对点拉人技巧：突破个位数在线的策略 -182

应对极速流：开场与场中大流量承接方法 -190

公屏互动艺术：如何优雅地回应用户提问 -198

黑粉应对策略：处理不和谐声音时的技巧 -203

消除价格疑虑：当用户说产品贵时怎么办 -208

建立信任关系：直播带货销售信任速成法 -214

直播间留人秘诀：如何全方位地留住用户 -219

学习话术拆解：借鉴优化其他直播间话术 -221

优秀案例剖析：如何从优秀话术中汲取灵感 -225

目 录

PART 4 复盘与提升篇
— 直播复盘对主播超级重要 —

数据解读：通过数据分析来提升直播效果 -238

录屏反思：从视觉、听觉到节奏感的提升 -248

PART 5 避坑与危机应对篇
— 直播带货的全套攻略 —

掌握平台规则：抖音、小红书等直播规范 -257

远离违规：常见的违规及应对策略全解析 -261

词汇替换：巧妙替换违规词的方法与应用 -268

危机应对：带货直播间突发事件处理指南 -273

PART 6 主播成长篇

— 自我提升与养生之道是关键 —

克服镜头恐惧：实战技巧助你摆脱小紧张 -276

播感的培养：让你直播更具吸引力的秘诀 -280

人设塑造：打造独特且吸引人的主播人设 -284

避免"主播病"：合理休息与养生的建议 -286

PART 7 附录

— 服装直播话术宝库 —

1. 开场话术案例 -292

2. 痛点话术案例 -294

3. 活动话术案例 -303

4. 场景话术案例 -304

5. 开价话术案例 -305

6. 逼单话术案例 -306

7. 互动话术案例 -307

8. 防退款话术案例 -308

9. 颜色话术案例 -309

10. 多类服装话术案例 -320

结语：开启你的服装直播新征程 -401

PART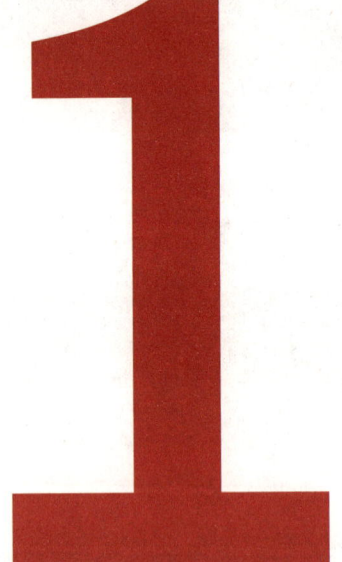

主播话术基础篇

— 服装直播间的话术秘籍 —

构建语言桥梁：
带货直播间话术框架全解析

1. 底层逻辑：直播间主播话术的核心作用

如果你看过直播带货，甚至在直播间下单购物，不妨回想一下：是什么让你在直播间从不想买变得想买了？主播的哪些话术，让你冲动下单？选择一件衣服的理由多种多样：可能是外观设计、价格优势、满足即时需求、能够突出肩部线条，或者特别适合梨形身材等。在服装直播间，主播通过一系列巧妙的话术，潜移默化地激发了你对衣服的兴趣并促使你做出购买决定。这种策略，即"话术逻辑"，是激发用户购买欲望并加速交易的有效手段。即使某些热门产品自带流量，但为了提高转化率和获取平台更多流量，主播仍需要精心设计话术。主播需要利用话术技巧激发用户购买欲望，提升和增加直播间的互动率和订单量。因此，话术体系的搭建与运用，直接决定了直播销售额的增长空间。

用户进入直播间的那一刻，他们心中通常带着三个疑问，解答这些问题是主播留住观众并促成交易的关键。

问题一：我为什么要买这款产品？

第一点是福利驱动策略

用户在平台本是消遣娱乐的，当其无意中进入直播间后，主播若能够巧妙地展示商品的价格优势，便能有效吸引他们的注意力。即主播要表达福利活动的话术，该话术主要传达的内容是商品价格远低于市场价，让用户感觉捡到了大便宜。

用户在听到主播的话术之后，会想要了解直播间的商品究竟有多划算，自己是否也能享受到这份"优惠"。即使最终价格并非绝对低价，但在主播介绍产品的过程中，已经成功在部分用户心中"种草"。他们开始觉得这件衣服无论从哪个角度看都非常出色，价格不再是他们考虑的主要因素，商品本身的吸引力更具吸引力，最终决定下单。这就是我们常说的"洗用户"，通过主播的话术技巧，让用户对产品产生更深的喜爱，从而实现购买转化。

话术案例

今天这款秋冬必备的马海毛大衣，在直播间给你们不到一顿火锅钱，直接安排了。

平时专柜要599元，今天我们是品牌旗舰店首场直播，开一个不到6折的价格给你们。

还有没有没抢到主播手里这款，不到三位数价格外套的宝贝，有的把小"1"飘起来，我给你们再加一波库存。

第二点是痛点挖掘策略

在用户没有明确购买需求的情况下，主播则要通过精准展示产品特点来激发用户需求，吸引他们在直播间停留。主播需要深入理解产品特性，并精准洞悉用户的潜在痛点和需求。例如，针对梨形身材人群在寻找合适裤装时面临的难题，主播可强调某款裤子特别适合梨形身材，能够解决其穿搭困扰。同时，主播可挖掘上班族怕衣服皱、女性在夏季面临既要清凉又要得体的穿搭矛盾及宝妈对宝宝服装的特殊需求等，针对这些痛点，通过巧妙的话术来吸引目标用户群体。当用户需求被激发后，主播需借助独特福利、产品卖点及优质服务来增强直播间吸引力，让用户深信购买这件商品能切实满足个人的痛点需求。

话术案例

> 姐妹们，是不是有很多时候因为担心腿型问题而不敢尝试紧身裤？我完全懂你们，有这种问题的姐妹一定要看过来。

问题二：我为什么要在你的直播间买？

在直播间，用户之所以选择购买我们的产品，往往是因为我们的产品具有其他直播间难以企及的优势。这种优势不仅要在视觉上展示，更需要通过主播的话术传达给用户。毕竟，即便产品本身品质卓越，如果推介方式欠佳，用户可能无法感知其独特价值，也会错失销售机会。

这种推介，实际上是对产品特性的深度挖掘和塑造。主播需要详细阐释产品的特点，激发用户的购买欲望，让他们由衷地感叹："这件衣服太完美了，我必须立刻下单！"这样的推介能够有效提升销量，因此产品塑造环节至关重要。

以一款纯棉T恤为例，主播不能仅仅局限于"这款T恤采用100%纯棉面料，柔软且透气"这般简单的描述。这样的描述虽然直接，但信息量有限，用户可能无法充分理解纯棉面料的优势。一旦用户离开我们的直播间，发现其他直播间有价格更低的类似款式，即使面料品质可能不如我们的产品，也很可能被低价吸引而下单。

为了避免这种情况，主播应该深入挖掘并强调产品的特点，例如：

> 我们这款T恤采用的是100%新疆长绒棉，在炎热的夏天，它的吸湿排汗效果特别好，能持续让我们保持干爽舒适。纯棉面料透气性也非常好，能避免其他面料可能产生的黏腻和闷热感。您在其他直播间可能看到过类似款式，但他们不敢说自己是100%纯棉，因为那可能涉嫌虚假宣传。而我们敢说，敢在商品链接中明确写上，是因为我们的产品确实采用了高品质纯棉面料。纯棉面料的好，是那些非纯棉的T恤感受不到的。

通过这样的讲解，主播不但突出了产品的独特优势，还引导用户构建起对纯棉面料的正面认知，同时含蓄地指出其他直播间产品可能存在的品质问题。在直播间内，用户的购买决策往往十分迅速，所以主播需要适时提醒并强调产品的关键特点，从而引导用户做出购买决策。

此外，主播还应详细讲解产品在版型、工艺、颜色和细节等方面的优势。例如，在介绍版型时，不仅要说明"这是H版型"，还需进一步阐述H版型如何适合各种身材、如何彰显优雅气质等。与此同时，主播需要保持清晰的逻辑和恰当的节奏，确保用户能够轻松理解并接受产品信息。

当用户对产品产生兴趣并萌生购买意向时，主播应把握时机，鼓励用户立即下单。因为一旦用户离开直播间，他们再次购买的意愿就会大大降低。因此，主播需要通过有效的促销策略和话术来促使用户当场完成购买行为。

问题三：我为什么一定要今天买？

用户之所以选择在今天购买产品，往往是因为他们意识到错过了今天，可能就无法以相同的条件再次购得该商品。这种策略在日常生活中屡见不鲜，比如，促销海报上的"清仓甩卖，最后一天"或"本房屋已出售，月底撤店"等。尽管"最后一天"这类表述可能只是营销手段，但对消费者来说，这种紧迫感确实能激发其立即购买的冲动。

在直播间，主播同样需要运用这种策略，营造一种"今天不买，更待何时"的紧迫氛围。主播需要让用户感受到，如果今天不购买这件衣服，明天可能就会面临价格上涨、库存不足或失去赠品等优惠。这种"抢购"氛围的营造，正是利用了人们普遍存在的消费心理。

为了传达这种紧迫感，主播可以使用一些具体话术。

比如，强调库存有限（限量）：

> 今天拿来做活动的库存只有 50 单，卖完就恢复原价，你就拍不到了。

或者突出面料的稀缺性：

> 因为这个面料真的非常少，这次只拿到了几十个米，所以就只做了这么些。我们卖完只能等半个月后再来拍，或者挂预售，要等做出来才能给你们发货。

还可以利用时间限制来制造紧张感（限时）：

> 今天是我们店庆的最后一天，明天就恢复原价了。

> 天气越来越热了，明天开始我就要卖夏款了，这款你明天再来就买不到了。
>
> 这个是"双11"活动的价格，明天"双11"就结束了，明天再来，这个价格肯定是拿不到了。

这些话术的共同目的，是让用户意识到，错过今天可能就失去了一个绝佳的购买机会。

在带货直播间，话术的底层逻辑可概括为三点：吸引并留住用户、激发他们的购买欲望以及促使他们立即下单。主播需要依次解答用户心中的三个疑问：我为什么要买这款产品？我为什么要在你的直播间买？我为什么一定要今天买？在直播间里，主播的每一句话都是为了促成销售，而精心设计的话术能够显著提升销量。

对于新晋主播来说，理解这套话术逻辑至关重要。它不仅能帮助你们更好地掌握话术框架和案例，还能让你们更加自信地站在镜头前。此外，我还想给所有主播一个建议：不要死记硬背话术，而是要理解并记住话术的框架和关键要点。毕竟，服装类目每个季度都会推出新款，灵活运用话术才是长久之计。

2. 微憋单框架：引导用户兴趣，促进转化

憋单的正确理解

憋单，简单来说，就是让用户在直播间产生购买欲望，但又不能实现立即购买，需要根据主播的节奏下单。在直播间，这种憋单的具体呈现形式有以下几种：商品链接被设置成预热状态，价格前面带有问号；商品链

接的库存被后台中控清零,在直播间显示"抢光了"的状态;用户在下方的小黄车购物袋里,不能在第一时间找到该款商品链接等。这些情况,都是直播间憋单的表现。

当然,还有一种说法是,直播间是否有开价的过程,如果有开价就是憋单。这种说法在大部分情况是成立的。但憋单的目的不只是开价,更重要的是增加直播间的互动和用户停留时间。

所有主播都可以进行憋单,这并没有大家认为得那么难。如果所在的直播间不是单人直播,主播就可以基于产品和平台的属性,考虑要不要进行憋单。因为主播单独直播的时候,无法同时操作后台的中控台,会不够灵活和及时。

憋单的目的

关于憋单的原因,主要有以下两个相辅相成的方面:第一,提高直播间流量。直播间的流量推送主要受当前直播数据的影响,如用户停留时长、评论互动、关注数以及灯牌等指标。这些数据的质量直接关系到直播间的流量推送速度。简言之,直播间内的数据表现,如数量的多少和质量的优劣,将直接影响后续进入直播间的人数以及人群的精准度。因此,通过憋单策略引导直播间用户积极参与互动,创造良好数据,是确保直播间持续获得流量的关键。

第二,激发用户的购买欲望。在前面的内容中,我们探讨了直播的底层逻辑,发现大部分用户原本并没有明确的购买需求。因此,主播需要通过巧妙的话术吸引并留住用户,进一步引导他们对产品产生兴趣,从而激发其购买欲望。主播在讲解产品的过程中,应致力于提升用户的购买意愿,将用户的轻微喜好转化为强烈的购买冲动,促使他们想要立即下单。主播在这个过程中所运用的技巧,正是为了优化直播间内的电商数据,特别是千次曝光成交金额（GPM）和千次曝光成交订单量（OPM），而这些数据对直播间的流量推送至关重要。

憋单框架

在深入理解憋单的目的与作用之后，我们将能够更好地掌握接下来的憋单框架。一般而言，单个产品的憋单过程持续 5~7 分钟，但根据产品的特性，这个时长可以适当调整。特别是在处理高客单价的产品时，憋单时长可以相对延长，但建议最长不要超过 15 分钟，以保持用户的兴趣和参与度。

以下是一个基础的憋单话术框架，市场上存在多种变体，主要依据直播间内的产品特性、价格策略、实时数据以及主播个人习惯等因素进行灵活调整。然而，无论话术如何变化，憋单的底层逻辑始终是恒定不变的。对于刚踏入直播行业的新人主播而言，在憋单的初步尝试阶段，采用这个基础框架是完全可行的，有助于快速上手并理解憋单的核心要点。

> **框架公式**
>
> 停留话术 + 互动 + 痛点 1+ 卖点 1+ 痛点 2+ 卖点 2+ 互动 + 开价话术 + 上车 + 逼单话术

憋单话术各要素详解

看到上述的框架，你是否感到有些迷茫：为何 5~7 分钟的完整憋单话术会包含如此多的内容？这是因为主播需要持续吸引用户，从不同角度触动用户心理。实际上，主播在直播间按照这个框架所说的话，转化为文字大约有 2000 字。下面，我们将具体拆解这一框架的每一部分。

停留话术

停留话术也称为钩子话术，其目的在于吸引用户停留在直播间。停留话术主要包括活动话术和痛点话术，而在憋单直播间，活动话术更为常用。例如，"某某品牌的牛仔裤日常卖560元，今天给大家连5折都不到的上新价格"等。特别要强调的是，在憋单直播间的开场停留话术中，主播应避免具体描述产品价格，而是进行模糊描述，如"不到4折的价格"，以此激发用户的好奇心，促使他们留在直播间等待开价。

互动话术

憋单直播间以自然流为主，因此需要做数据。让用户互动有3种基础方法：直接询问、福利优惠和制造稀缺感。例如，"新来的扣个'1'，我让后台再给你加一波库存"或"还有多少人没有抢到这个1字开头现货大衣的，来飘个'666'，我们现货真不多"。

痛点1与卖点1

介绍产品的最大卖点和对应的用户痛点，主播可以通过公司内部资料或网络寻找衣服的卖点，并反推出用户的痛点需求进行讲解，目的在于激活留在直播间的人群，激发他们的需求。

痛点2与卖点2

介绍产品的第二个卖点与对应的用户痛点，主要目的是刺激新进入直播间的人群的需求，加强他们的购买欲望。同时，可以延展讲解一些其他的卖点，运用相关的场景话术。

开价话术

告知用户产品价格，目的是让用户更能够接受主播所讲解衣服的价格。可通过阶梯式报价、拆解产品价值报价等方式，逐步降低用户对产品价格的敏感度，提高直播间下单转化率。

逼单话术

主播需要通过相应的逼单话术促使直播间内的用户快速下单。逼单话术会涉及保障逼单、库存逼单等方法，主要目的是打消用户顾虑和强调产品价值。

3. 付费平播话术：实现高密度成交的秘诀

很多老板都认为，只要直播间投入付费就能带来高成交量，但实际情况并非如此。如果付费投流的人群不够精准或产品款式欠佳，就很难达到期望的销售额。所以，无论是付费直播间还是为了维持品牌调性的直播间，要想成功进行平播，前提是要保证进入直播间的流量相对精准。在此基础上，再配合精心设计的主播话术，才能有效提升销量。

平播的前提与条件

开展平播的前提是确保直播间能够吸引相对精准的流量。这意味着，在进行平播之前，需要对目标受众进行深入了解，并通过有效的推广策略吸引他们进入直播间。同时，设计得当的主播话术对于提高销量至关重要。主播需要掌握一定的销售方法和话术技巧，以吸引用户的注意力并激发他们的购买欲望。

此外，建议在直播间起号时，不要单纯采用平播方式，而是要注重点对点的互动，确保与用户建立有效的连接，为直播间起号提供稳固的数据。通常情况下，花费一周左右的时间进行这样的互动和准备是比较合适的，待账号稳定后再进行平播。这样能更好地吸引和留住用户，为后续的平播打下良好的基础。

平播的误区与定义

平播并非简单的平铺直叙式开播，而是一种需要策略和技巧的直播方式。很多人误认为平播就是主播在直播间展示产品并做简单介绍，可实际上,缺乏套路和话术技巧的直播间难以长久运营。相较于憋单、快过品等直播方式,平播更注重主播与用户之间的互动和沟通。在平播直播间,产品已开价,用户可以随时下单,主播则以相对舒缓、松弛的方式进行产品讲解,话术的营销感较弱。这种直播方式常见于纯付费直播间、高客单价直播间以及达人 IP 直播间,是小红书、淘系直播中常见的一种方式。

平播话术的重要性与框架

平播话术对于提升直播间销量起到关键作用。一个设计精良的话术框架,能够帮助主播更好地吸引用户、展示产品,进而推动销售。

前文已经提到,平播与憋单的主要区别在于产品是否已开价。在平播直播间,所有产品价格一目了然,用户可随时下单。要提升平播话术的转化率,则需使用这个能带来高转化率的平播话术框架。这一框架目前仍被在播的品牌直播间持续使用,每天的销售转化效果显而易见。

> **框架公式**
>
> 痛点及痛点场景话术 + 卖点话术 + 轻比价话术 + 人性或场景话术 + 引导购物车 + 逼单话术

平播话术各要素详解

痛点及痛点场景话术

在平播话术中,痛点及痛点场景话术是吸引用户的关键。由于价格已经公开,无法依靠福利活动或模糊价格留住用户,因此,主播需重点转化精准用户。此时,挖掘用户痛点、创造需求成为关键。主播应具备寻找用户痛点的能力,以激发用户需求并促使其停留。新人主播应至少找出所卖产品的 2~3 个用户痛点,准备足够的钩子话术。

痛点场景话术是将痛点与用户的生活场景相结合，使用户能立刻联想到自身面临的问题。例如，在售卖T恤时，可提及黑色T恤容易出现汗渍的问题，并描述用户可能遇到的尴尬场景，以此引发共鸣。

卖点话术

卖点话术是为了解决用户痛点而设计的。主播应先承接前面提到的痛点，接着介绍产品的独特卖点，如采用特殊面料、具有吸湿速干功能、经过防臭处理等，以此解决用户的问题。通过具体阐述"因为采用了××工艺，所以能带来××好的效果"，增加用户信任。此外，主播还可以讲解其他相关卖点，为产品赋予更多价值。

轻比价话术

在平播直播间，为了实现快速成交，在通过痛点、卖点打动用户后，需要立即引导其下单。虽然不能采用强烈的比价话术，但可以借助福利活动或简单对比之前价格，让用户觉得划算。同时，提及赠品也是有效的策略。

人性或场景话术

人性或场景话术旨在引发用户的情感共鸣并打消其下单顾虑。人性话术关注用户的感受和需求，营造出温馨、亲切的氛围。例如，强调女性应爱自己、追求高品质生活等。场景话术则为用户描绘美好场景，如穿上衣服后的美好形象，以及因这件衣服而可能带来的美好变化或便捷体验。与痛点场景话术不同，这部分话术的目的是让用户感到开心和期待。通过将人性话术与场景话术结合运用，主播可以更有效地与用户建立情感联系，进一步推动其做出下单决策。

引导购物车

引导购物车其实是一个简单却关键的环节。主播只需直接告知用户商品在几号链接,用户便知道应该点击哪个链接进行购买。尽管直播间的商品链接价格都是公开的,但仍有很多用户不会主动点击购买。这就凸显了主播进行引导的重要性。

在直播间,主播给出的任何指令,用户都有可能下意识跟随操作。这是由于用户进入直播间时,会短暂性地放松戒备,从而更容易受到主播引导的影响。因此,主播让用户执行某个操作的成功概率是相当高的。

不仅如此,主播在直播间的引导是全方位的,除了引导用户点击购物车链接,还包括引导用户关注直播间、购买组合产品等。这些引导都是为了提升用户的购买体验,增加销售额。

以我们之前操盘的一个家居类直播间为例,初期只引导用户购买单个客单价在 50 元的产品,致使人均客单价较低,销量难以提高。后来调整策略,推出 2 个装、3 个装的组合产品,并着重引导用户下单购买组合产品。复盘数据发现,有主播引导和无主播引导的销售数据存在显著差异。

逼单话术

关于逼单话术,在平播话术中确实存在不少争议。有人觉得逼单没有必要,而有的人认为逼单是提升销售的有效手段。对此,我的观点是:逼单是有其必要性的。

无论是憋单直播间还是平播直播间的用户,在购买决策时可能都会有犹豫。这种犹豫往往源于多个方面的顾虑。而逼单的目的,除了营造一种稀缺感,更重要的是帮助用户打消这些顾虑,促使他们做出购买决定。

在平播话术中,主播可以运用一些基础逼单话术,比如,保障话术、库存稀缺话术等。不过,平播直播间在运用这些话术时,需要特别注意避免给人一种过于浓重的营销感,不要出现像憋单直播间里那种常见的、让人感到不适的推销方式。

想象一下，当你在线下购物时，如果售货员只是一味地催促你下单，你可能会感到厌烦。但如果他能够以情动人、以礼相待，向你解释这款产品的面料稀缺、门店现货不多，并且特别适合你，那么你听了之后可能不会感到反感，反而会觉得他是在为你着想。

平播话术的循环与变换

至此，我们完成了平播话术的全部内容概述。在本书的其他章节中，我们将深入讲解每一部分话术的具体运用，采用"方法+案例"的形式，确保大家能够轻松理解并掌握。

当完成一轮平播话术的循环后，若需进行下一轮循环，建议更换痛点与卖点，这类似于憋单框架中"卖点1"与"卖点2"的切换逻辑。这一做法基于以下考虑：

- 时长与逻辑：平播话术对单个产品的讲解时长相对较短，若尝试涵盖所有卖点，内容可能会显得杂乱无章，用户难以抓住重点，从而影响种草效果。
- 用户留存与决策：部分用户可能在上一轮讲解中尚未做出购买决定，仍处于犹豫状态。此时，更换痛点与卖点并进行重点讲解，有助于进一步打动这部分用户，促使他们下单。同时，这避免了主播因重复相同内容而可能陷入的尴尬境地。

4. 强种草型话术：激发粉丝们的购买欲望

随着直播行业的蓬勃发展，直播间用户也更加精打细算。如今，很多时候用户甚至能预判主播即将使用的话术，这也是早期盛行的马扁话术逐渐淡出视野的主要原因。在此特别说明，本书不会涉及马扁话术的具体技巧，因为对于新手服装主播而言，掌握基础的常用话术才是关键核心。

与此同时，直播间正逐步趋向理性，摒弃浮躁，更加注重产品的塑造与展示。若有人对马扁话术或轻度马扁话术仍感兴趣，欢迎与作者本人联系，进行深入交流与学习。

在行业不断发展的背景下，那些拥有明确人设、具备强种草特性的直播间，相较于其他直播间，展现出更高的稳定性以及潜在的销量增长潜力。

强种草话术定义

此类型话术主要适用于具有一定 IP 属性、大众认知度或粉丝基础的直播间，部分平播直播间也可采用。其主要平台包括小红书、淘系直播，并常见于明星、网红直播间。

强种草话术的核心要素有：

- 信任，直播间内主播需拥有一定的粉丝基础，用户对其有一定的信任度，类似于明星偶像有影响力。
- 共鸣，主播通过自身影响力讲解产品的使用方法，表达见解观点，并在介绍产品使用效果时引入相关日常故事，以此与用户产生共鸣。
- 人设，在讲解过程中，为主播本人的 IP 塑造良好的人设形象。

强种草型话术的讲解时长可根据主播个人风格和节奏进行调整，但不建议时间过长。每个产品的讲解时长控制在 7~10 分钟最为合适。

PART 1　主播话术基础篇：服装直播间的话术秘籍

强种草型话术框架

> **框架公式**
>
> 精炼卖点话术 + 人设引入 + 塑品话术 + 个性化推荐 + 引导购物车 + 逼单促单话术

精炼卖点话术

此话术也可称为卖点浓缩话术。其核心在于将服装的最主要卖点精炼为一句简洁有力的话语。通过简单的一句话，主播便能迅速传达出产品的核心优势，吸引直播间用户的注意力，并激发他们的期待，想要亲眼验证产品的效果是否如主播所述那般出色。

因此，这种效果前置话术在直播中起到了停留话术的作用，能够有效留住观众。特别是在具有 IP 属性的直播间中，由于主播本身已具备一定的粉丝基础和信任度，无须在每次开篇都刻意使用前面章节提到的停留话术，当然，个别产品除外。

💬 话术案例

这件牛仔裤是真的超级显瘦，就算有大粗腿也没有关系。
特别舒服的牛仔裤，穿上软绵绵的，这可是我……

人设引入

此话术的核心在于通过主播自身或身边人的故事，引出选择某款产品的原因。例如，明星在直播中常说："我在横店拍戏的时候，真的特别热，但我还是喜欢穿牛仔裤，然后我就各种试，最终找到了这条牛仔裤。"这样的表述既展现了主播的职业背景和生活场景，又自然地引出了产品。

实际上，这种表述方式也在触及用户的痛点需求，而且这种需求与用户的关联性更强，因为用户会觉得主播也会面临同样的问题，从而产生共鸣。当主播以真实、贴切的方式进行讲解时，用户更容易相信这款产品能够解决他们的痛点。

因此，人设引入的关键在于通过主播自身或身边人的痛点场景，带出选择这款产品的原因。这种方式既通过故事塑造了主播的人设，又与用户之间建立起信任感。共同的痛点需求让用户和主播产生共鸣，从而使用户更愿意接受并相信这款产品是主播经过挑选和体验的。

塑品话术

塑品话术在强种草型话术中占据核心地位，它直接关联到用户是否下单。无论前后运用何种话术，其最终目的都是更好地展示产品。因此，即使在达人、明星的直播间，卖衣服也必须注重产品的讲解（塑品），以打消用户的购买顾虑。

塑品话术主要围绕产品的卖点和穿搭场景展开。在讲解卖点时，建议控制在 2~3 个，不要过多，从而确保这些卖点足够吸引用户。而穿搭场景的描述，则是为了让用户提前感受到产品所带来的效果。如果没有实际的场景作为支撑，前面提及的卖点就很难真正打动用户。例如，如果某款裤子具有透气特点，在塑品时可以提及它是由特定面料制成，具有透气效果。若能进一步结合主播人设的实际场景，如描述在炎热天气下穿着的舒适感受，用户就能更真切地体会到这款裤子的实际价值，从而增强购买意愿。

个性化推荐

"个性化推荐"这一词汇可能听起来有些抽象，但若将其理解为"推荐给有需要的人"，就容易明白了。那么，什么样的人是"有需要的人"？显然，这是指那些具有特定痛点或需求的人群。因此，个性化推荐的核心在于精准圈定目标人群，并基于他们的痛点或需求来进行针对性的塑品，从而实现优先成交。

当然，这并不意味着我们忽视其他人群。在整个产品展示过程中，他们同样有可能被吸引并产生购买行为。在此环节，主播可以给出自己的评价，着重强调产品的卖点和所能满足的需求，同时弱化其缺点。若产品确实存在无法掩盖的小缺点，也可直接提及，但无须过多渲染。

通过这种个性化推荐话术，主播不仅能结合自己的人设推荐相关产品，突出产品优势，抓住用户痛点，还能在一定程度上塑造自己的专业形象，而非仅仅是一个为了赚钱而赚钱的"主播"或"明星"。如此一来，将极大增加粉丝的信任，赢得好感。

引导购物车

和前面框架中的作用一致，主播需要定期进行引导，这样用户才知道要去下单，并清楚该点击哪个商品链接。

逼单促单话术

很多人会担心，人设 IP 型的主播使用逼单话术是否会显得过于功利，让用户觉得赚钱意图太过明显。实际上，这种担忧是不必要的。逼单促单并不意味着要疯狂催促用户下单，关键在于把握好营销感的分寸，不要给用户造成压力。

在直播间中，主播可以使用一些基础的逼单话术，如强调商家的售后保障、运费险、品牌背书等，甚至是福利库存。特别是在提及福利库存时，主播可以将其与人设相结合，以增加话术的真实性和说服力。例如，主播可以这样说：

>   这个牌子我们是第二次合作了,我和他砍了半天的价,但他这次其实做的数量不太够,赶不上这次促销活动了,只给了我200件的福利库存。咱们直播间现在3000多人,不要所有人都去拍,你有需求才去拍,好吧。后面他们在自己店里也会上,但可能会比我的贵一些,没有这200元的优惠券了。

通过这样的话术,主播不仅传达了产品的稀缺性和直播间的价格优势,还展现出为用户考虑的态度,没有强迫用户下单,而是让有需求的人自行决定。这种方式既促进了成交,又使主播保持了真实性和亲和力。

本话术框架特别注重主播人设的塑造,使主播在讲解产品时更具吸引力和说服力。与普通直播间相比,本框架更加注重人情味的营造,让主播与观众之间的距离更近。

关于互动话术,虽然本框架中没有专门提及,但在实际直播中,主播可以根据需要随时穿插互动环节。互动并非漫无目的,主播需要明确告知用户参与互动后能收获什么,这样才能激发用户的参与热情。

在实践中,我也遇到过一些坦诚的主播,他们会直接告诉用户:

>   你们不助力做数据,不密集成交的话就没有流量,没流量店就倒闭了,你们没得买了,所以要拍的听我指挥一起拍。

这种方式虽然直接,却也是基于主播的人设。如果主播平时不是这种坦率风格,说出来可能会适得其反。因此,主播在互动时,既要考虑话术的有效性,也要确保与自身人设契合,这样才能达到最佳效果。

5. 新手话术入门：专为初学者设计的话术

越来越多的新人主播涌入这一行列，而他们面临的最大挑战，往往不是话术框架的缺失，而是在直播时无话可说，站在直播间里不知所措。对于这类新人主播，尤其是那些没有足够时间进行系统学习，对服装面料、版型等专业知识了解有限，但又希望在短时间内能够顺畅开播的主播而言，这个新手话术框架将是一个实用工具。

不仅如此，这个话术框架同样适用于那些专注销售同类产品、面临产品讲解困境的直播间。例如，有的直播间里可能有几十款风格相似的裤子，或者七八件款式相近的羽绒服，老板要求对每个产品都要进行讲解。对于入行不久的主播来说，这些衣服的卖点可能大同小异，只是图案、小设计有所不同，这时他们可以使用这个话术框架来辅助讲解。

总的来说，这一节的内容提供了一个灵活使用的话术框架，不仅适用于新手主播，也适用于需要讲解相似产品的直播间。大家在使用时，不要把自己局限在某一种模式，而是要根据实际情况灵活调整和应用。

新手话术的必要性和框架

我深知新手主播在直播中面临的困境。即使运营人员或有经验的主播为他们提供了丰富的培训引导和话术案例，他们依然可能感到难以开口。这主要是因为他们的知识储备不够深厚和丰富。

在我们公司自己进行直播时，也遇到许多新手主播面临同样的问题。为了帮助他们快速突破这一困境，我专门设计了一套适合新人主播的话术框架。

这套话术框架旨在帮助新手主播快速掌握直播话术，提升直播表现。通过使用这个框架，新手主播可以更加自信地进行直播，更好地与观众互动，从而顺利开启他们的直播生涯。

> **框架公式**
>
> 停留话术 + 主卖点话术 + 副卖点话术 + 痛点场景话术 + 引导购物车 + 逼单话术

新手话术框架的组成部分

停留话术

对于新手主播来说，初期可能会有些手忙脚乱，因此在停留话术方面，可主要侧重于痛点话术。通过精准找到并着重强调相应的痛点，能够有效地留住用户。当主播对直播流程有了一定的熟悉后，可以尝试将福利活动话术与痛点话术交替使用，探索憋单技巧。然而，在我们直播间中，一般并不会要求新手主播去做憋单，因为这可能会给他们带来一定的压力。

对于流量正常的直播间或是正在起号的直播间，我们不建议让新人主播尝试过于冒险的策略。相反，我们可以让他们从偏平播、卡库存的形式入手，比如运用这一节提供的话术框架，让他们先熟悉直播带货的基本流程。通过这样的方式，新人主播能够逐步积累经验和信心，为后续直播打下坚实的基础。

主卖点话术

简言之，主卖点话术就是主播介绍衣服时的核心卖点，以及与之紧密相关的其他卖点。对于新手主播而言，拿到一件上衣后，首要任务是识别并突出这件衣服的 2～3 个主要卖点，将最大的卖点作为开场白先行介绍。例如，若某件衣服的最大卖点是版型，主播在直播时应重点讲解版型，为避免话语中断，可以进一步展开与版型相关的细节，如领子设计、袖子款式，甚至为保持版型挺括而特意选用的面料。这样，原本可能仅用 1 分钟就讲完的版型,通过加入这些细节,能延长至2分钟,其中领子和袖子各占30秒。这样的讲解方式不仅让直播间用户感觉自然流畅,还因所讲解内容均属于相关联的卖点,增强了信息的连贯性。

在转换卖点时,主播应尽量使各卖点之间产生逻辑联系,比如,"为了保持版型的挺括,我们特别选用了某某面料",或者"这个版型在某某袖子的设计下,更显瘦身效果,因为袖子的设计……"这样的转换既顺畅又强调了卖点,有助于实现基础转化。最后,在讲解完所有卖点后,主播还可以提供穿搭搭配的场景话术,为用户营造一个理想中的穿着场景,进一步增强用户的购买欲望。

副卖点话术

副卖点是在主卖点讲解过程中未提及的,或者相对于主卖点而言重要性稍次的卖点。在讲解副卖点时,我们可借鉴主卖点的讲解逻辑,先选定一个副卖点作为核心,然后围绕这个核心去延展、讲解其他相关的卖点。这样的讲解方式既保持了内容的连贯性,又突出了副卖点的独特价值。

痛点场景话术

痛点场景话术快速圈定目标人群,促成他们的购买决策。在主播详尽讲解卖点之后,可以进一步强调这件衣服适合哪些人群,或者能解决哪些特定人群的某些问题(痛点)。同时,可以阐述穿上这件衣服后会赋予穿着者哪些标签,从而明确每件衣服的"人设"。可以指出某件衣服特别适合小个子穿着,或者对身材比例不佳的人特别友好;黑色的衣服能让人显得沉稳,而粉色衣服能增添可爱灵动的气质;这些都是衣服的"人设"体现。通过这样的方式,主播可以更精准地吸引目标人群,提升转化效果。

逼单话术

对于纯新人主播,逼单促单的话术不必过于苛求,能够掌握基础的逼单要点即可。具体来说，包括以下几点：

- 总结性卖点：用一两句直白的话语，概括出这件衣服的关键卖点。
- 售后保障：提及运费险、7天无理由退换货等售后服务，增强用户的购买信心。
- 库存稀缺性：强调少量库存或福利价格，营造紧迫感，促进用户下单。

遵循这些基础要点，新人主播就能有效地进行逼单促单，提升直播销售效果，其他的逼单话术等主播熟悉后再进行增加优化。

互动话术的融入

这一话术框架特别适合新人主播，也是当前较为流行的新人平播话术框架。在实际运用中，大家可结合自己直播间的产品特性进行讲解。不过，虽然是针对新人的框架，但也鼓励新人在直播中尝试与用户互动，收集用户数据。互动的方式和时间点都相当灵活，例如：在引导购物车时，可以询问用户的身高、体重或他们希望试穿的颜色；在讲解停留话术时，也可以让在线用户飘小"1"来互动。通过这样的方式，新人主播可以更好地与用户建立联系，提升直播效果。

掌握了上述讲品话术，主播就可以循环使用它来讲解多款衣服，后续的讲解框架也可以沿用这一模式。但需要注意的是，这个话术框架主要适用于初期阶段，其整体的转化率可能不会特别高。因此，在使用过程中，主播需要不断学习和理解直播带货的精髓，逐步提升转化效果。

目前市场上很少有人特意分享这个话术框架，因为它更多的只是作为一个过渡工具。比如，在公司主播资源紧张的情况下，新人主播可以直接使用这个框架进行直播卖货，快速上手，从而缩短培训周期。相较于专门学习憋单、平播等技巧，这个框架能让新人主播在直播中有话可说，避免上场时的尴尬和冷场。

同时，我们要认识到，直播是一个在实践中学习和成长的过程。很多副业创业者往往希望先学习两个月的话术再开播，准备得非常充分后再上场。但实际上，这种做法往往会导致无法成功开播。正确的做法是"在学中播，在播中学"，通过不断的实践来逐步提升自己的直播能力。

6. 话术名词解释：一眼读懂从开场到逼单

在日常直播时，运营人员经常提及各种话术名词，并要求主播对话术进行调整或加强。面对这样的要求，很多新人主播可能会感到困惑，不确定自己的调整是否恰当。为了解决这个问题，本节将对经常提到的话术进行简单解释，明确每个话术的内容和目的。在后续的章节中，我们还将针对重点话术提供具体的方法和实际案例，以帮助新人主播更好地理解和应用。通过这样的结构安排，新人主播能够清晰掌握直播话术的核心要点，并在实践中灵活运用。

开场话术

开场话术是直播间刚开播时，主播用于吸引用户注意力、促使其停留和互动的重要手段。它不仅要简洁明了，让用户能够迅速抓住重点；还需要保持合适的语速，以增强用户的观看体验。此外，开场话术中还应包含福利钩子和互动指令等内容，进一步激发用户的参与热情和留存意愿。通过精心设计的开场话术，主播可以有效地提升直播间的吸引力和活跃度。

活动话术

活动话术主要用于吸引用户停留，提升用户的参与度和购买意愿。这类话术在憋单直播间中常被用作钩子，也可在开价、逼单时运用。需要注意的是，任何活动都不是无缘无故进行的，它们都有明确的缘由，如福利折扣、活动价格等。这些缘由可以是特定的促销节日（如"618"大促）、店庆、新品上新等，为主播解释为何此时有特别的优惠或活动提供合理背景。通过这样的活动话术，主播能更有效地引导用户参与活动，提升直播间的销售效果。

痛点话术

痛点话术主要聚焦用户在商品使用或日常生活中可能遇到的问题，以及用户自身亟待解决的困扰。这些问题和困扰往往会引发用户的不满、担忧、恐惧、尴尬等负面情绪。主播通过运用具有针对性、能深刻触动用户心理的话术策略，挖掘并强化用户已有的需求，或巧妙引导他们产生新的需求。痛点话术涵盖生理痛点、心理痛点、情绪痛点等多个维度，本质上是一个精心制造并满足用户需求的过程。

卖点话术

卖点话术用于描绘并强调产品的独特优点、特性，以及那些能强烈吸引消费者、激发其购买欲望的关键信息。其核心目的在于凸显产品的核心价值，使用户对产品产生浓厚兴趣，并进一步激发其购买意愿。当前，多数卖点介绍聚焦产品本身，然而，在实际应用中，产品的价格优势、良好的市场口碑、优质的售后服务等，同样可以成为强有力的卖点，为产品增添更多吸引力。

场景话术

场景话术是根据产品的特点和目标受众的痛点需求，设计并使用的具有针对性和吸引力的话术。主播通过话术描绘出产品在使用过程中的具象画面，让用户在直播间听到主播的描述就能感受到产品的使用场景。这些话术通过生动真实的使用和体验场景，让用户产生强烈的代入感，从而增强他们的购买欲望，也是一个为用户造梦的过程。

信任话术

为了构建与用户之间的信任桥梁，主播会运用一系列精心设计、具有针对性和说服力的话术。这些信任话术的核心在于传递真实、可靠的信息和承诺，旨在有效消除用户的疑虑，增强他们对产品、直播间以及主播的信任感，从而激发用户的购买意愿。

开价话术

开价话术也可以称作开款话术或破价话术。当主播决定公布某款服装的价格时，他们会使用具有策略性和吸引力的话术。这些开价话术的主要目的是激发用户的购买兴趣，提高用户对最终价格的接受度，并通过提供有竞争力的价格或限时优惠等策略，促使用户迅速做出购买决策。

逼单促单话术

逼单话术是为了促进用户下单购买产品而设计的一系列具有强烈说服力的话术。这类话术通常包含信任话术、品牌背书、福利活动、限量库存等内容，旨在通过营造紧迫感、增强购买欲望、打消心理顾虑，最终促使用户做出购买决策，提高商品的下单转化率。

转款话术

当主播完成上一款产品的讲解后，为了顺利过渡至另一款产品的讲解，他们会设计具有引导性和吸引力的话术。优质的转款话术往往会提前进行铺垫，目的是避免在转款时出现尴尬情况，同时有效防止用户流失。

互动话术

互动话术即引导用户进行互动,是直播中的关键一环。主播通过抛出相关指令话术,引导用户按照要求参与互动,从而使用户有机会获得相关利益,如名额、优惠券等。

塑品话术

塑品话术是为了塑造及突出产品的价值、特点,增强用户购买欲望所运用的一系列话术。这些话术通常围绕产品的需求塑造、价值塑造和差异化塑造展开,通过具体的细节描述、情感共鸣和限时优惠等方式,促使用户种草或做出购买决策。目前日常交流中谈到的塑品话术就是描述和介绍产品的话术。

停留话术

停留话术是吸引和保持用户在直播间内停留而采用的一系列留人技巧话术。这些话术旨在通过提供有价值的信息、创造互动、引发兴趣或好奇心,以及建立信任和情感连接等方式,促使用户在直播间内持续观看和参与活动。目前主要包括马扁话术、活动话术和痛点话术。

人设话术

在直播过程中,主播通过特定的语言表述和内容安排,塑造一个既吸引人又值得信赖的个人形象。这种话术旨在与观众建立深厚的情感连接,进而提升产品的销售效果。

控场话术

直播间控场指的是对直播间的整体把握能力。一个优秀的带货主播能够巧妙地调动直播间氛围,使用户保持高度的兴趣和参与度。这包括与用户的有效互动、产品展示的节奏把控、氛围的精心营造,以及吸引用户的注意力等关键方面。在直播带货的过程中，主播需要运用控场话术、肢体语言、情绪表达等多种方式，与用户建立紧密联系，并引导他们积极参与互动。这样不仅能提升直播的整体效果，还能有效促进产品的销售。

开场停留：
如何开口就让用户留下来

开场话术是直播间刚开播时所说的重要话语，作为当场直播的起点，其重要性不言而喻。开场话术在直播间开播时起着两个关键作用：一是吸引用户停留，激发互动；二是为直播间后续的推流奠定数据基础。

自然流量与付费流量直播间开场话术区别

对于自然流量直播间而言，开场话术的要求尤为严格。这是因为自然流量直播间在开播初期，所进入的用户比较宽泛，不够精准。因此，一个有效的开场话术能够迅速吸引并留住这些泛用户，为后续直播间的精准推流和数据积累打下坚实基础。

主播需要精心设计开场话术，其中至关重要的是要包含足够吸引人的福利钩子。这个福利钩子话术的目的在于迅速抓住直播间用户的注意力，引导他们停留在直播间。同时，开场话术中的这个钩子具备激发用户欲望的功能，促使他们持续停留在直播间，为后续的转化和成交创造有利的机会。

相较之下，付费流量直播间对开场话术的要求相对较低。这是因为付费流量直播间所推流进入的用户往往更加精准，他们对主播所讲解的衣服已经有一定的兴趣和需求。因此，在这种情况下，主播应该将开场话术的重点置于以下几个方面：迅速与用户建立信任、展示产品优势和促成交易。

在付费流量直播间的开场话术中，主播可以更加直接地挖掘用户痛点，介绍产品卖点、福利活动等。同时，结合一些互动话术来增强用户的参与感和购买意愿，进一步提升直播效果。

开场话术公式及关键要素

开场话术公式

钩子话术 + 指令话术 + 点对点话术 + 精炼塑品话术

首先，我们要明确用户为什么会停留在你的直播间。答案很简单，那就是因为他们对你展示的衣服感兴趣，或者他们觉得能从你的直播间获得某种价值。因此，福利就成了留住用户的关键，这也是前面所提到的福利钩子。

为了有效地使用福利钩子，主播需要注意以下几点：

清晰明确的福利话术：无论是衣服本身、赠品还是折扣活动，只要是直播间能提供的福利，都要通过话术清晰明确地讲出来。福利钩子不要提及产品的具体价格，而需要将价格模糊化，让用户感觉可能会很便宜、很优惠。可以通过与日常生活中常见的产品价格进行对比，让用户有一个价格预估值，从而激发购买欲望。

强调紧迫感和福利：主播应迅速传递紧迫感，让用户感觉到他们即将错过福利优惠。使用诸如"一分钟之内准备好，后台抓紧在一分钟内给到链接"的话术,能让用户感受到紧迫感和期待感。

明确用户可以得到什么: 主播需要清晰地告诉用户,他们留在直播间可以得到什么。福利的获取方式应简单明了,表达得足够清晰,例如"只要飘了小'1'的就能得到直播间的福利"。

点对点话术与互动: 当主播抛出互动的指令后,应有人进行互动,若无人互动,可以让直播间内的水军小号进行互动。主播看到有用户互动后,需要做出回应,以增强用户的真实感和参与感。

精炼塑品话术: 主播需要通过精炼过的塑品话术,让用户了解产品的主要卖点。把卖点浓缩成一两句话,如"轻薄透气不变形的牛仔裤",以提高用户对产品的期待值。

综上所述,通过清晰明确的福利话术、强调紧迫感和福利、明确用户可以得到什么、点对点话术与互动以及精炼塑品话术,主播可以有效地留住用户并激发其购买欲望。

话术案例与应用建议

以下是一个完整的话术案例,供新手服装主播参考和学习。在此话术案例中,"【】"内的内容是可以根据实际情况进行灵活替换的部分。

对于新人阶段的主播来说,这个话术案例可以直接拿来使用,以帮助你更好地与观众互动并推销产品。当你逐渐成熟并积累了一定的直播经验后,就可以根据自己的风格和观众的需求,自由调整和完善自己的话术。

通过学习和实践这个话术案例,你可以更好地掌握直播话术的技巧和要点,提升自己的直播能力和销售业绩。同时,建议你不断尝试和创新,以打造出更具个性和吸引力的直播话术。

欢迎新进直播间的姐妹们,我们刚刚开播,这件【连一支口红钱

PART 1 主播话术基础篇：服装直播间的话术秘籍

都不到的】牛仔裤，是有多少宝贝在等的？我刚刚开播不到1分钟，来给你们做个开播体验活动。【这一共有两个颜色，一个是深色的，一个是浅色的，要深色飘"深色"，要浅色飘"浅色"，我给你们精准加一波库存】。老粉都知道，开播就这么一会儿，开播的福利都是顶顶大的，因为我们开播要做数据，后面就没有这个价格了，虽然后面价格也很划算。【小张姐妹要深色是不是，来给加一单，小王姐妹要浅色，也给加一单库存】。如果有新进来的，想要这款【不到一支口红钱】牛仔裤的姐妹，抓紧飘一下你想要的颜色，我们马上上车了。这件【柔软舒适提升腰线】的牛仔裤，是我们家的一个当家爆款。【如果有身材比例不是很好的姐妹，或者一直没有找到能显自己臀线牛仔裤的姐妹】，一定不要错过。飘好你想要的颜色，我给你们做好库存就上车了，开播福利价格就这么一会儿。来，所有在直播间的姐妹们看过来，我来给大家看一下细节品质，咱们就马上上车……

开场话术的表达与变通

当我们面对单纯的产品开场时，该如何构思并表达有效的话术呢？实际上，我们可以借鉴之前提到的案例来进行构思。虽然上述的框架结构在大部分服装直播间适用，但如果部分付费或平播的直播间希望尝试不同的方式，那么我们可以进行变通，运用举一反三的思维。

在前面的内容中，我们强调了开场话术的主要目标是吸引用户停留。为了实现这一目标，停留话术通常包含福利活动和痛点需求两个关键要素。当直播间选择将痛点需求前置时，可以遵循以下的结构公式来构思开场话术：

> **框架公式**
>
> 痛点话术 + 控场话术 + 行动指令 + 简单塑品

💬 话术案例

> 直播间的宝贝们，你们是不是像我一样，之前图便宜买过一些羽绒服，穿上身才发现，里面经常会有小绒毛钻出来，很不舒服。里面穿个卫衣打底衫，脱掉羽绒服，一身的白色毛毛，在办公室里真的很尴尬，是不是？有这种情况的宝宝，全部看过来，你那件羽绒服的面料和绒子都有问题，它不好，但我现在手里拿的这件不一样，我们这款是没有杂质的95绒。刚刚有过这种情况发生的宝宝，你飘个有，我真的心疼你，我先给你安排个××的品牌羽绒服清洗液。我身上这款羽绒服你先不着急买，先把羽绒服专用清洗液领了，然后听我给你介绍细节，给你讲讲品质，你再决定要不要下单。

上述的话术结构公式，其适用性不仅仅局限于开场阶段。在直播过程中，主播同样可以利用这一公式拉住用户停留。通过灵活运用，主播能够有效地增加直播间的用户停留时长，从而增加互动和销售机会。这一公式的广泛应用，体现了其在直播话术中的重要性和实用性。

活动话术：
如何让活动话术更具吸引力

活动话术，主要包括福利活动和优惠活动，是直播中不可或缺的一部分。它的主要作用在于吸引用户停留，提高用户的参与度和购买意愿。在憋单直播间中，活动话术常常作为钩子话术，用于吸引用户并引导他们进行购买。在开价和逼单环节，活动话术也发挥着关键作用。

无论在哪个类目或哪种直播形式的直播间中，活动话术都是普遍存在的。它主要为转化服务，通过吸引用户的注意力，激发他们的购买欲望，从而促成交易。因此，对于服装主播来说，掌握并运用好活动话术是非常重要的。

活动的合理性和主题玩法

在直播间中，突如其来的优惠活动和福利有时会让用户产生戒备心理。因此，直播间里的所有活动，包括下述的主题玩法，都需要有一个合理的缘由。这个缘由不仅能让用户认可并接纳活动，还能赋予活动"限时"特性,从而更有效地促进用户下单。

具体来说,主播在介绍活动时,应清晰阐述活动的背景和原因,比如,节假日促销、新品上市特惠、库存清仓等。这样,用户就能理解活动的合理性,并感受到活动的紧迫性,从而更愿意抓住机会进行购买。同时,主播可以强调活动的限时性,比如,"仅限今天""错过今天再等一年"等,进一步激发用户的购买欲望。

活动主题是直播活动的核心,它决定了活动的整体方向和氛围。常见的活动主题包括:

- 新号开播:为新账号吸引关注和人气。
- 新品上新:推广新品,提升品牌认知度。
- 冲×××万粉丝:以粉丝数量为目标,激励用户关注。
- 店庆日、品牌日:庆祝店铺或品牌的特殊日子。
- 日常节假日、平台活动日:如春节、"618"、"双11"等,借助节日氛围促销。
- 换季降价、反季促销活动:根据季节变化调整价格策略。
- 其他创意主题:如主播生日、老板生日等,作为独特噱头。

确定了活动主题后,接下来要设计吸引用户的活动玩法。常见的活动玩法包括:

- 优惠券:提供折扣券,刺激用户购买。
- 单件折扣、满2件以上折扣:根据购买数量给予不同折扣。
- 赠品:购买产品时附赠小礼品。
- 福袋抽奖:提供福袋,内含奖品,增加趣味性。

- 限时秒杀：在限定时间内提供超低价商品，营造紧迫感。
- 整点福利、半点福利：在特定时间点提供额外优惠。
- 截屏抽奖、下单顺序抽奖：通过抽奖方式增加用户互动和期待感，同时注意避免违规和被举报。
- 满减活动：达到一定消费金额后给予减免。
- 买一送一、买一送多：购买一件商品后，额外赠送一件或多件商品。
- 会员专享：为会员提供专属优惠，增强会员归属感。

通过明确活动主题，选择合适的活动玩法，主播可以更有效地吸引用户参与直播活动，提升转化率和用户满意度。

增加活动话术吸引力的方法

前文已提及，活动的具体原因可以多种多样。但如何使活动话术更具吸引力呢？接下来，将从四个方面为大家详细说明。

明确利益点：对于直播间的用户而言，他们更关注活动带来的实际利益，如折扣、降价、优惠券、赠品等。主播需将这些利益点描述得具体、吸引人，且确保容易理解。结合具体的数字和信息设计话术，以增强活动的优惠力度和吸引力。

营造紧迫感：利用限时优惠、限量库存等手段，营造紧迫感和稀缺性。鼓励用户及时行动，以免错过优惠。

给出清晰的指令和步骤：主播在要求直播间用户进行互动时，应给出明确、单一的指令。避免使用多个或模糊的指令，以防用户陷入迷茫或混乱。清晰的指令有助于增强用户对直播间和主播的信任。

提供成功案例：在给出指令后，主播可以透露上一场或刚刚已经有多少人领取到了这个福利的信息。通过成功案例，提升用户对活动的信任度和参与度。

💬 话术案例

话术在直播中的应用时机至关重要，不同时机需要采用不同策略。以下是两个具体的话术案例，分别适用于塑品前和开价前。

塑品前话术案例：

直播间里有这么多新人啊，刚刚新进直播间的没有抢到主播手里这款澳毛大衣的宝贝，你飘个小"1"，我看看有多少人，我让后台给你发一张优惠券。日常899元的澳毛大衣，今天给你开一个连6折都不到的价格。所有人听好，今天是我们"双11"活动最后一天，明天就恢复日常价了，优惠券过了今天晚上12点就用不了了。这个价格没抢到的，你飘个小"1"，后台看看还能给大家做多少单。

开价前话术案例：

今天是新品上新，给你们一个上新体验的价格，日常价格899元，今天都不要了。所有人左上角点了关注的，让我看看有没有，后台来给发一张上新体验的优惠券。

通过这两个案例可以看出：在塑品前，主播主要通过引入新人、发放优惠券和强调紧迫性来刺激用户需求；而在开价前，主播则更注重活动理由（宣布新品）、吸引关注并引导用户领取优惠券。不同的话术策略在不同的应用时机发挥着不同作用，共同推动着直播销售的进程。

痛点话术：
深挖目标用户需求的小技巧

在进行塑品时，很多主播会感到困扰，精准捕捉产品的核心痛点成为一大挑战。无论你是服装主播，还是销售茶叶、零食、家居等产品的主播，寻找某个能够触动用户内心的痛点，对带货直播间来说至关重要。

甚至有很多直播间，面对众多相似的产品（如几十款牛仔裤、几十款卫衣等），如何为每款产品找到能够触动目标用户的痛点，成为吸引用户停留下单的关键。用户进入直播间并非仅仅因为缺乏某样商品，更多时候是被主播精准戳中的痛点吸引。

因此，主播需要具备敏锐的观察力和洞察力，能够准确捕捉到用户的痛点，并以此为切入点展开塑品。当主播能够成功放大用户的痛点，让用户意识到这个问题的"严重性"时，路过的用户才有可能停留，进而倾听主播后续对产品的介绍，并产生购买欲望。所以，在直播间，主播需要巧妙地运用所找到的痛点，引导用户关注产品，激发其购买兴趣。

痛点的特点

这个所谓的"痛点"并非随意设定，它必须是用户在日常生活中频繁遇到的问题。若问题出现频率不高，只是偶尔出现一两次，就很难触动用户，成为一个合格的痛点。因为用户在听到这样不切实际的痛点时，往往不会有足够的动力去考虑购买产品。

因此，在讲解并引出痛点之后，主播需要构建相关场景，将用户带入这个痛点之中。这样，用户才能更加感同身受，深刻理解问题的严重性，从而产生共鸣和购买欲望。这样的痛点定位与场景构建，是吸引用户、促成购买的关键步骤。

痛点话术的常见问题

在探讨痛点与需求点的挖掘前，我们先来审视当前直播间中主播讲解痛点时常见的几个问题：

痛点过多，信息过载：有些主播急于一次性覆盖所有痛点，如直接说"小个子、肩窄、身材五五分、溜肩圆肩的女生，是不是总买不到合适的毛衣？"。这种堆砌痛点的做法，反而让用户感到信息繁杂，抓不住重点，甚至怀疑产品的真实性，降低了购买欲望。建议每次聚焦一个核心痛点，如"身材五五分的女生，是不是日常买衣服很难？"，然后详细阐述产品如何解决这个痛点。

夸张过度，适得其反：虽然痛点需要有冲击力，但过度夸张会让用户反感，起到反效果。主播在描述时要掌握平衡点，既要吸引用户，又要避免引起不适。

缺乏紧迫感，错失良机：直播时应营造"错过即遗憾"的氛围，例如，卖羽绒服时可强调"秋季转瞬即逝，现在不买，到了旺季就只剩别人挑剩的了"，以此激发用户的购买紧迫感。

与用户脱节，痛点不实：部分主播在描述痛点时未从用户角度出发，导致痛点与实际需求不符。寻找痛点时，一定要具备用户思维，深入了解并反映用户的真实需求。

寻找痛点的方法

为了帮助新手服装主播更快速地找到产品目标人群的痛点与需求点，本节将分享 9 个实用的思考方向，并在后续案例章节中提供不同服饰、人群的具体痛点案例。这些思考方向不仅适用于服装类目，其他类目也可参考借鉴。

在深入介绍这 9 个方向之前，我想先分享一个有效的痛点话术技巧：结合"**痛点出现的场景 + 用户遇到的具体问题**"来展开讲解。这种表达方式能够更强烈地引起用户的共鸣，让他们切身体会到产品的价值所在。

方向一：产品性能

用户在选择和使用产品时，常常会遇到因产品功能限制而无法满足他们期望的情况。思考一下，用户是否有某些特别想要实现的需求，却因为之前的产品性能欠佳而未能如愿。

以冬季外套为例，很多用户都渴望找到一件既保暖又轻薄不臃肿的外套。如果他们之前购买的外套虽然轻薄且外观时尚，但保暖效果不佳，那么这就构成了一个明显的用户痛点。此时，直播间主播可以这样介绍产品："这款外套采用进口的高科技保暖面料设计，保暖效果特别好，哪怕走在雪地中也依旧暖暖的，而且其超薄设计使这件外套厚度只有 0.3 厘米，在保暖的同时，能让您保持美丽。"这样的介绍针对用户的痛点，提供了高性能的解决方案，而这一卖点也往往成为用户下单的关键因素。

再举一个与服装不相关的例子，对于热爱喝茶的用户来说，一个配备精细滤网的保温杯无疑是他们的理想选择。传统的保温杯往往没有滤网或者滤网效果不佳，导致茶叶渣滓影响喝茶体验。此时，直播间主播可以这样介绍产品："我们直播间的这款保温杯，配备了高品质的滤网且采用304不锈钢材质，能够有效过滤茶叶渣滓，提升您的喝茶体验。"这同样是针对用户痛点，通过优化产品性能来提供解决方案。

方向二：形象提升

这一方向主要聚焦用户对自身形象的特定需求或期望。在实际生活中，一些身体特征或习惯可能会让用户在穿着打扮上感到困扰，因此他们希望通过选择合适的服装来优化自己的形象。

具体来说，有些用户可能因为溜肩的问题，在选购外套或上衣时特别希望找到那些能够完美撑起肩部的款式，以改善整体视觉效果。同样，有的用户因为腿型稍显 O 型，在挑选裤子或裙子时，会格外留意那些能够修饰腿型的设计，以期达到更好的穿着效果。

此外，对于那些皮肤稍显干燥或粗糙的用户来说，他们可能更倾向于选择柔软舒适且颜色能够修饰皮肤的服装面料。这样，每次出门时，他们都能展现出最佳状态，从而提升自信心和形象魅力。

方向三：降低风险

用户在使用产品时，由于信息不足或日常习惯，可能会面临各种潜在风险。因此，作为主播，在介绍产品时，需要深入思考用户可能遇到的风险，并提供相应的解决方案。

以都市白领和上班族为例，他们长时间坐在办公室，可能会面临腰椎或颈椎的不适，甚至引发健康问题。这些风险不仅影响他们的工作状态，还可能对他们的生活质量造成负面影响。

想象一下，如果我们的产品能够针对这些问题提供有效的解决方案，比如，通过特殊设计减轻腰椎负担，或是采用透气舒适的面料减少久坐的不适感，那么这些用户是否会更加倾向于选择我们的产品来降低这些风险呢？

很多时候，用户可能并没有意识到这些风险的存在。但当我们明确指出这些痛点，并提供相应的解决方案时，他们就会对我们的产品产生兴趣，并考虑购买以提高自己的生活质量。

方向四：身份地位

与前面提到的提升形象有所相似，但更为深入。用户不仅渴望塑造一个正面的外在形象，还希望规避可能带来的负面印象，通过服装来提升自己的地位，并展现不同的身份标签。

那么，用户当前面临的负面形象具体是什么？他们内心期待的正面形象又是怎样的呢？是希望自己的穿着更加时尚活力，从而摆脱过于刻板的形象？还是希望借助名牌衣服来彰显自己的经济实力和地位？又或者是他们追求低调奢华，希望通过细节来展现自己的品位？

举一些具体的例子来说，有些用户可能曾经因为穿搭被别人评价为"土气"或"直男穿搭"，导致他们在日常社交或职场中缺乏自信；而有些用户则可能因为穿着过于学生气，在一些商务场合中难以获得他人的信任与重视。这些问题都是他们迫切希望通过选择合适的服装来解决的。

方向五：高端需求

提到"高端"，可能有人会产生疑惑：为何高端会成为用户的一个痛点需求点呢？事实上，许多用户在选择服装时，内心都会追求高品质、高端感。然而，由于种种原因，他们目前可能只能购买或穿着一些相对低端的产品。

这些低端产品虽然满足了基本需求，但在设计、材质或品牌知名度上往往稍显逊色，难以为用户提升品位和身份的附加值。想象一下，当一位职场精英走进会议室或外出谈合作时，他的着装不仅代表了他个人的形象，更关乎他所代表的公司的形象。如果着装显得过于随意或低端，可能会给人留下不专业的印象，从而影响他在职场上的表现。

同样，对于追求时尚的年轻人来说，一款设计独特、品质上乘的服装能够让他们在社交场合中脱颖而出。但他们在追求外在高端品质的同时，希望性价比合适，不希望花费高额价钱去购买。

因此，作为服装主播，你需要深入了解用户对于高端服装的需求和痛点。在直播中，你可以通过展示服装的高品质细节、独特设计以及品牌背景等信息，来满足用户对于高端感的追求。同时，要关注性价比，为用户提供更多选择，让他们能够在合适的价格范围内找到满足自己高端需求的服装。

方向六：替 TA 做

这一方向要关注的是，你直播间里的衣服能否替用户完成那些他们不得不做，或者他们其实不想做但又无法避免的任务。以当下快节奏的生活为例，许多人在穿搭上花费了大量的时间和精力，却还是难以找到自己满意的搭配。

此时，一件既好看又百搭的衣服，或者主播在直播间为用户精心搭配好的套装组合品，就可以为用户节约大量的搭配时间。这样的产品是不是就解决了他们在穿搭上的痛点问题呢？答案是肯定的。短时间内快速完成一套完整的穿搭，不仅能帮助用户避免穿搭上的尴尬，还能让他们在各种场合都自信满满。

与此同时，这也满足了第二点"形象提升"的需求。通过提供便捷的穿搭解决方案，你的直播间不仅为用户节省了时间，还助力他们提升了个人形象。这样的双赢局面，无疑会得到更多用户的关注和喜爱。

方向七：用户体验

在服装这个赛道中，很多消费者都会面临体验不佳的问题。想象一下，在寒冷的冬天，我们寻求保暖时，厚重的棉服或羽绒服虽然保暖，但往往会显得臃肿笨拙，而且清洗起来极为不方便，需要送去干洗店专门处理。这些体验上的不便，正是用户在追求舒适与好看过程中不得不面对的痛点。

同样，当我们谈及日常穿着的其他方面时，也会发现类似的体验问题。比如，一件既舒适又不易褶皱的衬衫，或者是不跑杯又无痕的内衣，这些看似简单的需求，很多用户却很难在市面上找到完美的解决方案。

在直播时，可以通过展示服装的材质、设计细节以及穿着效果等信息，让用户感受到你的产品能够为他们带来更好的穿着体验。这样，你不仅能够吸引更多用户的关注，还能提升他们的购买意愿和忠诚度。

方向八：追求新颖

新颖，意味着打破传统，颠覆固有的环境或习惯，尤其是在那些看似寻常，但实则有待革新的领域中。以服装为例，用户是否还在穿着那些一成不变的款式，如黑白搭配、大 LOGO 等，日复一日地重复着相同的搭配？

在追求时尚与个性的当下，为何不尝试一些新颖的设计和流行趋势，让自己的形象焕然一新呢？近年来，一些新颖的服饰风格逐渐受到热捧，如新中式、美拉德风格、薄荷曼波、多巴胺穿搭等。这些风格不仅紧跟流行趋势，还能展现出独特的品位和个性。

对于服装来说，新颖不仅是一种设计理念，更是一种生活态度的体现。它代表着对传统的突破和对创新的追求，也是当下消费者所追求的一种生活方式。

方向九：低价策略

低价，对于很多用户而言，不仅是一个痛点，更是他们选择产品的关键原因。当用户对某件心仪的衣服产生购买欲望时，较高的价格往往成为他们犹豫不决的门槛。即使产品本身品质好、设计独特，但过高的价格使得用户不得不权衡利弊，甚至放弃购买。这也是当下更多人选择"平替"产品的原因，尤其在服装行业，这种情况非常普遍。

想象一下，用户看中一款心仪的裤子，款式好看、面料舒适，还是某某明星代言的。但是，当看到商品链接中的价格数字时，他却望而却步。因为实际情况是，他刚好赶上裁员大潮离职，市场又不好就业，钱刚刚够维持生活，所以没必要花大价钱购买一条裤子。然而，如果此时某个平台的算法给他推送了一个款式相似但价格更为亲民的同款产品，他可能会毫不犹豫地选择购买。

低价策略不仅能够吸引价格敏感型用户，还能在一定程度上提升产品在市场上的竞争力。有些产品的低价或许就是它最大的卖点，也是吸引用户下单的关键因素。

前面所提到的9个方面，实际上是从产品的特性出发，深入思考用户在使用或穿着相关衣服时可能会遇到的困扰，以及希望做出的改变。这些方向不仅为我们提供了常用的分析框架，而且能快速地协助我们捕捉用户的真实痛点与需求。

具体来说，通过关注产品的各个方面，我们可以更全面地了解用户在使用或穿着过程中的体验和期望。这些痛点和需求往往是用户最关心的问题，也是他们在选择产品时的重要考量因素。

在直播时，我们不仅需要深入了解这些方面，还要在直播中精准地传达给用户，让他们感受到我们的产品能够真正满足他们的期望和需求。这样，我们才能更好地戳中用户的内心，赢得他们的信任和认可。

PART 1　主播话术基础篇：服装直播间的话术秘籍

快速定位痛点：市场调研的技巧

当面临"如何找到适合我这款产品的痛点"这一困惑时，很多新手主播可能会感到迷茫和焦急。为了快速定位产品的用户痛点，这里为大家补充一个小技巧——市场调研。

市场调研是一种广泛且实用的方法，我们可以借助淘宝、小红书、抖音等平台开展。这些平台几乎涵盖了所有类别的商品，无论是服装类的大衣、牛仔裤、皮衣、打底，还是非服装类的珠宝、零食、冰箱等，都能找到相关的产品链接或内容。

具体该如何进行市场调研呢？当你不确定如何定位产品的人群痛点时，可以去这些平台搜索与你的产品类似或同类的商品。在淘宝、京东，你可以查看评论区的差评、"问大家"板块以及商品详情页；在小红书，你可以查看笔记的评论、种草文案以及商品评价；在抖音，你可以查看评论区的差评、内容文案及评论区、商品详情页等。

这些都是一线用户的真实数据和反馈，能够帮助你快速了解用户的需求和痛点。通过观察和分析这些评价反馈，你可以更精准地找到属于自己产品的痛点，并且在直播中有效地传达给用户。这样，你不仅能解决用户的痛点问题，还能提升直播的转化率和用户满意度。除了上面提到的寻找用户痛点的方法，最后章节将会为大家提供寻找不同人群、不同产品部分痛点需求的思考方向。这些话术方向以启发为主，帮助大家理解如何针对痛点进行话术设计。

需要注意的是，这些话术可能无法直接原封不动地应用到你的直播间。因为每个直播间所讲解的产品、面对的受众以及市场环境都有所不同。因此，在使用这些话术时，你需要结合直播间所讲解产品的实际情况进行调整。

卖点话术：
产品优势与寻找卖点的方法

在正式分享寻找卖点的方法之前，先为大家提供几个**快速定位产品卖点的"小诀窍"**。

首先，回顾前文提到的痛点概念，简言之，卖点即解决痛点的方案。如果难以迅速锁定产品卖点，不妨先回顾痛点，思考自己的产品能否提供解决方案。若能，这便是你的产品卖点。

其次，相较于许多其他产品，服装的门槛相对较低，几乎每个人都能对一件衣服发表见解。因此，当你接触或试穿一件衣服时，最吸引你的特征，往往就是这件衣服的卖点。例如，面对一条普通的工装短裤，要是它的口袋设计独特，那么无须犹豫，这口袋便是短裤的卖点。因为它在众多相似产品中脱颖而出，吸引了你的注意，这表明这正是其区别于其他产品的独特之处。主播在拿到此类产品时，应着重突出并优化这一卖点的展示。

最后，借鉴同行经验。主播在接触新衣物时，首要任务是识图搜索同款，在淘宝、抖音、小红书等平台查看同行的商品链接。同行在链接详情页中的描述和细节图，都揭示了产品的卖点。主播的任务是进一步拓展这些卖点，使它们更具吸引力，从而转化为直播间用户的购买动机。同时，链接中的有效评论，无论正面还是负面，均可提炼为你的产品卖点。

上述方法能够为大部分服装的卖点塑造提供有效指导，至少能让主播在直播间的话术达到及格水平。不过，遇到一些难以找到同款的产品，或者主播希望将塑品水平提升至 80 分以上时，就需要运用更为精准的找卖点方法了。

无论产品属于服装、数码电器还是家居用品，只需将 1~2 个主要卖点放大并突出讲解即可。要避免寻找过多的卖点，因为当一件产品处处都是卖点时，反而意味着它没有独特卖点，难以与同类产品形成差异。

<u>寻找卖点进阶技巧中的找卖点方法，可以归纳为四大方向：产品本身、具象数字、信任保障、用户买点</u>。每个方向下都包含一系列细分的小方法，用于深入挖掘产品的卖点。

建议拿着你的产品，对照这四个方向去寻找并定位其卖点。这样不仅可以更好地帮助你记住<u>这些方法</u>，还能让你的直播话术更加精准、有力。

1. 产品本身

材质

服装的材质是产品之本，在很大程度上决定了其价值。优质的材质不仅价格昂贵，还具备耐用、保暖、散热等多种功能。从材质方向探寻卖点时，主播可以从两个主要方向入手：

首先，关注原料的优劣。例如，如果产品使用的是100%棉，而市场上常见的是50%棉混纺，主播就应着重强调这一差异，并阐释100%棉的优势，如透气性、吸湿性更好，这样用户会更倾向于选择你的产品。此外，主播不仅要说明材质是什么，还要深入挖掘这种材质能给用户带来的具体好处，以提高产品的转化率。

其次，借助产地限定来提升产品价值。人们常有"五常大米最香""阳澄湖大闸蟹最佳"的认知，这就是产地限定的魅力。主播可以借鉴这种思路，如介绍："我们这款服装采用的是100%新疆长绒棉，因其产地新疆的独特气候，使得长绒棉品质上乘……""新疆"和"长绒棉"这两个限定的元素让用户觉得你的产品在材质上更胜一筹。同样，澳毛、马海毛、某某山绵羊毛等具有特定产地优势的材质，都能作为主要卖点加以强调。

工艺

服装的生产工艺是体现产品价值的关键所在。在讲解时，主播可以从传统与先进两个维度入手：

首先，凸显传统工艺的独特魅力。比如，纯手工缝制、手工扎染等，这些传统工艺不仅能让你的服装别具一格，还能显著提升产品的客单价。主播可以详细讲述这些传统工艺背后的故事和精湛的技艺，让用户感受到产品的独特价值。

其次，突出先进工艺的优势。无论是印染工艺、防起球工艺，还是生产机器方面的优势，都是展现服装品质的重要方面。例如，你可以强调你们家服装是采用进口大机器生产，相比小厂的小机器，品质更有保障。这些先进工艺和技术优势都是吸引用户、提升转化的有力卖点。

外观

买衣服，首重外观。在服装产品中，出众的外观设计往往成为第一道筛选门槛。直播间所推荐的衣服，如果凭借其独特的视觉表现力，已在外观层面超越了约七成的同类竞争产品的话，这就是非常好的卖点。前面提到的工装短裤口袋，就是一个典型的外观卖点，它可能因独特的设计或十足的个性而吸引用户。

在外观方面，版型、颜色、花纹、袖口、领子、风格以及百搭性等元素，都是主播可以深入挖掘并作为卖点的点。人是视觉动物，衣服在满足基本的穿着需求的基础上，更重要的是提供视觉效果这一附加值。这就是为什么每年有那么多人关注时装周。主播在讲解时，应充分展示这些外观卖点，吸引用户的眼球，提升其购买意愿。

功能

功能是为了满足用户需求，为服装增加附加值，或解决用户在日常穿着中遇到的问题。功能主要分为两大类：

首先，与衣服材质相关的功能，如透气、吸汗、凉感、保暖、防晒、防风等。这些功能是衣服材质本身所具备的，主播在讲解时，应强调这些功能如何为用户带来舒适体验。

其次，由衣服设计衍生出的外在功能，如显瘦、显腿长、显肩宽、平衡身体比例、遮胯、遮副乳等。这些功能为衣服赋予了更多附加价值。主播在讲解时，可以详细说明这些设计是如何解决用户在日常穿着中遇到的问题，从而提升用户的购买意愿。

总之，无论是材质相关的功能，还是设计衍生的功能，都是主播在讲解服装时可以重点突出的卖点，它们能帮助用户解决很多问题，提升服装的吸引力。

成分

成分指的是衣服面料材质的构成。100% 棉的衣服虽然具有诸多优点，但也存在易起球、易褶皱等缺点。若在面料中添加其他成分，恰好能解决这些问题，这便成为区别于同行产品的一大卖点。

例如，加入聚酯纤维（涤纶）可以增强衣服的抗皱性，这对于不喜欢熨烫衣服或经常出差的人来说，无疑是一个大卖点。同样，添加凉感因子、石墨烯等成分，能让衣服具备更多功能，避免用户穿着时遇到某些问题。

主播在讲解时，可能会产生疑惑：为什么 100% 棉的衣服既好又不好？这是因为任何事物都有两面性。我们在直播间讲解产品卖点时，不仅要着重强调衣服自身的优点，更要突出相较于同行产品，我们的产品有哪些独特优势。而这些独特优势，往往是促使用户下单的关键。

因此，主播在讲解时，应放大产品的优点，尽量弱化或避免提及产品自身的缺点。这样，才能更有效地吸引用户，让他们选择我们的产品。

细节

主播在讲解服装时，如果能关注并强调细节，就是在凸显这件衣服的品质。众所周知，细节决定成败。倘若某款衣服的细节处理得十分到位，那么其整体品质肯定高。虽然我们可以对此有不同观点，但用户确实是这么想的。

细节所涵盖的范围十分广泛，与前文提到的几点也有交集，如工装短裤的口袋。其他服装的细节可能包括扣子、领口、袖口、刺绣、缝线、色彩搭配、开衩等。这些以及未提及的细节，都可以作为服装的卖点加以突出。主播在讲解时，应详细阐述这些细节是如何体现衣服的品质和独特之处的，从而提升用户的购买意愿。

2. 具象数字

时间

时间在服装销售中也是一个蕴含丰富卖点的元素。对于品牌服装，主播可以强调品牌的悠久历史，如"我们的品牌已经经营了××年，每次上新都能引领时尚风潮"。这样的表述能为产品塑造价值性并起到背书作用。

对于采用特殊面料的服装，主播可以突出面料的稀缺性和独特性，如"这款面料采购非常困难，我们每次只能拿到限量的面料。衣服售罄后，若您再想购买，可能需要等待××天才能拿到现货"。这样的描述能营造产品的稀缺感，激发用户的购买欲望，打消下单顾虑。通过巧妙地运用时间元素，主播能够为服装产品塑造出独特的价值和吸引力，从而吸引用户下单。

活动及价格

直播间内的福利活动和产品价格，是吸引用户的关键卖点。活动方面，如买一赠一、满两件八折、第二件半价等优惠举措，能有效提升用户的购买意愿。

价格方面，当衣服价格特别实惠时，价格本身就是其最大的卖点。尤其在强调性价比、开展促销活动以及针对特定消费群体（如学生、低收入家庭）时，价格更是吸引这些用户的关键因素。因此，在讲解时，主播应突出活动的优惠力度和价格的实惠程度，以打消用户的下单顾虑。

3. 信任保障

品牌

品牌是服装销售中的重要元素。众所周知，市场上存在众多贴牌衣服，如某保暖内衣、某袜子等。品牌备受青睐的原因在于，它能为用户带来信任，缩短用户的决策时间，进而促进更多用户下单。这也是现在众多授权店、分店、商场店等得以存在的原因。

对于主播而言，如果所售衣服有品牌加持，那么一定要充分利用这一优势。在讲解时，不妨突出品牌的特色，强调它与同类产品的差异。如果衣服与某个知名品牌出自同一家工厂，或者是某大牌的平替产品，那么这更是不可多得的卖点，在确保不违规的前提下，务必向用户明确传达这一信息。通过这样的方式，可以进一步提升用户对产品的信任度和购买意愿。

专利

专利在其他产品中较为常见，在服装领域相对较少，但仍有很多人为自己的服装申请专利。这些专利可能涉及版型、花纹、款式、设计、面料等多个方面。

主播在直播间讲解专利时，务必注意合规性，建议打印 KT 板进行展示。在讲解专利时，要着重阐述申请专利的目的。例如，红豆绒面料就是一项知名度较高的专利。这种面料相比其他产品更加柔软舒适、透气性好，部分还具有吸湿发热的功能。申请这项专利，正是为了打造产品的稀缺性，吸引更多用户优先购买自己的产品，从而在与竞品的竞争中脱颖而出。

通过这样的讲解方式，主播可以让用户更加清晰地了解专利的价值和优势，进而提升用户对产品的兴趣和购买意愿。

名人背书

名人背书是指明星、学者、网络红人等为产品进行代言、体验、试穿的行为。由于名人具有较高的号召力和信任度，大部分用户会基于对名人的信任，而对产品产生更大的信任感。

主播在直播间讲解时，可以提及自家产品或品牌由哪位名人代言、被哪位名人穿过或推荐过。但务必确保所述内容真实可靠，绝不能杜撰或夸大其词，以免损害用户信任和品牌形象。通过合理利用名人背书，可以有效提升用户对产品的信任度和购买意愿。

销售模式

销售模式是影响用户购买决策的重要因素。常见的销售模式包括代销、经销、批发、加盟、直营、授权等。其中，直营和批发模式往往更受用户青睐，因为他们认为从这些渠道购买更有保障且能省钱。

因此，主播在讲解时，应强调自家销售模式的优势，无论是直营、批发，还是产地直供、工厂出货、源头采购等，这些都可以作为卖点加以突出。通过这样的讲解，可以增强用户对产品的信任度和购买意愿。同时，主播要确保所提及的销售模式真实可信，避免夸大其词或虚假宣传。

体验及售后

在当下的直播带货市场中，体验及售后非常重要，它们直接影响用户的购买决策。

消费体验方面，主播应着力打造一个松弛、舒适的直播间氛围，并全面展示衣服的各个方面，包括材质、款式以及搭配建议等。这种优质的消费体验能够吸引更多用户，激发他们的购买欲望。

售后服务同样不可忽视。在直播间中，主播应明确并着重强调售后服务政策，如7天无理由退换货、运费险以及保价等。这些售后服务能够增强用户的购买信心，让他们在购买过程中感到更有保障。

如果用户在购买后遇到任何问题，都能得到及时、有效的解决，那么这种良好的售后服务将成为直播间的一大卖点。因为它不仅能提升消费者的信任度，还能促进他们再次购买。

4. 用户买点

当直播间的服装难以找到独特卖点来区别于其他直播间时，不妨尝试转换视角，从用户的角度出发，思考他们购买的原因。即使产品同质化严重，也可以通过挖掘用户的买点来打造差异化。这些买点，就是用户选择你直播间产品的原因，也是促成他们购买行为的关键因素。通过深入了解用户需求，你可以更准确地把握这些买点，并在直播中有效地传达给用户，从而提升转化率。

情感需求

情感需求在服装直播中起着至关重要的作用。它涵盖了与主播的情感联结、追求即时满足感、受社会因素影响的购买动机，以及建立信任感和认同感的过程。

情感联结与共鸣

主播可以通过分享个人故事与观众建立情感联结。例如，讲述自己作为孕妇时的穿衣体验，如"我刚生大宝的时候，就没选好孕妇装，那时穿的衣服真的很难受。但现在怀二宝了，我穿这件衣服感觉很舒服，播两三个小时都没问题"。这样的故事能够引起孕期宝妈的共鸣，增强她们对产品的认同感。

即时满足感

在直播间，主播应放大产品的卖点效果，比如，展示防水功能可以现场演示浇水，防勾丝特性可以用钢丝球摩擦展示。这种即时的效果呈现能够满足用户的求知欲和购买欲望。

社会因素与信任建立

展示产品的好评和用户真实晒图评价是建立社会信任的重要手段。这些评价能够让未下单的用户更加相信产品的质量和效果，从而促成购买行为。

价值观共鸣

用户购买服装的决策并不仅仅基于产品的功能性和外观，更重要的是产品与用户个人价值观的契合度。当用户觉得某一服装品牌或产品所传达的价值观与自身相符时，他们更容易产生购买行为。

简约实用价值观

例如，当主播介绍一款外套时可以说："这款外套设计简约而不失时尚，适合各种场合穿着，而且它特别百搭。它不仅是一件衣服，更是我们对极简生活态度的一种体现。"这样的介绍方式能够吸引那些追求简约实用的用户。

环保与可持续发展价值观

例如，在介绍一款T恤时，主播可以强调："我们的T恤选用的是有机棉材质，穿着非常舒适。同时，这是我们设计师/老板对环境保护的承诺。他们希望通过自己的小小努力，为地球贡献一份微薄力量。"这样的介绍能够触动那些倡导环保与可持续发展的用户的心弦。

通过强调产品与用户价值观的契合，主播能够更有效地吸引用户，并促成其购买行为。

社交需求

服装不仅是遮体保暖的必需品，更是展示个人风格、品位和社会地位的重要方式。在社交场合中，人们往往通过服装来展示自己的个性和态度，希望与他人建立联系，获得认同感和归属感，以此来帮助用户塑造理想的社交形象。

品牌与设计师的象征

品牌、设计师、高奢、轻奢等类型的服装直播间常利用这一点。用户购买这些服装，不仅是为了穿着，更是为了借助品牌或设计师的影响力来提升自己的社交形象。这就是很多大牌即使价格高昂仍热销的原因。

社交形象的塑造

用户希望通过穿着这些服装，在社交场合中展现出自己独特的个性和品位，从而获得他人的认同和赞赏。这种对社交形象的塑造和追求，是驱动用户购买服装的重要动力之一。

效果

效果展示是服装直播中不可或缺的环节。它主要聚焦服装穿上身后的实际效果，如显瘦、显高、显贵气、显身材好等。这一环节与前面部分方法有所重叠，但同样重要，因为它为用户提供了直观的想象和参考。

直观效果描述

在直播过程中，主播可以通过生动的语言描述服装穿上身后的效果，如"这款连衣裙的设计非常显瘦，穿上它，你的腰线会显得更加迷人"。

对比展示

为了更直观地展示效果，主播还可以进行对比展示，比如，穿上和没穿的效果对比，或者不同尺码、颜色的上身效果对比。

用户反馈引用

引用之前用户的反馈也是有效的方法，如"之前有很多宝宝说，穿上我们家的这款裤子，真的显得腿又细又长"。

人群

由于一款产品无法卖给所有人，因此，为所售服装找准特定人群是至关重要的。在直播过程中，主播需要优先成交精准人群。

识别精准人群

精准人群是指那些对服装有特定需求或偏好的用户群体，如小个子、大码、头大、学生党、宝妈、腿部较粗等。了解并识别这些精准人群是主播的重要任务。

挖掘痛点需求

对于精准人群来说，适合他们的服装就是最大的卖点。主播需要深入挖掘这些人群的痛点需求，如小个子用户希望找到显高的服装、大码用户希望找到既合身又时尚的服装等。

优先成交精准人群

当主播能够为产品锁定目标人群时，也就找到了该人群的痛点需求。在直播过程中，主播应优先展示和推荐适合这些精准人群的服装，以提高成交率和用户满意度。

场景

在服装直播中，场景话术的运用至关重要。它能够帮助用户感同身受，从而激发其购买欲望。场景话术与人群定位类似，都是为了圈选特定的目标用户，只不过这里更侧重于用户常见的生活场景。对于服装主播来说，塑品时一定要运用场景话术。

场景与用户需求的关联

用户在不同的生活场景中会遇到各种问题，比如，搭地铁上下班时人挤人，身上会有各种味道，到了公司后这种味道也难以去除。这时，如果有一款不容易留下味道的衣服，就能很好地解决用户的这一痛点。

场景话术的构建

构建场景话术时，主播需要深入了解目标用户的生活场景和需求，用生动的语言描述用户在这些场景中可能遇到的问题，并展示服装如何解决这些问题。

场景话术的效果

通过运用场景话术，主播可以让用户更加直观地感受到服装的实际价值，从而增加用户的购买信心和决心。同时，这能够帮助主播更好地圈定和吸引目标用户。

在下一章节中，我们将更具体地为大家介绍关于场景话术的方法与使用技巧，将深入剖析如何构建有效的场景话术，以及如何在直播中灵活运用，以更好地吸引和满足目标用户。

对于很多新人主播而言，即便已找到产品卖点，并在备忘录中记录了不少信息，可当面对直播间的观众时，不知如何将这些卖点有效传达出来。有时，一个卖点可能仅能勉强说出一两句，便陷入词穷的境地，最终导致产品介绍不尽如人意。

新人主播若想将卖点转化为能带动高转化率的卖点话术，可依据以下结构进行讲述。将整个卖点话术的塑品过程拆解开来，在每个结构中填充相应内容，如此一来，话术便会丰富许多。同时，这是一个逐步让用户对产品建立信任的过程。需要注意的是，该顺序并非固定不变，可根据直播间的实际状况灵活调整。

> **框架公式**
>
> 卖点话术 = 产品优势 + 优势效益 + 潜在利益 + 证据展示 + 对比同行 + 目标人群

产品优势，是指我们要介绍的衣服相较于市场上其他同类产品所具有的优越性，其中涵盖了产品的特点以及前文介绍所挖掘出的各类卖点，如衣服的面料、版型、做工、颜色、细节设计等方面。

优势效益，是指衣服自身的特点或特性能够为用户带来的实际好处与效果。这些优点或特性通过满足用户的特定需求与期望，为用户创造价值。

常见的有衣服能让人显得更瘦、显高、拥有黄金身材比例、显腿长或容易收拾打理等。

潜在利益，这里所提及的用户"潜在利益"并非直观可见、具体的效果，而是产品对用户产生的深层次、非显性的积极影响。主播在直播间进行话术描述时，通过对比产品优势（可直观感知的效果）与用户利益（较为抽象、难以直接感知的），比如，使人更加自信、有气质、显贵气、营造出特定氛围感等，来进一步对用户的生活、情感和心理产生正向作用，从而激发用户下单的欲望。

证据展示，即在直播过程中，主播需将之前提及的产品优势、优势效益、潜在利益等，以直观的视觉形式向用户展示。如果产品拥有相关证书，主播应在直播间向用户展示证书，以证明产品的专业性与权威性；若产品具备显著的使用效果，可通过现场演示、实时展示等方式呈现给用户，让用户能直接看到产品的实际功效；此外，展示用户的照片反馈或好评截图也是行之有效的方法。通过这些手段，能够有力地证明之前所阐述的产品卖点真实存在且具有可信度，从而增强用户对主播话语的信任度，提升用户对产品的认可度。

对比同行，实际上是为了凸显我们产品的优势。正所谓"没有对比就没有伤害"，同样的价格，我们的产品质量更优；或者同样的质量，我们的价格更为实惠。通过这样的对比，能让用户对我们的产品形成更为立体的认知，让他们觉得购买我们的产品相较于其他产品更具优势，因为我们的产品性价比更高。

目标人群，即产品的使用人群。需要明确的是，一款产品无法满足所有人的需求，即便是非服装类的产品，如洗衣机、食用油这类常见产品，也都有其特定的目标人群。我们圈定使用人群，就是要让目标用户明白，这款产品是为他们量身定制的。那么，对于那些不在我们圈定范围内的人群该如何处理呢？其实无须过于担心，他们若有购买意愿，即便我们未特意针对他们进行宣传，他们也会自主下单。

话术案例

　　大家可能会问，这衣服款式还蛮好看的，那这个面料是不是那种什么涤纶呀、某纯某棉的？这个不是，这是我们给大家做的一个定制款的料，叫作磨毛棉质，它是不会皱的（产品优势）。可能有很多人早上上班会比较着急，就这件衣服，你前一天晚上放到洗衣机里面洗，然后挂阳台上，第二天早上你就拿下来直接穿，根本不用熨烫，因为它不打褶，平平整整的你就直接去上班了，很容易打理的（优势效益）。刚刚有女生说，你捏一下给我看吧，来，我给你捏一下，你看我这种捏、这种给它拧巴拧巴，哎，不打褶，也不会皱。所以说它的抗皱性是很强的（显示证据）。并且你们看，它这种材质有一个更好的点是自带质感，它是不会显得廉价的，你穿上之后就是很有气质，气质怎么来的？不是颜色好、料子好嘛（潜在利益）。对吧，你去看其他直播间展示的都挺好，最后开价给你开个599元、699元，拿到手打开衣服一看，哎，还不如99元的品质好，因为它就是卖个品牌，都在给他溢价呢。但我们家这款，我可以给你说，它品质不是我说的，是我们家这个5.0的评分证明，是几千单的销量证明的。这衬衫价格虽然低，但肯定不会比那些高价的品质差（对比同行）。你看像什么护士啊，老师啊，还有各种体制内上班的公务员，他们都来我们家买，因为我们做的就是一个价格划算，但是品质、质感给你做起来，这是一款低调奢华的衬衫。所以，在直播间的所有姐妹，如果你是护士、老师以及在体制内上班的，这件衬衫你一定要带两套走（目标人群）。

场景话术：
如何使用场景话术打动用户

场景话术的价值

场景话术对服装带货直播间的重要性不言而喻。在我进行的线下培训中，我一直向主播们强调这一点。因为场景话术能够营造代入感，让用户仿若置身于所描述的场景中，即"造梦"。用户会想象自己穿上某件衣服后的样子，以及所能收获的体验。

代入感与造梦：场景话术凭借生动的描述，让用户产生强烈的代入感，仿佛自己就是场景中的主角。这种代入感能够激发用户的购买欲望，毕竟他们会憧憬自己穿上衣服后的美好形象。

衣服带来的改变与体验：在服装带货直播间里，场景话术不仅要描述衣服的穿搭场合，更要强调衣服所能带来的改变和体验。比如，穿上某件衣服后显得更加自信、有气质等。这样的描述能够让用户更加直观地感受到衣服的价值。

激发购买欲望：通过场景话术的描述，用户能够真切地感受到衣服所带来的美好体验和改变。这种直观的感受能够激发他们的购买冲动，进而提高直播间的转化率。

场景的六维描述法

场景话术是一种强大的描述工具，它可以从多个维度为用户创造沉浸式的购物体验。具体来说，它可以从眼睛看到的、鼻子闻到的、耳朵听到的、舌头尝到的（虽说在服装直播中不常涉及，但可以引申为材质的触感或某种"感觉"）、身体触摸到的以及心里感受到的六个方面展开描述（六维描述法）。

眼睛看到：描述服装的颜色、款式、细节等。

鼻子闻到：虽然服装本身或许没有气味，但可以描述服装材质给人的清新感，或与之相关的场景气味。

耳朵听到：描述穿上服装后可能听到的声音，如面料的摩擦声或与之相关的场景声音。

舌头尝到（引申）：描述服装材质的触感，如柔软、光滑等，给用户带来"味觉"上的联想。

身体触摸到：强调服装的材质、穿着的舒适度等。

心里感受到：描述穿上服装后可能带来的心理感受，如自信、愉悦等。

场景话术的公式

为了更系统地运用场景话术，本节为大家提供一个结构公式作为参考。这个公式并非唯一，但它可以帮助新手主播更好地构建场景话术。公式如下：

> **框架公式**
>
> 构建生活场景 + 情感元素 + 卖点对比 + 营造紧迫感

需要注意的是,这个公式只是作为一个参考,并不是一成不变的。在实际直播中,主播需要根据产品特性和个人风格灵活调整。直播带货的关键在于灵活多变,没有固定的公式可以套用,然而不变的是底层逻辑——为用户创造价值,满足他们的需求和期望。

场景话术的构成要素

构建生活场景

主播需要详细描述具体的穿搭场景,注重细节,确保这些场景是产品目标用户日常生活的真实反映。这样,用户就能清晰地想象自己置身于这些场景中的状态,从而增强购买欲望。

除了前文提到的六维描述场景的方法,还有其他寻找生活场景的方法:

当主播的个人经历无法触及或想象用户的生活场景时,可以通过在内容社区搜索人群关键词,找到对应的视频或主页进行查看。

寻找相关的电视剧或网剧,观察并分析其中的故事情节获取灵感。

借助 AI 工具,输入目标人群的关键信息,向其提问以获取更多关于用户生活的洞察。

情感元素

在直播中,主播还需要强调用户穿上服装后所能获得的情感和心理满足。例如,地位的提升、情绪宣泄的舒畅或被人夸赞的喜悦等。这些情感元素能够与用户达成情绪共鸣,进一步提升购买转化率。

卖点对比

在所构建的生活场景中,主播应强调产品的关键卖点,并明确告知用户为什么这款产品值得购买。同时,通过与同类产品或市场价格进行对比,凸显这款产品的性价比优势。此外,描述同行产品的某些不足可能给用户带来的负面影响,如没面子、体形不佳或陷入尴尬等,从而更加鲜明地突出我们的产品所带来的好处。

营造紧迫感

为了促进用户尽快下单,主播可以在直播中融入营造紧迫感的元素。例如,宣布限时限量的优惠活动、表示即将下播等。通过这些方式,主播可以做简单的逼单引导,促使用户抓紧时间做出购买决策。

💬 话术案例

姐妹们,当你们家宝宝幼儿园放学了,你就穿这件裙子去校门口接他。来来往往的都是人,有刚下班过来的家长,一身班气;也有刚做完饭过来的,一身饭气。但当你出现的那一刻,你会感觉到他们在不由自主往你这边看。就是因为这件衣服你穿上身特别显气质,看起来很大气,肯定有人会说"这是谁家妈妈啊,这么漂亮有气质"。天呐,你说有没有面子,孩子在幼儿园都特别地有面子。但他们不知道你可能也是刚做完饭或者刚下班,只是随便套了一件裙子。这就是这件裙子版型和质感给你带来的,是那些小厂做的货没办法比的。但是姐妹们我跟你们说,今天"618"活动最后一天了,6折的活动今天 12 点整就结束。也就是说你明天来,只能按之前的价格买了,并且明天还不一定会有现货。

塑品秘籍：
如何把产品讲到用户的心坎里

塑品，简言之，就是在直播间将产品讲到用户的心坎里，让用户心动并产生购买欲望。这要求主播不仅要充分了解产品的价值和特点，还要通过一系列精心设计的话术来包装产品，使其更具有吸引力。主播对产品的信心是塑品成功的关键，如果主播自己都不相信产品好，那么很难让直播间的用户信任和心动。

近年来，市场环境不太理想，用户手中的资金越发珍贵，所以让用户愿意掏钱下单变得更加困难了。在这种背景下，塑品话术的重要性越发凸显。前面的章节已经详细拆解了找痛点、卖点等塑品的关键步骤，本章节则着重于将前面学习的内容进行整合，帮助主播形成自己独特的话术表述。

在塑品过程中，主播可能会发现自己的词汇比较匮乏。这时，日常积累就显得尤为重要。积累的词汇足够多，才能讲得足够好。因此，本书在最后章节为大家提供了丰富的话术案例以供参考。不过，话术案例资源有限,更多还得靠主播日常的积累和实践。多逛逛直播间,多记录一些好的词汇和语句,就像上学时积累作文素材一样,多看多记才能写出好文章,讲好产品。

塑品与话术构建

塑品是直播销售中的关键环节,它发生在开价之前,主播需要深入了解并展示产品的特点和价值。当主播拿到一款新产品时,首要任务是明确产品的卖点,这涵盖产品的设计、面料、颜色等独特之处,可以参考前文卖点话术部分具体分析自家产品的卖点。主播需要确定产品的第一卖点、第二卖点、第三卖点,这些是吸引用户并促成购买的关键要素。

如果产品的卖点不够突出,主播可以通过挖掘目标人群的痛点需求来找到卖点。了解目标人群的需求和痛点,然后将这些痛点与产品相结合,强调产品如何满足这些需求,进而转化为吸引用户的卖点。

明确了卖点和痛点后,主播需要根据直播间的直播形式,如憋单、平播等,选择合适的话术框架,将总结的卖点、痛点融入其中。例如,在微付费的直播间,主播可能需要憋单,此时可以用痛点或福利活动作为开场引入,例如:"有没有新进直播间的姐妹是孕妈妈的?你们是不是一直在找一件既好看又足够宽松舒适的上衣?想在家里面穿得舒舒服服的,看个电视、吃个饭都不会勒,出门的时候也不想换衣服,想把它直接穿出去但又怕显得太邋遢?那你一定要看看这一款上衣!"

在引入痛点需求时,主播需要放大用户的痛点需求,并代入相关场景进一步强调用户的困扰。随后,主播可以详细说明自己的产品如何解决用户的痛点,将前面找到的卖点进行逐一讲解,从而打动用户并促成购买。

如何打造吸引力塑品话术

在讲解产品卖点时,生动、形象的语言描述是至关重要的。它能使产品更具吸引力，让用户产生共鸣。例如，描述一件羊毛外套时，可以形容其面料"糯唧唧的"，或者：

> 当你的皮肤贴在这件大衣上时，就像抱着一只小羊羔，那种软软的、绵绵的感觉，真的好舒服。

这样的描述将产品与日常生活场景相联系，让用户能够通过主播的描述产生共鸣，从而增强购买欲望。

同时，在产品塑造过程中，产品对比是一个有效的策略。通过与同类产品的对比，可以突出自身产品的优势，并且避免使用过于专业的术语，确保用户能够轻松理解。例如，在讲解一款衬衫时，为了凸显其免熨烫和抗皱性，主播可以拿出同行的产品在直播间直接进行抗皱测试。这样的对比展示能让用户在直播间更直观地了解衬衫的卖点。

如果有些产品的卖点或实际效果无法在直播间现场展示，主播也可以通过图片、视频等形式进行展示。虽然这种方式的效果可能会比在直播间直接展示稍差，但仍然是一种有效的补充手段。总之，生动描述与产品对比相结合，能够打造出更具吸引力的话术，提升直播间的销售效果。

产品塑造时，主播还需要特别注意，不要使用过于专业的词汇孤立地结束某个卖点的介绍。例如，当介绍某件衣服的版型是 H 型时：

> 同时，我们家这款大衣给你们做的是传统的 H 版型，经典不过时。

主播不应该在"不过时"后面直接结束该卖点的介绍。相反，应该进一步展开讲解为什么要选择 H 版型，将专业的词汇延展，并与用户的需求和利益相关联。

具体来说，主播可以这样表述：

> 为什么这个版型足够经典不过时呢？因为它的线条足够干脆利落，穿上身后能产生一种纵向拉长的视觉效果。所以，即使是小个子女生穿，也不用担心会压身高。而且，这款修身版的 H 版型略带收腰设计，可以提高腰线，让腿显得更长。

介绍完产品后，主播需要根据参考的话术框架，继续展开后续内容的话术，比如，福利活动、互动、逼单等环节。通过前面章节的学习，主播已经掌握了塑品的关键技巧，能够得到用户对所讲解服装的喜爱。

结合本章节补充的关键点，服装直播间的带货主播可以更加有效地进行塑品，从而得到更多用户对所讲解服装的喜爱，显著提升销售转化率。

开价话术：
如何巧妙处理价格的敏感点

带货直播间为什么要有开价环节，而不是直接报出价格呢？这是很多新手主播的疑问。我们首先需要认识到，尽管主播在前面进行了精彩的产品塑造，仍会有观众因为最终价格不符合期待而选择离开。因此，依据消费心理学，恰当的开价方式对于提高销售额至关重要。

开价话术是直播带货中不可或缺的一部分。主播需要根据产品特点和目标人群的特性，精心选择合适的开价方式。这样做的目的是让用户更容易接受最终价格，增加购买意愿，从而提升销售额。因此，主播在开价时，应充分考虑如何与观众沟通，以达成更好的销售效果。以下是一些常见的开价方式。

1. 由高到低阶梯开价

阶梯降价，也就是将价格分为几个阶段逐步降低，这是直播带货中常用的话术策略。例如，可以将价格分为门店价、日常价、上新价、预售价、某宝价、同行价等。这种策略的关键在于，主播在塑品过程中可能将某款服装的价值塑造得很高，但最后实际给出的价格相对较低。为了实现这一转变，主播可以先告诉用户服装的日常价或门店价格，然后给出一个合理的理由，说明为什么今天能给用户带来更低的价格。

当用户先听到产品的"真实"价格，并对该价格有了参照后，主播再进行降价，用户就更容易接受最终的价格。例如："你们这会儿要是有时间，可以去我们线下门店看一下，是不是标价 599 元？但是今天是什么日子？是线上店铺会员日，只要 299 元就给你们上了。"

对于价格跨度较大的情况，主播可以多降几次价，即采用多阶梯降价策略。每次降价时，都要找一个合适的、能够让用户信服的理由。例如："日常大家去我们线下门店，是不是都能看到 2999 元的价格。但今天呢，我们直接在线上给你们安排发货，把房租水电的成本去掉，也得要八九百元吧？很划算了，但是我今天是预售，因为昨天卖爆了，没有现货了，老板说为了弥补一下大家，价格再降，299 元直接给你们上了。记住了，这是因为我们预售了，所以没办法，但凡有现货不可能这个价格。"

然而，有些平台对比价格可能会被视为违规。即使主播只是在直播间提及了其他平台的价格，并未进行对比，也可能触发违规弹窗。为了避免这种情况，最简单的方法是让平台不觉得我们在比价。具体做法是断开话术的因果关系，不提及其他平台的具体价格，也不提及自身价格与其他平台的对比。可以在"某某（如某宝）"和"日常 599 元"之间加入一句无关的内容，隔开两者，使系统无法识别到比价行为。

2. 拆分成本开价

拆分成本开价，即通过详细介绍产品的成本和价值，使观众理解为何产品当前价格非常划算。这种开价方式通常适用于高客单价的直播间。主播可以详细阐述衣服的面料、工艺等要素，让用户明白这件衣服的价值远高于其售价。

例如，主播可以这样介绍："我身上这件澳毛大衣，面料成本就要300多元1米。制作这件大衣，至少需要3米的面料。扣子也给你们看了鉴定证书，是用天然母贝做的，一颗就要82元。其他的打版、仓库、物流等成本，我就不一一细说了。但是今天在我的直播间，因为是上新，我哪怕破价给你们也没关系。因为七八月是淡季，我就没播，现在我只需要你们在直播间给我点个关注。我刚开播，给你们开一个399元的价格，准备好了吗？"

通过这种方式，主播不仅展示了产品的价值，还给出了合理的降价理由，使观众更容易接受并最终购买产品。

3. 雷式比价开价

雷式比价开价，灵感来源于雷军在小米汽车发布会上的定价策略。这种策略首先要求主播将产品进行对标，明确自身的定位和定价。通过与同行对标产品的价格对比，营造市场价的合理预期，使用户对产品形成一个初步的价格认知和标准。

接下来，主播需要给用户一个合理的理由，解释为什么要做折扣或提供更低的价格。这个理由可以是新品上新、新号开播等，旨在为用户创造一个购买的紧迫感和优惠的合理性。

随后，主播进行阶梯开价，通过各种优惠理由，如直降、满减、赠品等，让直播间用户感受到价格的不断下探。这种逐步降低价格的方式旨在激发用户的购买欲望。

在此过程中，主播还可以增加互动环节，如设置关注、灯牌、店铺会员等条件，让用户有机会先抢到产品或享受专属折扣。这种互动方式不仅能增加直播间的活跃度，还能进一步提升用户的购买意愿。

最后，主播再进行最终价格的开价，例如："所有人都知道波司登的羽绒服好，一件 1000 多元，便宜的也得七八百元，就连市场上那些白牌直播间的羽绒服都敢要到 799 元，它是什么材质，它自己心里没数吗？我们家是常年给波司登做货的，进的原料都必须是好的，因为品牌那边怕不好的材料掺到他们的货里面，降低货的品质。我们也是今年才开始做线上直播，今天是第二场，衣服都是我们自己打版设计的，原料仍保持给品牌做货的品质，所以今天给你们一个上新的价格 599 元。但是呢，我们家也想做自己的品牌，想把好品质的羽绒服能直接从工厂送到你们手里，所以今天点关注领 200 元优惠券，都在左上角。然后你们盯好屏幕哦，等下右下角这里 399 元让你把这件新款羽绒服带回家。"

4. 清库存开价

清库存开价策略在直播间中应用广泛，尤其适合清货或具有特定人设的直播间。这种策略巧妙地利用了消费者心理，使人们觉得商家已经售出大量商品，剩余货品仿佛是以优惠或折扣的方式进行处理。

该策略的核心在于为用户营造一种"捡到宝"的错觉，让他们觉得自己占了大便宜。具体实施时，若库存充裕，主播可以这样表述："这批货是我精心挑选的库存，原本是为某某品牌供货后的余单。因为他们害怕卖不掉，就给我留了 1000 件。所以我让仓库那边把标拆掉了，给你们开一个直接清的价格。今天所有人拍到手只需 399 元。"

若库存较少，主播则可以强调紧迫性："没剩两件了，最后两件孤品了，就剩这么两件了。也别 499 元了，来后台，直接 399 元给你们上了算了。"通过这种方式，主播可以有效激发消费者的购买欲望，加快库存的清仓速度。

5. 直接开价

直接开价也是一种有效的策略，虽然前面提到在某些情况下不建议这样做。然而，如果主播与用户之间已经建立了深厚的信任关系，那么直接公布价格也是可行的。这种策略特别适用于那些人设感强的直播间，如董洁、刘一一、张林超、林肉肉等。在这些直播间，用户实际上是在"买"主播这个人，但这样的人设是需要长期培养的，因此纯新号不建议采用这种开价方式。

除了上述常见的开价方式，你还可以参考同行的开价策略，学习他们的方法和技巧。当然，你也可以选择自己喜欢的开价方式，但关键是要确保在开价时不会吓跑用户。

另外，需要注意的是，许多主播在抖音平台直播时收到了违规提醒，原因是在开价过程中进行了比价行为。平台规则处于不断变化中，每个阶段都会有新的规则和要求出台，因此主播需要在后期直播时要多关注平台规则，不断完善和调整话术。

本书所讲的开价话术方法适用于全网平台，如抖音、小红书、视频号、淘系、快手、脸书等。但在具体运用到某个平台时，主播需要提前了解该平台的规则，并根据规则重新组织话术。为了避免违规问题，最稳妥的做法是在设置商品链接价格时，将原价设置为主播要说的价格，最后再通过优惠券、折扣等调整成最终的售价。

促单攻略：
逼单话术心理学与实战应用

在产品经过详细展示和塑品之后，一旦开价上架销售，接下来的关键环节就是逼单。但要注意，逼单并非真的在逼迫用户下单，而是通过一系列精心设计的话术来消除客户的种种疑虑，使他们心甘情愿地完成购买。

产品开价上架后，虽然会有许多用户点击链接进行购买，但总有一部分用户只是将产品加入购物车，或在支付环节犹豫不决。甚至有些是刚进入直播间的新用户，还在观望。在这个关键时刻，主播必须主动出击，通过逼单促单话术，打消顾客可能存在的顾虑。

为何他们还在观望？是对产品质量有担忧，还是在尺码选择上感到困惑？是不了解售后保障，还是对直播间信誉存疑？又或者是对于产品的卖点是否满足自身需求感到不确定？主播的逼单促单话术，正是为了针对性地解答这些问题，给予用户足够的信心，促使他们下定决心完成购买。

然而，所有主播要记住一个关键要点：逼单时营销感不宜过强。随着直播市场的发展和用户的不断升级，营销感过强的话术可能会对直播间的转化产生负面影响。高效的逼单话术应包括但不限于 **限时限量、稀缺感营造、售后保障强调、人设话术融入、人性话术运用以及总结性卖点突出** 等。这些话术可根据实际需求交叉使用来进行逼单，无须在逼单环节全部讲出。

1. 限时限量逼单

限时限量逼单是带货直播间常用的策略。所谓"限时"，即设定一个具体的时间限制，如"还剩下 5 分钟""仅剩 3 分钟"，或"6 点我就下播了"。主播可以明确告知用户时间紧迫，例如："我还有 4 分钟就要结束直播了，大家抓紧时间哦！"

而"限量"则是设定商品的销售数量，如"仅剩 20 单"或"只有 30 单"。在使用限量逼单时，必须给出合理的理由，解释商品数量为何有限。这可能是因为商品的制作工艺复杂，如"这款羊绒大衣是我们家老师傅纯手工缝制的，一个人每天只能做几件"；或者是因为原材料的稀缺性，如"这是某某山小绵羊毛面料，来自某某山脉，只在那个地方有，所以非常少，我们拿料都只能拿 1000 米的货"。

重要的是，使用限量逼单策略时，必须给出充分的理由，让用户理解商品数量的有限性。例如："姐妹们，我之所以只能提供这么少的大衣，是因为我们的这件大衣制作周期真的长，且全部是手工制作的。每位老师傅一天只能精心制作两件。我也明白有些姐妹可能不想等太久，所以这一轮我只能给大家上 30 单。今天下单，明天一早快递发出。"

2. 稀缺感逼单

稀缺感逼单话术，是利用产品的稀缺属性促使用户尽快下单的策略，它与限时限量逼单话术有一定的交集。在直播带货中，这种策略极为有效。

主播可以通过强调产品的面料、材料、做工以及细节等方面来营造稀缺感。例如，可以这样表述："直播间所有的宝贝们，这款你们可不能错过！这款牛仔裤，全都是由我们经验丰富的老师傅亲手缝制的，我们不是那种工厂流水线，不是用大机器那种咔嚓咔嚓几下，做出来的衣服也没质感，是不是？所以这样子的一批货，老师傅手工精心制作，我们给大家准备了 50 件，拍完就没有了！"这里，我们强调了产品的独特做工和限量供应，从而营造出稀缺感。

无论是细节、面料还是做工，都是我们可以用来营造稀缺感的元素。这种策略在带货直播间中销售高价位商品时尤为有效，如皮草、大衣、羽绒服、轻奢品等。稀缺感逼单话术与限时限量策略相辅相成，主播可以灵活运用这两种策略，共同提高直播间的转化率。

3. 售后保障逼单

在之前的话术框架中，我们已强调了保障话术的重要性。那么，如何从不同角度运用保障话术来逼单呢？

首先，我们可以通过产品的销量数据来展现其可靠性。例如："姐妹们，我们家的这款连衣裙上架到现在已经卖了 5 万单。如果裙子品质不好，是不可能卖到这么多的，对不对？"

其次，利用用户好评来增强购买动机也是一种有效的方法。比如："来，直播间的 89 位姐妹们，给你们看看，我们家的这款打底衫 98.8% 的好评率，店铺 5.0 的满分评分。群众的眼睛是雪亮的，这就是我们品质的最好证明。不信？你们看看这些好评就知道了，要是不相信直播间主播展示的产品细节，你去看评论区大家晒单的细节，和直播间一样的品质。"

再次，品牌的历史和信誉同样是重要的保障话术。我们可以说："鸿星尔克这个品牌，大家小时候肯定都见过。作为一个有着 24 年历史的国货品牌，我们靠的就是产品的品质走到今天。我们家不是杂牌，更不是那种今天出现明天就消失的一锤子买卖。"

最后，优质的售后服务也是促成购买决定的关键因素。我们可以提及运费险、7 天无理由退货、安心购、保价等政策。例如："今天拍下的宝贝们，你们记住一个点，就是咱们家这款纯手工定制大衣，都给你们安排了一对一服务，是不是？但是，名额不多，刚刚也说了纯手工本来出货就慢。而且今天呢，还给姐妹们提供了运费险和 7 天无理由退货的服务，别人家的定制不敢做，我来给你们做。"

4. 人设话术逼单

人设话术逼单，是通过塑造主播个人形象和价值观来促进销售的有效方法。其核心在于利用主播的个人经历和价值观，与用户建立共鸣，进而推动购买行为。

一种常见的人设逼单方式是，主播通过分享自己在服装行业的深厚背景和专业知识，来赢得用户的信任。例如："今天在我直播间的所有姐妹，其他款衣服你都可以不拍，这款大衣你们直接冲就行。为什么？我跟你们讲，我在服装行业已经做了 20 年，我不可能砸我自己的口碑。我深知每一件衣服从设计到生产的过程，因为全都是我亲手打造的。今天，我邀请你们通过这件大衣，来了解我们的做工、品质和细节。你们可以放心试，因为7天无理由和运险费我们都有。我从不做一锤子买卖，因为我相信口碑的力量。"

另一种人设逼单的方式是情感营销。主播不仅传达产品的价值，还通过传递自己的价值观和情绪，拉近与用户的距离，激发他们的购买欲望。比如："宝贝们，我知道你们，尤其是那些辛苦的宝妈们，总是默默为家人付出，舍不得给自己买点好的。今天，我跟你们说，你们值得拥有好的。这款大衣是你们平时舍不得买的品牌货，但今天我给你不到一顿火锅的价，给你们安排试穿体验。"

5. 人性话术逼单

人性话术逼单，其核心在于深入挖掘目标人群的痛点，通过情感共鸣和价值主张来吸引用户，激发他们的购买欲望。这种策略与人设话术逼单相似，但更侧重于在直播间传递一种生活方式和情感体验，而非仅仅销售产品。

实施人性话术逼单时，主播可以站在用户的角度，猜测他们的担忧和恐惧，并通过有温度的话术与他们建立情感联系。例如，针对体重管理困难的人群，主播可以说："在我直播间的姐妹们，有没有跟我一样的，从小到大都在为体重发愁，身高一字开头，体重也是一字开头，你可能会觉得穿什么都不合适，甚至还会自卑，不知道有没有姐妹跟我一样啊？但我想跟大家说，自信的女孩儿才是最美的。不一定非要过分要求我们的身材，穿搭也可以呀，穿搭可以弥补我们的不足。你想象一下，通过一套合适的搭配，视觉上让我们看起来更瘦更好看，那是不是一样很有魅力？"

通过这样的话术，主播不仅展示了产品的价值，还传递了积极的生活态度和情感体验，使用户更容易接受主播的建议并产生购买欲望。简言之，人性话术逼单就是打感情牌，与用户建立共鸣。站在用户的角度，猜测他们到底在担心什么、害怕什么。当主播通过有温度的话术，让用户感觉主播是和他们站在一起时，将会更容易接受主播的建议。

6. 总结性卖点逼单

总结性卖点逼单，是一种通过重复强调产品关键卖点来促使用户下单的有效策略。考虑到直播间用户流动性大的特点，新刷进来的用户可能错过了之前的产品介绍。因此，在开价上链接后，主播需要重复强调产品的核心优势。

这并不是要求主播完整地复述之前所有的卖点，而是要将产品的第一卖点、第二卖点等核心优势精炼成简洁有力的语句，迅速传达给用户。这样的表述更加简练，能够突出产品的关键特性，有效地引导用户的购买行为。

例如，如果之前提到西装的版型可以遮住肚腩，材质不易皱，那么在逼单阶段，主播可以精炼为："这款西装采用大 A 版型，遮肚显瘦，材质抗皱，易打理。"这样的总结性卖点表述，既突出了产品的优势，又简洁明了，突出了产品的关键特性，能有效地引导用户的购买行为。

转款话术：
如何流畅过渡到下一个产品

在直播带货的过程中，主播经常会遇到一个挑战：介绍完一款产品后，在线用户数量明显下降，这种现象称为"转款掉人"。这通常是因为主播没有设计转款话术，而是直接硬转，例如："来，姐妹们，看一下这件连衣裙，我太喜欢了。"这样简单的话术往往难以留住用户，导致在线用户流失，这对直播间极为不利。没有在线用户就意味着没有数据和成交，进而影响后续流量的获取，使再去破流量层级或拉回原来的在线人数变得困难。

那么，"转款掉人"现象的原因是什么呢？可以归结为以下三大类。

流量不精准：平台推送的用户可能不是产品的目标消费群体，因此他们对产品不感兴趣，一旦商品介绍完毕开价上车，便会选择离开。

主播状态反差大：主播在转款时状态反差大，可能前一款产品是福利品，主播情绪激昂，而下一款产品是利润款，主播认为难销售，直接没了状态。

缺乏有效"钩子"： 直播间没有提前预设好吸引用户的点，或设置的"钩子"不够吸引人，导致用户在抢完福利品后迅速离开，没有足够的兴趣继续留在直播间。

需要强调的是，转款时前后两款产品的价格差距不要过大。因为用户对价格的敏感度很高，如果两款产品价格差距过大，则容易导致直播间用户流失。比如，上衣价格是128元，接下来要转款的裤子价格是699元，价格差距过大，转款时会明显看到直播间的在线人数减少。

为了维持用户兴趣和提高销售额，主播在转款时需要采用更有效的转款话术和策略，防止在线用户流失。同时，在介绍不同类型的产品时，需要保持同样的活力状态，避免让用户明显感觉到落差。本节内容将从不同的角度分享几个转款策略，大家可以根据直播间的实际情况，选择1~2个策略灵活使用。

1. 预告转款

预告转款，简言之，就是在直播过程中，通过提前预告即将推出的产品，激发用户的期待感，以保持用户的关注度。

具体来说，预告转款可以分为两种方式：

开场预告

主播在直播开场时，可以推出一款极具吸引力的福利爆品来吸引用户。当介绍完几款产品后，若直播间人气下滑，主播可运用预告转款话术，提前预告接下来的产品，例如：

> 我等下先给大家上我们的当家爆款，后面还有A、B、C、D款，

也都是我们家的热销款。

这种方式能够在直播初期就构建起用户的期待，有效拉升直播间人气。

过程中预告

在直播过程中，主播可以预告接下来的几款产品，例如：

> 等下我还要给大家上几款之前卖爆的品，是最近才补的货，分别是……

主播可以在预告时放出一些福利"钩子"，如优惠、价格区间等，以增强用户的期待感。

多款产品的预告方式通常比单一产品预告更能吸引用户，因为不同用户可能对不同款式的产品感兴趣。

总之，通过提前预告即将到来的产品，主播可以成功地将观众的兴趣从一款产品转移到另一款产品，从而实现直播间的连续销售，同时能增加用户的黏性。

2. 搭配转款

搭配转款是服饰类直播间中常见的转款策略。其核心在于，介绍完一款衣服后，通过展示与之搭配的其他衣物，激发用户兴趣，实现产品的自然过渡和销售。

具体来说，搭配转款涉及两个主要方面：

整套搭配

在介绍一款服装时，主播可以提前铺垫接下来要展示的搭配服装。

例如，介绍卫衣时，主播可以提及内搭衣物和裤子的搭配选项，并强调搭配的重要性。

主播可以说：

> 宝贝们，等会儿我给你讲完这件卫衣，你们一定不要走，因为我发现我们家还有一条特别适合搭这件卫衣的裤子。我知道有很多宝贝平时可能比较懒，或者不太会搭配，所以我们特意准备了一套完整的搭配。等我两分钟，我介绍完这款卫衣，就马上给你们介绍裤子的细节。

同类搭配

除了整套搭配，主播还可以采用同类搭配，也就是都是上衣或都是裤子的产品组合。

例如，主播可以说：

> 谁秋天只穿一件外套呀，对不对，这件棒球服是我们家顶顶的衣服，但我们家还有一件"二顶"的外套我也很喜欢，因为穿上身真的太好看了。你们平时可以和这件棒球服替换着穿，但是呢，我先给你们把这件棒球服上了，另一件你们稍等我一会儿，让后台给你们做个福利活动。

总之，搭配转款话术的运用，能够有效吸引用户的注意力，提高产品销售转化率。通过提前铺垫和强调搭配的重要性，主播可以成功地将用户的兴趣从一款产品转移到另一款产品，实现直播间的顺畅转款，这是因为用户带着期待，所以不会提前离开直播间。

3. 福袋转款

福袋转款旨在利用福袋的吸引力,通过设定特定口令引导用户互动,从而顺利地引导用户从当前产品过渡到下一款产品。

具体实施步骤如下:

福袋发布

当主播正在介绍某款衣服(如卫衣)时,若想要预告接下来要讲解的裤子,中控可发布一个福袋以吸引用户注意力。同时设定与裤子相关的评论口令,如"想要2号链接"或"喜欢裤子",引导用户参与互动。

用户互动与引导

用户领取福袋后,公屏上会出现大量关于裤子的评论。

主播顺势引导:

> 看来很多宝贝还想给卫衣搭条裤子啊,别着急,再给我1分钟,我等下给你们看裤子。

自然过渡

当准备介绍裤子时,主播呼应之前的福袋口令:

> 刚才想要2号链接,想要裤子的宝贝们,现在裤子来啦!

通过福袋口令,主播成功地将用户的注意力从当前产品转移到即将介绍的新产品上。

转款原则

转款时,必须牢记承上启下的核心点,避免直接、生硬地切换款式,以免让用户感到突兀和不适。

通过福袋转款话术的运用，做好充分的铺垫和过渡，使整场直播更加流畅、自然。福袋转款策略不仅增强了用户的参与感和期待感，还有效地实现了产品之间的自然过渡和销售转化。

4. 整点福利转款

整点福利转款是一种有效的直播策略，通过预告特定时间点将提供特别优惠的产品来吸引用户的注意力。其核心在于利用时间的紧迫感，激发用户兴趣，促使他们停留和互动。

具体实施要点如下：

预告整点福利

主播在直播过程中，提前预告用户在某个整点时间（如10点、11点半）将上架价格优惠或爆款产品。

示例话术：

> 等会儿10点的时候，你们给我说一下，我要给你们来波福利，我们家的爆品王炸福利。

激发用户期待

通过这种预告方式吸引用户的注意力，激发他们对即将到来优惠的期待。

这种方式也为后续的直播内容做铺垫，进行前期引导。

避免转款尴尬

对于新手主播来说，整点转款方式能有效避免直播中出现转款尴尬的情况。

5. 鱼塘转款

鱼塘转款，即利用直播间的小号（水军）营造热度和互动氛围，以此促进产品转款的策略。通过与小号的紧密配合，主播可以有效地进行产品转换。

具体实施要点如下：

小号互动

小号在直播间公屏上积极互动，如发表"拍完了""没抢到""想要裤子"等评论，营造抢购氛围。

这种方法适用于单品直播间和多款过品直播间。

主播接话与引导

主播顺势接话，例如：

> 看到很多姐妹还没抢到，刚刚不是放了很多单吗，怎么还没抢到啊？

引导未抢到的用户在直播间互动，如让他们在公屏上打"没"字，以便后台统计。

主播强调精准库存，提醒用户不要占用其他宝贝的购买名额。

实现产品转款

通过小号的互动和主播的引导，成功将用户的兴趣从一款产品转移到另一款产品。或者将所讲解的产品再次上架，实现直播间的循环过款。

互动话术：
提升直播间互动的话术策略

在直播带货过程中，互动话术的运用对直播间推流和提高销售转化率至关重要。然而，并非所有互动指令都能有效吸引用户，如"喜欢的扣小1"或"想要的飘要"这类简单指令，往往难以引起用户兴趣，易遭遇冷场。

要想实现有效的互动，主播需提供合理的理由和动机，让用户愿意主动参与。这个理由通常围绕为用户提供价值与利益展开，如提供特别优惠、获得赠品等。在提出互动要求时，主播应确保内容与用户兴趣、需求、利益密切相关，以激发用户的参与热情。

什么样的互动话术才算是有效互动话术，能帮助主播提升互动率？

构建价值理由：主播提出互动指令时，需明确说明用户参与互动能获得的价值或利益，如"参与互动有机会获得专属折扣"。

关联用户兴趣：互动内容应与用户兴趣、需求紧密相联，让用户觉得参与互动是有意义的,比如"告诉我你最喜欢的款式,我为你详细讲解"。

多样化互动形式:应避免单一互动指令,尝试多样化的互动形式,如问答、投票、抽奖等,以保持用户的新鲜感和参与度。

以下是常见的互动话术策略。

1. 基础互动

基础互动是直播带货的核心环节,主要涉及产品的不同规格或特性(SKU)。通过巧妙的提问,主播可以引导观众选择产品属性,如颜色、尺码等,从而提高观众的参与度,并提供个性化的购物体验。

具体实施策略如下:

颜色选择互动

当销售有多种颜色的产品时,主播可以引导用户进行选择。

示例话术:

姐妹们,我们家的这件衣服有黑色、白色、绿色、蓝色和粉色五种颜色。如果你们担心穿白色会显得黑,可以告诉我你们想看哪个颜色,我来帮你们试穿。

尺码选择互动

针对尺码问题,主播可以进行互动,帮助用户选择合适的尺码。

示例话术:

姐妹们,今天这件卫衣从 S 码到 XXXL 码都有,身高 150(cm)穿到 190(cm)没有问题的。如果你们不确定自己拍哪个码,可以在公屏上飘一下你的身高体重,我会给你们精准推荐一下,这样就不用担心买回去不合适还要退换了。兔兔身高167(cm),体重102(斤),穿的是M码。

其他服装相关互动

除了颜色、尺码,还可以进行长短款、搭配、检测面料、看细节等互动。

这些互动话术旨在打消用户的顾虑,提供有价值的信息,帮助用户做出更好的购买决策。

2. 福利互动

在直播带货中,福利互动是吸引用户参与、提升购买意愿的关键策略。它通过提供特别优惠或名额,为用户带来额外价值和优惠。

福利互动策略主要包括以下几个方面:

限时福利名额

主播可以宣布有限的名额或数量,营造紧迫感。

示例话术:

> 宝贝们,我们今天提供的福利名额非常有限,今天只能安排10个宝子。如果你真心喜欢、真心想要的话,在公屏上打个小"1"报个名。这样,后台小哥,你精准统计一下。

平台优惠券

发放粉丝优惠券、店铺优惠券等,作为利他方式。

PART 1 主播话术基础篇：服装直播间的话术秘籍

示例话术：

此时此刻直播间128位姐妹们，我们今天新号开播，也是为了攒一波流量，日常399元的牌子卫衣，今天给你们安排一张大额的优惠券，想要这件卫衣的，飘"喜欢"让我看到。我们让后台小哥统计一下，给你们看一下库存，来精准发一波优惠券。没有飘的，那我就认为你不太喜欢这件卫衣，那也就没有这个大额优惠券了。

调整价格策略与优惠券结合

适当提高产品价格，再发放优惠券，让用户感觉更划算。

示例操作：某卫衣原计划69元售出，可定价89元，附上20元优惠券。

赠品福利

用户参与互动可获得赠品或服务，以此激励其积极参与。

示例话术：

今天凡是我们自家姐妹，点了关注、加了粉丝团的，后台小哥你都看好记好了，千万别弄错，都多给一瓶价值89元的羽绒服清洗剂。我看到×××点了关注是不是，这样吧，都是自家人了，我再给你安排一瓶羽绒服清洗液吧，你都主动了，那我也主动一点。

主播在直播间进行福利互动时，一定要营造出一种让用户感觉占了便宜、受到特别优待的氛围。这不仅能够有效吸引用户的注意力，还能够提高产品的销售转化率。无论是高客单价还是低客单价的服装产品，都可以采用这种策略。

3. 商品点击互动

在直播平台上，商品点击量对直播间推流有重要影响。因此，主播需要巧妙引导用户点击下方购物车内的商品链接。

主播可以这样引导：

> 宝贝们，如果你们觉得主播手里的这款牛仔裤不太合适，不妨去下方小黄车看看其他款式。我还有几款顶顶的福利没来得及给你们介绍呢，你们先看看，有喜欢的就扣号告诉我，我拿出来给你们详细讲解和试穿。

互动的核心是让用户感受到主播在为他们提供服务，满足他们的需求。主播应避免刻板地要求用户表达"想要"或"收到"，而是要通过简便的操作和充分的理由来激发用户的互动意愿。

通过这样的商品点击互动策略，主播不仅能够有效提升直播间的商品点击量，还能增强用户的参与感和购买意愿。

4. 问答互动

问答互动是直播中另一种有效的互动方式，尤其适用于开价环节或直播间在线人数较少时。其核心在于通过提问激发用户思考和兴趣，同时提供有价值的信息，增强说服力。

反问激发思考

主播可以通过反问来引导用户思考，这种方式比直接陈述更具说服力，能避免单调乏味的表达。例如：

姐妹们，你们平时在商场买一件澳毛大衣，是不是都得要个两三千元？

引导用户猜测

主播还可以引导用户参与价格猜测，例如：

在我们直播间，给你们安排一个顶顶好的福利价格，比我们之前出的价格都炸很多。你们可以来猜一下，如果猜对了，我给你安排一个特别的礼物，或者是提供一年的洗护服务。

通过问答互动策略，主播不仅能有效激发用户兴趣和思考，还能提供有价值的信息，增强直播的说服力和吸引力。

直播间的互动并非仅局限于某个环节，而是贯穿整个直播过程。其形式也不拘泥于一种，我们可以根据不同目的，以利他为核心，在介绍产品、逼单以及需要增加用户停留时长等各个环节中进行互动。对于那些在互动环节遇到困难的主播们，你们可以根据这些建议，灵活地将这些互动元素融入自己的直播话术中，从而增强直播间的交互性和吸引力。

防退款话术：
降低退款率的话术与策略

服装直播间的退货率普遍较高，因此，巧妙设计防退款话术对于降低退货率、提升销售转化具有至关重要的作用。这类话术的核心在于，通过解释和对比，引导用户充分理解产品的价值和优势，从而降低其退货倾向。当然，这一切的前提是确保直播间所售产品本身质量过硬。

用户申请退款的原因通常可以归结为两大类：一是认为商品价格偏高，发现市场上有其他卖家以更低的价格出售相同或相似的产品；二是由于一时冲动而消费，之后产生悔意。为了有效应对这两种情况，主播可以采取以下防退款话术策略：

首先坦诚地承认价格差异的存在，接着揭露低价产品可能隐藏的陷阱，然后通过对比展示产品在使用效果、面料等方面的不同，再借助产品背后的权威认证来增强用户信任，最后强调产品所带来的情绪价值远超过价格本身。以下是具体案例，主播可根据自家产品特点进行相应调整。

PART 1 主播话术基础篇：服装直播间的话术秘籍

> 框架公式
>
> 主动坦白 + 揭秘低价 + 产品对比 + 信任背书 + 价值溢价

运用这个公式，主播不仅能够清晰、有力地阐释和强调产品的价值和优势，还能够有效增强消费者对产品的信任和满意度。这样一来，退货的可能性也会大大降低。

主动坦白

主播在直播过程中，可采取主动坦白的策略，诚实地承认市场上确实存在价格更低的同类产品。例如，可以这样说：

> 你们走出我的直播间，确实能找到很多价格便宜的羽绒服。

这样的表述既展现了主播的诚实态度，也为后续强调自家产品的价值和优势做了铺垫。

紧接着，主播需要强调自家产品的独特价值和优势，突出与低价产品的区别。可继续表述：

> 我知道，你们都想买一件质量好、价格低的羽绒服。我的价格确实让你吓一跳。

揭秘低价

在直播中，主播有必要揭示低价产品的潜在问题，如质量、材料、染色等，以便用户做出更明智的选择。可以这样表述：

> 但你们知道，那些低价羽绒服里边都充的什么绒子吗？我给你们

说一下，我们家是顶顶的鸭绒，一吨40万（元），你们都能查得到。但他们是什么，是羽丝，才20元一斤，有的可能还不知道从哪儿收来的，那个卫生、那个品质，我不说你们都知道，都不合格。

产品对比

在直播时，进行产品对比是一个非常有效的策略。主播可以通过对比高质量产品和低价产品，从使用效果、面料效果、穿搭效果等多个方面来凸显自家高质量产品的优势。

可以这样表述：

我在现场给大家做个对比。这件是我们家的羽绒服，里面的绒子品质很高，这是真绒哦。这个是价格便宜的，你们看看里面，有梗、有杂毛，甚至还有黑色的不明物体。穿这样的羽绒服在身上，我都担心你们会过敏，而且衣服有可能散发出难闻的臭味。

通过这样的对比和描述，用户可以直观地感受到高质量产品和低价产品之间的品质差异，从而更加认可并倾向于购买你家的高品质产品。同时，这种对比方式增强了话术的吸引力和说服力。

信任背书

直播中，主播可以通过提供一系列信任背书来增强用户对产品的信任，包括展示产品的认证、品牌认证、门店数量以及质量保证等信息。

可以这样表述：

我们家产品采用的是新国标90绒，这是我们的认证证书，大家可以看一下。我们还专门去做了无菌的检测，确保产品的品质。你们知道，这个国标认证是很难拿到的，但我们集团作为评委，更是一丝不苟，该怎么评还是要怎么评。因为我们想要起带头作用，建立行业的品质标准，让大家都能买到放心、高品质的产品。

价值溢价

在直播中，主播不仅要强调产品的实际价值，还要突出其情感价值和长期利益，如舒适度、健康等，以提升产品的整体价值感。

可以这样表述：

> 姐妹们，选一件好的羽绒服，真的不只是为了保暖，更是对咱自己生活品质和健康的投资，为了一份安心。我们家的品牌已经做了40年，大家冬天出门都得穿一件羽绒服，去上班、去坐地铁、去吃饭，谁都不想买一件穿两天就不能穿的羽绒服，也不想买一件进屋脱了就掉毛的羽绒服，对不对？让人看到既尴尬又掉面子。但我们家这款是90新国标的优质白鸭绒，保暖性特别好，都是那种品质很高的很软很精致的绒子。

PART 2

产品介绍篇

— 如何专业且撩人地介绍服装 —

在对众多同行直播间进行观察，并深入复盘我们的服装直播间后，我们发现了一个普遍存在的误区：许多主播倾向于使用过多专业术语和华丽辞藻来凸显自己的专业度，试图以此赢得用户的信服和喜爱。然而实际上，用户在浏览直播间时，主要是为了休闲娱乐，享受"逛街"的乐趣，而非接受专业教育。若主播只顾自说自话，即便自我感觉良好，产品也无法与用户产生实质性联系，这会导致直播间数据停滞不前，甚至更糟。

主播的真正任务应该是运用用户想听且能理解的话术，让用户在进入直播间后，对产品产生兴趣，进而成为客户并下单。对于大多数用户而言，他们更关注产品的颜值、舒适度、匹配度以及实际价值等直观感受。因此，在进行产品塑造时，专业词汇应仅作为引子，主播需要进一步深入剖析这些专业词汇背后的应用价值，并明确阐述它们对用户的实际意义（用户能从中获得什么），以确保用户产生强烈的购买欲望。

当主播掌握了服装的基础产品话术后，一定要进行实际练习。结合自己直播间所售卖的产品，进行塑造产品形象的讲解练习。通过持续不断的练习，将服装基础的产品介绍话术融会贯通、熟记于心，以便能够灵活应对后续直播中遇到的任何问题。若想在服装领域的直播带货中精耕细作，主播还需经常搜集更多新的产品介绍话术，不断充实和完善自己的服装塑品知识库。

PART 2　产品介绍篇：如何专业且撩人地介绍服装

服装版型语言展现：
用话术突出版型优势

在服装产品介绍环节中，版型介绍至关重要，它几乎等同于用户的第一感受，并直接关系到用户是否穿着舒适以及是否贴合其身材。对于多数用户而言，即便服装设计再吸引人，若身材无法驾驭，购买意愿也会大幅降低，甚至可能导致退货。我们服装直播间退货率低，正是因为我们坚持实事求是的原则，从不夸大诱导观众下单。我们会明确告知用户哪款版型适合哪类人群，精准定位，绝不虚夸。虽然在风格和颜色等方面可以鼓励用户尝试，但身材这一硬性条件无法妥协。因此，介绍版型实则是为目标人群进行精准匹配。切忌一概而论，如"适合所有身材，男女老少皆宜"等缺乏诚意的表述。服装不仅要蔽体，更应起到扬长避短的作用，凸显身材优势，提升穿着者的整体形象。所以，在介绍版型时，需根据身材类型进行具体分类并详细说明。

Y型/T型身材（倒三角形）：肩膀宽或厚、手臂粗壮、骨架大，上身壮硕，臀部偏窄，腿部修长匀称。臀围小于肩宽，腰臀比通常偏低（大致在 0.7 以下），整体重心偏上。

A 型身材（梨形）：上半身较窄，肩略窄于胯，腰细，腿粗，臀宽。臀围远大于腰围，腰臀比明显偏低（一般低于 0.7），视觉重心偏下。

S 型 /X 型（沙漏形）：腰线明显，胸臀丰满，线条柔美性感，肩胯宽度接近，腰臀比在 0.65～0.7，被认为是最理想的女性曲线之一。

O 型（苹果形）：肩宽、肋骨宽，腰线不明显，脂肪主要集中在腹部和上身，腰臀比偏高（大于 0.8），四肢相对纤细。

H 型（长方形）：身材匀称，腰线不明显，肩胯宽度接近，腰臀比在 0.75～0.8，整体线条较直，缺乏明显曲线感。

为了更精准地为目标用户推荐所需且适合的服装产品，我们首先要深入了解他们的身形信息。接下来，将为大家详细介绍服装的版型，以及这些版型如何与不同人群的身材类型相匹配，从而帮助大家更好地进行产品推荐。

1. H 型

H 型服装，外形酷似字母 H，胸围、腰围及臀围差距甚微，也就是我们常说的直筒形服装。这类服装在日常通勤连衣裙和秋冬外套中尤为常见，因其三围区别不大，堪称显瘦的绝佳选择。对于梨形身材的朋友们而言，H 型服装无疑是救星般的存在。尽管它采用直筒设计，但下摆相比腰围略显宽松，这一巧妙设计能很好地遮掩臀部和大腿上的赘肉。同时，若肩膀或胯部稍显狭窄，H 型服装也能完美地填补这一空缺。H 型服装也可以根据需求变形，只需在腰部系上一条腰带，便能瞬间转变为 A 型或 X 型款式，实现一件衣服多种穿法。无论何种身形，都能轻松驾驭 H 版型服装，穿出独特风格。

> 💬 **话术案例**
>
> 所有姐妹看过来！我们家这款 H 版型的新款大衣，它上身的效果就像专业摄影师蹲下仰拍，立刻拉长了你的腿部线条，让你看起来更加高挑。而且，穿上它，就像有个隐形的衣架在撑着你的肩膀。因为里面我们做了可塑的垫肩，穿上身挺括有型，不会显得软塌塌的。担心肩膀不够宽的，想要看起来更显瘦、有气质的，一定要去拍这款大衣。

2. A 型

A 型服装以其独特的宽松设计脱颖而出，其形状宛如字母 A，呈现上窄下宽的优雅轮廓，下摆宽松飘逸是其一大特点。无论是连衣裙、半身裙还是俏皮的娃娃衫，A 型衣物都有一个共同魅力属性——绝不勒腰，下摆宽松得仿佛能随风轻盈起舞。想象一下，对于那些臀部或大腿有肉肉的，或是拥有梨形、苹果形身材的朋友们，A 型衣物无疑是救星般的存在。它巧妙地遮掩了用户不想展露的部分，同时让穿上的人腰部线条看起来更加纤细迷人。

> 💬 **话术案例**
>
> 现在主播身上穿的这款连衣裙，是很优雅的 A 字型设计，上身之后特别显瘦，直播间的姐妹们，你们猜一下我体重有多少？看看你们能不能猜出来。看到有老粉已经抢答了，兔兔身高 158（cm），体重 135 斤，想不到吧！这是我平时的样子（放对比图），但只要穿上这款裙子，一收腰，立刻变身为有曲线的大美女，看看这上身效果。并且我们这里还做了一个收

> 腰腹设计，轻轻一拉，完美塑形，收紧小肚腩。因为做了大面积的弹力面料，所以一点儿也不勒，舒适度满满的。如果不想收腹，比如吃完饭之后，你也可以偷偷地把这里解开。

3. X 型

X 型服装，其设计灵感源自字母 X，肩部和下摆宽松，腰部收紧，这种设计巧妙地勾勒出穿着者的曼妙身姿，无论是谁穿上它，都能即刻展现出迷人的小蛮腰。特别是 X 版型的连衣裙，堪称女性朋友们衣橱中的必备单品。对于那些肩部不太宽，腿部稍显粗壮，臀部较为丰满的女性来说，选择长款的 X 型服装将是明智之举。其柔软的质地和自然垂坠感，能有效修饰身形，让腿部线条更显流畅，同时巧妙遮掩臀部和大腿的赘肉。然而，短款的 X 型服装可能会放大腿部的不足，有时会使腿部看起来更短或更粗。因此，尽管短款 X 型服装充满活力与可爱，但选择时还需结合穿着者自身的身材特点。挑选合适的 X 型服装，才能最大限度地展现其独特魅力。

话术案例

> 姐妹们，你们想不想要小蛮腰？想不想把自己的腰线穿出来，想要的姐妹看过来！你一定要拍下咱们家这条仙女裙，咱们家这条 X 版型的裙子，可以包容大部分身材的姐妹。你看一下这个设计，是不是很像一个沙漏，中间收腰又遮胯，让我们显得更性感。无论是肩膀手臂有肉肉的，还是有大象腿、腿粗腿型不好看的，这对你们来说都是非常友好的，因为这件裙子超藏肉显瘦。来给姐妹们做个 360 度的展示，选好尺码的话不用专门夹腰弄别针。

4. O 型

超级可爱的 O 型服装，设计独特，宛如一个温暖的小蚕茧，给予穿着者全方位的温馨拥抱。其两头微微收窄、中间宽松的设计，也被形象地称为茧型。市面上大部分是经过精心改良的版型，避免了传统茧型可能带来的过于圆润夸张的感觉，确保大多数身形能轻松驾驭。O 型服装的最大魅力在于它摒弃了硬性的肩线设计，整体轮廓柔和流畅，穿上它，就如同被柔软的云朵温柔包围。无论是毛呢大衣还是其他款式，O 型服装都是肩宽、小腹微凸、臀部较宽用户的福音。它极强的包容性，让穿着者穿上后既能感受到极致舒适，又能自信满满。

💬 话术案例

姐妹们，你们是不是觉得穿长款羽绒服很麻烦，但是买的很多短款羽绒服，都是那种穿上身特别地显胖、臃肿，穿上真的好像球。那是因为你们买的那些设计太传统了，我们家这款和你们之前买的不一样，它是茧型的短款羽绒服，是改良过后非常经典的版型，肩膀和袖子处都做了向内收紧的设计，显得肩窄背薄，可以修饰上半身的线条。相反腰部非常宽松，可以有效遮住小肚子的肉肉，可以说是短款羽绒服里面不挑身材的一款。建议所有姐妹们拍大一码，穿上身之后可以人在衣中晃，越晃越时尚，美美的慵懒风，既有温度又有优雅。

5. Y 型

Y 型服装，从外形上看，就像一只优雅的平面漏斗，上宽下窄的设计可以让穿上它的人显得挺拔又修长，仿佛瞬间拥有了超模范儿的强大气场。无论你是肩膀稍窄、胸部不够丰满，还是腰部线条不够完美的人，Y 型服装都能巧妙地帮忙遮掩这些小瑕疵，让穿着者的身材更加完美。它通常用在上衣设计中，带有一种中性的酷感，简洁而不失力量感。当然，要驾驭好 Y 型服装，最好是身材高挑的人。因为宽阔的肩膀设计需要一定的身高来支撑，才能更好地展现出 Y 型服装独特的风采。所以，如果目标人群是个子高挑的，那就一定要推荐 Y 型服装；但如果目标人群是小个子的，则不建议推荐，可以与公司尝试沟通调整，不然很容易拉高退货率。

话术案例

是不是有很多高个子的姐妹都找不到合适的衣服？市面上太多衣服是给 165（cm）以下姐妹设计的，但我们高个子女生也想美美的，也想穿裙子怎么办？直播间内所有高个子的姐妹，你一定要看过来，一定要看这一款高个子女孩的专属连衣裙。这款连衣裙特别设计了 Y 型版型，还做了加长，让姐妹们穿上之后柔中带刚英气十足。老粉肯定都知道我，我是退役的篮球运动员，虽然主播身高 183（cm），但是在我们队里还是属于个子矮的。我把这条裙子链接分享给我的队友之后，她们都爱死了。你们看一下我上身，我给你们转个圈，是不是很好看？超美的。

面料与工艺解析：
优缺点与用户的关注点

工艺篇

不同的面料在物理性能和化学性能上存在差异，这些差异导致服装工艺呈现多样化。虽然市面上的面料种类繁多，但它们在特性和应用上往往有着相似之处。因此，在介绍面料时，结合工艺进行搭配组合讲解，会更具说服力和实用性。

为此，本节为大家总结了五种在服装生产中常见的工艺，它们分别是缝合、刺绣、印花、水洗和压褶。这五种工艺在大众服饰的生产中应用广泛。当然，除了这五种之外，还有许多其他工艺值得探索。特别是对于小众服饰而言，手工工艺更是其独特魅力的体现。因此，也将向大家详细介绍手工工艺的魅力与应用。

1. 缝合工艺

平缝

平缝，即将两层布料的正面相对，缝合时特意留下约1厘米的边。此工艺有两种呈现形式："倒缝"，缝边往一侧倒，给人以流畅自然之感；"开缝"，将缝边分开烫平，展现出另一种独特韵味。在关键部位，如领子、口袋盖，缝好后还会巧妙地翻面，称为"勾缝"。此时留边儿留得特别细，约0.6厘米，使衣物更显精致美观。

平缝法在服装制作中堪称万能，广泛应用于上衣的肩膀、侧边、袖子里外，裤子的裆部和侧边，以及领子、口袋盖等细节之处。它简洁、大方、耐用，深受手艺人喜爱。此工艺不仅展现了老师傅的扎实功底和精湛技艺，还使衣物更加结实耐穿。

其主要优点包括：

- 增强结构强度：减少衣物在穿着和洗涤过程中出现破损和裂缝现象。
- 提升外观美观度：使衣物外观更加细致，增加了衣物的质感和时尚感。
- 提高穿着舒适度：平缝工艺处理后的衣物内部线头不会凸起，不易刮伤皮肤、引起瘙痒。
- 增强耐用性：线头不易被拉出，也不易出现断线和变形现象，久洗久穿衣物外观依旧如初。

压辑缝

压辑缝，亦称扣压缝，是一种精细的缝制工艺。具体步骤包括：轻轻翻折上层布料的缝边并压平整,确保每一寸都紧密贴合。随后,在正面车一道仅 0.1 厘米的细线,为衣物增添精致与高档的外观。

此缝法常用于需要细节与装饰的部位,例如,衣服的贴袋、衬衣的覆肩等,运用压辑缝能瞬间提升衣物的整体质感。缝边宽度通常控制在 0.6 ~ 1 厘米,既确保缝制的结实度,又使衣物更显美观大方。压辑缝的主要优点包括:

- 提升外观美观度:线迹细腻,使衣物看起来更加精致,提升整体质感。
- 增强耐用性:缝制部分结实牢固,不易脱线或开裂,增强衣物耐用性。
- 提升穿着舒适度:衣物内部线头平整,减少与皮肤的摩擦,使衣物穿着更贴合身形。

内包缝

内包缝,也称反包缝,是一种美观且实用的缝制手法,在制衣过程中应用广泛。其特点是正面仅有一条线,显得简洁大方,反面则有两条线。这样的设计既保证了外观的美观性,又增强了缝合的牢固度。

此缝法尤其适合用于衣服的肩膀、侧边或袖子等部位,能够显著提升这些部位的精致度。内包缝的主要优点包括:

- 提升外观美观度:衣物正面仅呈现一条明线,使整体线条更加简洁流畅,增强了衣物的视觉美感。
- 增强耐用性:缝口强度更高,不易脱线或开裂,能够承受更大的拉力和磨损,延长衣物使用寿命。

- 提升穿着舒适度：衣物内部线头平整，减少了与皮肤的摩擦，避免了线头凸起引起的不适感，使衣物穿着时更加柔软贴合。
- 气密性好：在某些需要气密性的服装制作中（如户外服装、冲锋衣、羽绒服等），内包缝工艺能有效防止气体或液体从缝合处渗透，增强了服装的功能性。

外包缝

外包缝，也称正包缝，是一种独特的缝制方法。制作时，将缝料的反面相对重叠，然后按内包缝的方法辑线，形成明包明辑的缝子。其特点在于正面有两道线，反面则是一道线，这样的设计既保证了外观的美观，又增强了缝合的牢固度。

外包缝的主要优点包括：

- 提升外观美观度：使衣服看起来更加整洁美观，无论是线条还是整体效果，都给人一种精致的感觉。
- 增强耐用性：结构牢固且抗拉扯力强，使得衣物在穿着过程中不易变形或破损。
- 提升质感：外包缝工艺形成的明线装饰不仅美观，还能在一定程度上提升衣物的整体质感，使衣物在视觉上更加高端、大气。

来去缝

来去缝，堪称细腻面料的最佳拍档，尤其适合处理如丝绸等细腻面料。其主要优点如下：

- 平整舒适：使衣物的缝合处更加平整，穿在身上几乎感觉不到缝合的存在。

- 防磨损：有效防止面料在穿着过程中因摩擦而磨损，增强衣物耐用性。
- 视觉和谐：细节处理得当，精细度高，使衣物在视觉上更加和谐统一。

搭接缝

搭接缝，也称骑缝，是一种特别适用于拼接各种衬布的缝制方法。其操作简便，只需将两片布料的缝份对齐并重叠，然后在中间车一道直线，即可将它们牢固地固定在一起。

这种工艺具有多重优势：

- 减少缝子厚度：使得拼接处更加平整，穿在身上几乎感觉不到任何凸起或不适，舒适度显著提升。
- 优化缝份宽度：一般缝份宽度控制在 0.8～1 厘米，既保证了拼接的牢固性，使衣物更加耐穿，又避免过于臃肿，保持了衣物的轻盈感。
- 提升衣物品质：搭接缝不仅使衣服看起来更加精致、有档次，细节处透露出品质感，还大大提升了整体的穿着体验。

坐辑缝

坐辑缝，是一种在倒缝上巧妙加入明线的缝纫技巧，对于提升衣物整体质感起到关键作用。通过此缝法，衣物能瞬间呈现更加精致、有档次的外观。

此工艺的特点及优势如下：

- 个性化定制：明线的宽度可根据设计变化，为服装的个性化定制提供无限可能。
- 优化穿着体验：倒缝上层的缝头比明线窄，减少衣服厚度，使衣物更贴合身体，穿着更加舒适自在。
- 增强结实度与耐穿性：倒缝下层的缝头比明线宽约 0.4 厘米，使明线更好地固定倒缝，保证衣服的结实度和耐穿性。

三折边

三折边，作为一种经典的边缘处理技巧，能为衣物带来多重优势。它能使边缘看起来更加整洁美观，同时大大增强衣服的耐用性，使衣物更加经得起时间的考验。

三折边的独特魅力在于它特别适用于衣服的下摆、袖口或裤口等部位，为服装增添一份无可比拟的精致感。在实际制作中，对于底摆、袖口或裤口的折边，工厂通常会预留 3～4 厘米的缝份。这样的预留设计既保证有足够的折叠空间，又使得最终的边缘更加平整，穿着起来更加舒适。

总结而言，三折边不仅能提升衣物的美观度与品质感，还能让穿着者在细节之处感受到匠心独运的精致与舒适。

卖点分析

在镜头前，服装缝合工艺的优劣一目了然，最直观的表现就是有没有线头裸露、走线工整且紧密，不会开线。这些细节不仅体现了服装的品质，更直接影响着直播间用户的购买决策。因此，上播前，我们需要仔细检查每一个线头，确保它们都得到妥善处理，同时进行拉扯测试，以此验证缝合的牢固程度。这样一来，在直播间展示细节的时候，就能充分展现我们对产品严谨的态度，从而让用户对服装工艺更有信心，进而提高下单转化率。

PART 2 产品介绍篇：如何专业且撩人地介绍服装

> 💬 **话术案例**
>
> 　　所有姐妹们，你们听好。在直播间，你们是不是很难看出来一件衣服的好坏，今天我就教你们怎么看。你们可以不在我直播间买，但是你经常在直播间买东西一定要知道怎么判断，明白吧？衣服质量好不好，先看材料再看做工，很多直播间过品很快，都看不到衣服细节。但我们家衣服质量没话说，细节做得很到位，给大家看一下我们缝合工艺的特写，走线是不是很漂亮，没有线头，干干净净的，包边也很完整，看我这么暴力拉扯都没有问题。这种就是好的服装工艺，你们是能够从细节看得到的。所以在我直播间所见即所得，我们是实打实想给你们做有品质的衣服。如果你收到货，到家发现和我在直播间展示的不一样，你退给我，今天都有 7 天无理由退换货和运费险。

2. 刺绣工艺

立体刺绣

　　这种绣法在十字绣基础上加入 EVA 泡沫，让图案呈现如 3D 般的立体效果，为衣物增添生动魅力。但其手感稍硬，因此在高品质的衣服上，一般会小面积使用，作为精致点缀，提升服装细节。

包针绣

　　这是一种宽窄相间的独特绣法，巧妙地运用色彩丰富的绣线，在衣物上精心勾勒出细腻而生动的图案。它不仅赋予绣品光泽和立体感，而且通过紧密交织的线条，展现出满满的质感与精致度。

贴布绣

　　通过将其他面料巧妙地贴合在衣服上，不仅使图案呈现鲜明的层次感，而且赋予其强烈的立体感，为服装增添独特的视觉魅力。它尤其适合精细复杂的图案设计，更凸显其精湛的工艺与细腻的质感，让每一件服装都成为独一无二的艺术品。

毛巾绣

这种绣法所呈现的效果，宛如毛巾般毛茸茸的，触感柔软，外观极为可爱，令人一见倾心。它适用于各式各样的图案设计，无论是细腻的花纹还是粗犷的线条，都能轻松驾驭。这种绣法赋予图案强烈的立体感，使服装在视觉上更加丰富多彩。

平绣

作为湘绣中的经典绣法，它巧妙地运用多种针法，在平面上精心创作，展现出简约而不简单的独特魅力。每一针每一线都蕴含着匠人的精湛技艺与无限创意，使绣品既具有深厚的文化底蕴，又不失时尚与雅致。

牙刷绣

在绣花过程中巧妙地融入 EVA 辅料，绣制完成后，经过精心修整，形成独特的牙刷形状立体效果，为服装增添了别致的趣味与创意。这种设计不仅让绣品显得更加生动有趣，还大大提升了其视觉吸引力和时尚感。

水溶绣

水溶绣是融合了高科技的创新绣法，首先在水溶性底布上精心绣制图案，随后经过热水处理，底布神奇地溶解消失，只留下栩栩如生的立体花边。这种绣法不仅展现了高超的艺术性，而且让绣品呈现前所未有的立体效果，为服装增添了独特的视觉层次与触感体验。

卖点分析

绣花工艺在镜头前直接展示特写画面时，每一针每一线都清晰可见，其精美的外观与卓越的质感能瞬间吸人眼球。绣花图案细腻生动，色彩丰富，不仅提升了服装的整体美感，更彰显出穿着者的独特品位与格调。主播通过话术的描述，可以让用户因绣花细节而爱上这款衣服。

💬 话术案例

要了解一件衣服到底是好是坏，是否用心，一定要看它的细节。给姐妹们看一下，我们家的这个绣花，它采用立体绣花工艺，给这件本来简单的外套做出了丰富的层次感和美感，让我们穿上身更有质感，一看就是那种品牌货。我知道有些姐妹们可能会担心，这么精美的绣花，会不会洗衣机一洗就掉线、脱色呢？别担心，我这就给大家做个小实验，让你们现场看。说真的，目前还没人敢用搓衣板搓这个刺绣，我今天也是头一回。看我用搓衣板用力揉搓，就像平时洗衣服那样。我们的绣花工艺，就像油画一样。你们看，即使经过这样的揉搓，绣花依然完好无损，色彩依旧鲜艳。所以，我和姐妹们说过，买衣服买的不仅仅是穿着，我们买的是什么？是陪伴，一天24小时，陪我们最久的就是衣服，所以穿一件可以陪伴你很久的艺术品，值不值得？

3. 印花工艺

热转印

热转印是将色彩通过高温转移到化纤面料上的技术。它能够使图案色彩极为鲜艳，细节丰富呈现，赋予面料栩栩如生的艺术生命力。采用此技术的服装，不仅色彩牢固度高，耐洗耐穿，而且能从视觉上带来强烈的冲击力与美感。

数码直喷

数码直喷可直接在丝绸、棉等天然面料上印花，使图案栩栩如生、生动逼真。由于它特别适用于高品质面料，因此所呈现的效果不仅提升了服装的整体质感，还赋予服装独特的艺术气息。采用此技术制作的服装，无论是细腻的线条还是丰富的色彩，都能得以完美展现。

普通胶浆

普通胶浆印花工艺具有出色的覆盖力，即便是在深色衣物上，也能轻松印出亮丽、清晰的浅色图案，为衣物增添独特的光泽和立体感。它不仅提升了图案的视觉效果，而且让整件衣服焕发出新的生机与活力。大部分T恤印花采用该工艺。

厚板胶浆

厚板胶浆可以印出极具立体感和层次感的图案，它不仅可以增强衣物的时尚感，还能赋予其独特的个性魅力，尤其受到那些追求个性、注重细节的消费者喜爱。

石头胶浆

石头胶浆有一种随性自然、别具一格的纹理效果，如同泥泞路上留下的深深脚印，充满了探险与自由的气息。采用此工艺的服装，不仅展现出随性自然的魅力，还被赋予一种历经岁月沉淀的质感，让人过目难忘。

发泡胶浆

发泡胶浆是一种独特的"膨胀"浆料。经过高温处理后，能够神奇地让图案变得立体生动。虽然多次洗涤后，这种立体效果可能会略有减弱，但正是这种随时间与使用逐渐产生的变化，赋予衣物更加丰富的故事感和层次感（在介绍产品时可如实说明该部分的缺点，借此为衣服增加意义），使其成为一种备受欢迎的流行印花手法。

龟裂纹胶浆

龟裂纹胶浆在遇到高温后，能形成独特的龟裂效果，为T恤表面带来别具一格的肌理感，仿佛每一件衣服都拥有了属于自己的故事和纹理。这种效果不仅提升了衣物的视觉层次，还赋予其独特的艺术气息，使每一件衣服都成为个性化的时尚单品。而且这种浆料适用于各种图案设计，无论是简约线条、复杂图案还是抽象纹理，都能通过这种工艺完美呈现。

烫金烫银

烫金烫银是将金色或银色图案精美转印到衣物上的技术，它不仅为衣物增添了奢华而独特的光泽，而且让图案在视觉上更加抢眼，瞬间提升整体时尚感。这种技术常用于运动休闲款式，使得原本就充满活力的设计更加熠熠生辉，无论是阳光下的闪耀还是夜晚的低调奢华，都能成为焦点。在直播中，主播可以重点展示这种工艺带来的独特质感和视觉效果，同时提及这种技术的耐洗性和持久性，让用户更加放心购买。

拔印

拔印通过巧妙地抽拔织物上的颜色，创造出独特的洗水效果，为衣物带来一种炫酷且富有层次感的视觉效果。这种技术不仅让衣物看起来更加时尚、不羁，还赋予其独特的复古或现代感——取决于设计的应用。在直播中，可以着重展示拔印技术为衣物带来的独特质感和色彩变化。同时可以提及拔印技术的耐洗性和持久性，让用户知道这种炫酷的效果并不是一时的，而是可以长久保持的。

滴胶

滴胶是能够创造出更强立体效果的技术手段，常被应用于男装上的大面积图案，为男性服饰带来力量感与时尚并存的视觉冲击；而在女装上，它则作为精致的点缀，增添别样的柔美与个性。不仅如此，滴胶技术还广泛应用于辅料装饰中，无论是作为纽扣、徽标还是其他装饰元素，都能为服装增添独特且富有质感的细节。

卖点分析

在展示印花工艺时，其核心优势在于图案和色彩所呈现出整体视觉效果。同时，其在水洗后的表现也不容忽视，优秀的印花工艺应当具备良好的耐洗性，确保图案色彩持久如新，不易褪色或变形，这也是衡量印花质量的关键指标。

话术案例

案例1：

今天给你们拿到的这款撞色拼接设计的卫衣，上面印制了鲜艳活泼的心跳红色印花，为了让我们穿得更有设计感和个性，设计中还特别加了英文字母图案作为点缀，让这件衣服立马有了很强的视觉冲击感。直播间210个宝贝们，如果你追求个性，性格是很open的，那一定要选这款卫衣。因为它的这种印花设计，既丰富了视觉效果又使我们的整体look在层级感上有了很大的提升。我们出去滑板啊，蹦迪啊，是不会撞衫的。

案例2：

是不是很多宝儿都买过那种印花容易裂开、容易掉皮的衣服，没穿几次，衣服就没办法穿了。我跟你们讲，这是因为那种衣服工厂的机器和工艺都不行，小厂子产的衣服都是这样的。我给你们看我们家这件卫衣上的印花图案，你看我怎么拉它、扯它都没问题，不怕拉、不会裂。这是因为我们家的机器是德国生产的，在××（地区），像我们这样的大厂很少，他们都是小作坊。因为我们想做品牌，我们想在服装这条路上走得更久一点，我们工厂开了20多年，这个技术研究得很透，可以给你们真正地做到不开裂、不脱胶、不掉色。

4. 水洗工艺

本节的水洗工艺以牛仔水洗为主。

普洗

这是一种基础的洗涤方法，通过机械化操作，在适中的水温下搭配专业的洗涤剂，让衣物经历约 15 分钟的精细清洗过程。随后，衣物经过清水彻底冲洗和柔软剂的呵护处理。这不仅能有效去除污渍，还能显著提升衣物的触感，使其变得异常柔软舒适。普洗后的衣物，色泽更加自然，外观更为洁净清新。对普洗的力度控制进行划分，可分为轻普洗、普通普洗、重普洗。

石洗

石洗是在洗涤过程中加入浮石，让衣物与石头进行亲密"接触"，从而巧妙地创造出一种复古且独特的磨损效果。这种工艺尤其适用于牛仔裤，经过石洗处理后，牛仔裤表面会呈现仿若自然使用后的痕迹，增添了几分岁月韵味与不羁气息。经过石洗的牛仔裤，触感更加丰富，穿着起来也更加舒适自在。

酵素洗

酵素洗巧妙地利用纤维素酶的温和作用，对纤维进行微妙的降解处理。这种独特的处理方式，不仅能使衣物呈现自然褪色效果，还赋予其柔软的"桃皮"触感，令人爱不释手。通过酵素洗，衣物变得更加柔软舒适，耐用性也显著提升，即便经过多次洗涤，质感与色泽依旧能保持如初。酵素洗的优势不仅在于其带来的柔软与耐用特性，更在于它能为衣物塑造出别具一格的复古或自然风格。

砂洗

砂洗利用碱性和氧化性助剂的协同作用，再配合石磨的精细处理，让衣物表面产生霜白且细腻的绒毛。这一独特效果，不仅为衣物增添了柔和且复古的质感，还进一步提升了其触感的松软与舒适性。随后，经过柔软剂处理，衣物变得更加顺滑，仿佛每一根纤维都散发着温柔触感。砂洗的优点在于，能够为衣物带来一种无法复制的自然与复古风格。此外，砂洗工艺还能在一定程度上提升衣物的保暖性能，使其更适合秋冬季节穿着。

猫须

这是一种独特而精巧的手工打磨技术，通过精细操作，在衣物局部区域打造出类似猫须的细腻纹理。这种工艺不仅为衣物增添了别具一格的视觉效果，而且在无形中提升了衣物的立体感与层次感。猫须工艺的优点在于，能够巧妙地打破传统面料的单一质感，为衣物带来一种独特的复古与时尚交融的气息。这种工艺处理过的衣物，无论是牛仔裤、衬衫还是外套，都能在细节之处彰显出穿着者的品位与个性。

马骝洗

马骝洗是对牛仔裤特定部位进行精细磨白处理的工艺，因效果外形酷似猴子，从而为衣物创造出别具一格且引人注目的视觉效果。马骝洗的优点在于，能够为牛仔裤带来一种复古与时尚交织的风格，这种风格既保留了牛仔裤的经典元素，又融入了创新的视觉设计。经过马骝洗处理的牛仔裤，在外观上更加生动有趣，同时穿起来更加舒适且富有质感。

雪花洗

雪花洗是先使用高锰酸钾溶液处理浮石，再使浮石与衣物进行精细的打磨，从而产生出不规则的褪色效果。这一独特处理让衣物表面形成类似雪花的白点，仿佛为衣物披上一层冬日的浪漫氛围。雪花洗的优点在于，能够为衣物带来一种无法复制的自然与浪漫风格，这种风格既适合追求时尚与个性的年轻观众，也深受喜爱浪漫与温馨氛围的成熟消费者青睐。

破坏洗

破坏洗是通过浮石的精细打磨和特定助剂的处理，在衣物的特定部位精心打造出破损效果。这种工艺不仅使衣物呈现一种残旧而有故事感的独特风格，还赋予其深厚的复古韵味与别样的时尚气息。破坏洗的优点在于，能够巧妙地打破传统服饰单一与平庸的效果，为衣物增添一抹别具一格的残旧美感。同时，破坏洗巧妙地提升了衣物的层次感与视觉效果，仿佛带着岁月的痕迹与故事。

卖点分析

在展示水洗工艺时，重点在于凸显牛仔裤或做旧衣服的特色旧感、图案等。除了介绍基础的视觉呈现效果，还可以对不同水洗赋予更深刻的风格诠释，引导用户对不同风格标签产生认同，进而激发其购买欲望。

话术案例

咱们家的这条花旦牛仔裤，与其他款最主要的区别就是它的水洗工艺，这件为什么特别做砂洗，是为了让宝贝们穿上身有一种柔和复古的质感，它的这种自然与复古是你买其他牛仔裤时买不到的，因为这是它特有的质感。并且，姐妹们，我给你们讲，砂洗会让本来硬硬的牛仔面料变得更加松软，我们不管是穿它还是像我这样去摸它，都是特别松软、软糯糯的，特别舒服。冬天穿这样一条牛仔裤，你会感觉整个世界洋溢着温柔的暖和，这是因为砂洗工艺能让衣服更保暖。

5. 压褶工艺

平行褶

平行褶是一种基础且经典的褶皱技术。通过机器的精密制作所形成的平行褶平整而有规律，犹如精心排列的音符，为服装增添了独特的韵律与美感。这种工艺不仅提升了服装的整体视觉效果，还赋予衣物一种优雅挺括的气质，令人一见难忘。

弓字褶

弓字褶是极具创意与美感的褶皱技术，分为全弓字褶和弓字平褶两种形态。通过巧妙的组合与排列，弓字褶能够形成优雅而独特的花型，不仅为服装增添了丰富的立体感，还赋予其生动的动态美。这种褶皱技术不仅提升了服装的视觉层次，还兼具立体、动态与优雅的美感。

牙签褶

牙签褶是精细别致的褶皱技术，其细小立体的褶皱形态，因形似牙签而得名，为服装增添了无与伦比的细腻质感与丰富的视觉层次。通过精细的工艺处理，每一道褶皱都精致有序。在直播中，我们可以着重展示牙签褶所带来的这种细腻、精致与层次感。

竹叶褶

竹叶褶模仿竹叶的自然形态，打造出全竹叶褶和花形竹叶褶两种各具特色的褶皱效果。这种褶皱不仅为服装增添了自然优雅的风格，还赋予其别样的韵味与风情。全竹叶褶流畅连贯，展现出一种简约而不失高雅的美感；而花形竹叶褶更加多变，通过不同的组合与排列，形成丰富多彩的图案，为服装增添更多的视觉亮点与层次感。

波浪褶

这种褶皱设计宛如水波荡漾，轻盈而柔美，特别适合采用有弹性的化纤面料制作。它不仅为服装增添了流动的美感，还赋予服装动态韵律，让人仿佛能感受到水波轻拂的惬意。在直播中，我们可以着重展示波浪褶所带来的这种独特流动感与优雅气质。

钢丝褶

钢丝褶利用钢丝挤压技术打造出独特且富有层次感的纹理，尤其适用于轻盈的雪纺等面料。它不仅为服装增添了稳定优雅的立体效果，还赋予服装别具一格的视觉冲击力，让整体造型更加饱满有形。

扇形褶 / 花形太阳褶

扇形褶：这种褶皱能够像扇子一样优雅展开，视觉效果出众，因其手工制作的灵活性而在服装设计中被广泛应用。扇形褶不仅能为服装增添丰富的层次感和动态美感，还能巧妙修饰身形，营造出一种轻盈飘逸的氛围。

花形太阳褶：手工制作的花形呈现别具一格的太阳褶效果。虽然制作周期相对较长，但每一件作品都独一无二，蕴含着匠人的独特心思与精湛技艺。花形太阳褶不仅能为服装增添一抹艺术气息和独特韵味，还能让穿着者在人群中脱颖而出，彰显个性魅力。

风琴褶 / 大立体褶

这款褶皱设计灵感源自风琴，能像风琴一样优雅展开，为服装带来丰富的层次感和生动的动态美。它不仅在视觉上营造出一种立体饱满的效果，还能巧妙修饰身形，增添服装的流动感与韵律美。风琴褶的独特之处在于其既具有艺术美感又兼顾实用性，使服装在静态下也能展现出动态魅力。

手工排褶

对于尺寸较大的褶皱，手工制作更能凸显其独特魅力与精致感。虽然生产效率受限于人工速度，但正是这种匠心独运的手工制作，让每一件作品都蕴含着匠人的深厚心意与精湛技艺。手工排褶不仅能为服装增添独特的艺术气息，还能让穿着者在细节之处彰显品位与格调。

成衣乱褶

无论是通过机器压制还是手工抓褶，乱褶工艺都能为服装打造一种随意自然的独特风格。它打破了传统褶皱的规整与拘束，展现出一种自由不羁的气息。这种乱褶设计非常适合追求个性、注重服装创意与表现力的人群，不仅能为服装增添别样的艺术韵味，还能让穿着者在任何场合下都显得与众不同，彰显独特个性。

卖点分析

褶皱工艺作为一种独特的服装造型手段，能够为服装增添丰富的亮点和层次感，使其更美观且具有视觉冲击力。在进行产品介绍时，特别适合通过特写镜头来展示这些吸睛的褶皱设计，重点介绍其独特之处，让用户深刻感受到褶皱工艺所带来的精致与时尚，从而激发其购买欲望。

话术案例

裙身的压褶工艺是这款百褶裙的一大亮点，上半身是压褶设计，可以很好地收拢腹部赘肉，在视觉上更加显瘦。下摆采用百褶波浪设计，更好地遮住大腿多余的赘肉。你看我的上身，它的这种波浪纹理在视觉上非常大气，走起路来随风飘动，俏皮可爱，你们穿上身都会非常减龄。

6. 手工工艺

卖点分析

采用纯手工制作，这背后往往蕴含着特殊的意义。一方面，机器无法实现某些精细复杂的工艺；另一方面，手工制作代表着匠人精神的传承与独特手法技艺的展现，每一针、每一线都凝聚着匠人的心血与情感。这种制作方式不仅赋予了产品独特的稀缺性，而且让每一件作品都成为独一无二的艺术品。在营销层面，这种稀缺性可以巧妙地转化为饥饿营销策略，通过限时限量的方式激发用户的购买欲望。

PART 2 产品介绍篇：如何专业且撩人地介绍服装

话术案例

案例1：

我们家的毛呢大衣，从样衣打版到成品，每一件都是老师傅手工缝制的，每一位老师傅在我们工厂都有着十年以上的制衣经验。有姐妹问，为什么不用机器，这是因为咱家毛呢是真材实料的羊绒，羊绒是羊身上最为柔软的部位，质量很轻，使用机器损耗非常大，而且走线容易错位。咱家毛呢大衣纯手工制作，在这个任何产品都可以用机器完成的大批量时代，咱家慢工出细活，三天才能出一件，成品数量有限，所以今天直播间的各位，真的喜欢的姐妹们再去拍，还有犹豫观望的可以再看看，把机会留给有需要的姐妹，不要卡库存哦。

案例2：

我们的小香风是手工界的代表，光是这个口袋，都要单独熨烫，才会板正服帖。而且上口袋之前要打定位线，平整车上去，然后把切割好的口袋整件缝制。接着还要再一次进行里外熨烫，外布缝合后再一次熨烫，才能做出这么好的版型。

面料篇

卖货的人和买货的人想要知晓服装的面料，可以直接查看产品吊牌和水洗标。这两样是在直播介绍产品面料时非常好用的道具，简单直接高效。面料的直播话术是服装直播间塑品用到最多且最广泛的一种，每场服装直播都绕不开对面料的介绍，其重要性不言而喻。

根据纤维原料的来源，面料主要分为两大类：天然纤维和化学纤维。

天然纤维：

天然纤维是直接从自然界的植物或动物组织中提取的纤维，具有天然、环保的特性。常见的天然纤维包括棉、木棉、苎麻、剑麻、椰壳纤维以及羊毛、羊驼毛、桑蚕丝等动物纤维。

化学纤维：

化学纤维简称化纤，是经过化学方法和机械加工制成的纤维。根据处理前的原材料，化学纤维进一步分为再生纤维和合成纤维。

再生纤维：将自然界植物里的纤维素溶解后再纺丝出来的纤维。常见的再生纤维有莱赛尔、莫代尔、铜氨纤维、大豆纤维等。

合成纤维：以煤、石油、一些农副产品等天然的低分子化合物为原料，制成单体后，经过化学聚合或缩聚成高聚物，然后制成纺织纤维。常见的合成纤维包括涤纶、锦纶、腈纶、丙纶等。

接下来，我们将逐个向大家详细介绍这些常见的面料。

1. 天然纤维

棉

棉：棉纤维作为一种天然纤维，因其纤维长、韧性好，能为穿着者带来极为舒适且透气的体验，同时不易使人过敏、耐穿耐用。即便是纯棉面料，也有多种不同的品质，如精梳棉、长绒棉、水洗棉、天竺棉等，具备不同的吸湿性、抗热性、速干性和耐磨性。

全棉贡缎：一种高档的棉质面料，它以纯棉纱线为原料，采用贡缎的织造工艺制成。贡缎是一种传统的中国丝织技艺，以其细腻的质地和优雅的光泽而著称。贡缎在古代主要进贡给皇家使用，因此而得名。全棉贡缎结合了棉的柔软舒适和贡缎的精致光泽，其表面光滑、细腻，手感柔软，光泽良好，色泽亮丽，有很好的弹性，质地紧密不易变形，不管洗涤多少次仍然能保持如新。

针对面料缺点的回应话术：

> 我们家已经提前做了洗水的防缩技术处理，大家洗好衣服只要不暴晒，就不用担心缩水变形。

麻

麻纤维是一种卓越的纤维素纤维，强度极高，这为麻质衣物带来了诸多显著优势。首先，麻质衣物染色效果极佳，色彩鲜亮且持久，即便经过多次洗涤，也能保持颜色如新，永不褪色。其次，麻质衣物具有出色的抗菌性能，即使在潮湿的回南天，泡水后也不易发潮发霉。最后，麻质衣物的成型效果一流，穿上身后挺括有型。同时，麻纤维作为植物纤维，能与皮肤的汗毛一同"呼吸"，可以带来凉爽、透气、吸汗的穿着体验。

针对面料缺点的回应话术：

> 有姐妹担心麻衣粗布会很粗糙，穿着皮肤会不会不舒服，别的麻衣我不知道，但是我们家的麻布面料都是经过漂白、染色、丝光等工艺加工的，给你们拿到镜头前看看，你们看布面非常平整光洁，肤感柔软，一点儿都不粗糙哦。

动物毛

皮草：利用动物的皮毛所制成的衣服。

皮毛一体：将动物皮和毛一起取下制作而成的衣服。

复合皮毛一体：也称皮毛二体，是一种经过特殊加工将皮革与毛料黏合在一起的服装面料。这种面料大多采用真毛与鹿皮的组合，相较于传统的皮毛一体面料，价格更为亲民，但保暖性略差。

羊羔毛：精选自7个月大小羊羔首次剪下的羊毛，是极为细腻且几乎不含针毛的纤维。其长度与细度恰到好处地介于羊毛与羊绒之间，这赋予了它比普通羊毛更加柔软顺滑的触感。这种天然柔软特性，使羊羔毛在保暖性能上远超普通羊毛。

针对面料缺点的回应话术：

有姐妹不了解羊羔毛，说我们这个是人造的，今天给大家做个小实验，好羊毛用火烧，剪一撮下来给大家试试，冒烟烧成灰的就是真的羊羔毛，而冒白烟烧不化的才是人造毛。

羊剪绒：剥下来的羊毛经过二次处理的羊毛面料。在加工过程中，剪去羊毛表面细细的绒，使面料更加平整均匀，手感滑润细腻。这种处理工艺，不仅提升了羊剪绒的质感，更使其穿在身上既时尚又保暖。

针对面料缺点的回应话术：

好的羊剪绒大衣一定要小心呵护。很多姐妹们担心起球，我告诉大家，只有好羊毛才会起球，只是起球数量多少不一样，这是咱家羊毛大衣的质检报告，服装的抗起球性能分为1~5共五个级别，数字越大，衣服越不容易起球，看看咱家是数字几，数字5看到了吗？它确实会起球，但是不多，比你们买的其他大衣要少太多了。

羊绒/山羊绒：堪称面料中的"软黄金"，是独特而稀有的动物纤维，它质地轻盈，却拥有卓越的保暖性能，是冬季服装的理想选择。山羊绒具有柔软、纤细、滑糯、轻薄且富有弹性等特点，触感如同云朵般轻柔，给予肌肤最温柔的呵护。山羊绒的吸湿性和耐磨性也十分出色，无论是穿着

PART 2 产品介绍篇：如何专业且撩人地介绍服装

体验还是耐用程度，都堪称一流。

绵羊绒：绵羊身上有类似于羊绒特性的细羊毛，因为绵羊并没有真正的绒，所以绵羊绒线实际上是一种很软的超细绵羊毛。其纤维粗细不均匀，粗节、弱节较多，且鳞片排列比山羊绒紧密且厚，但耐酸、耐碱性相对较好。

托斯卡纳：秉承了一般羊毛皮的优良特性。这种珍贵的面料源自美利奴羊种或其分支产出的优质羊毛，并非特定品种的羊。托斯卡纳羊毛皮通常分为两种：直毛与卷毛。两者都拥有非凡的柔软度、极佳的保暖性和透气性。在保暖性能上，卷毛款式略胜一筹。

提格拉多：源自西班牙，拥有卓越的手感和非凡的柔软度。这种面料不仅保暖性能出众，穿着起来更是舒适无比。其独特的毛毛卷卷风格，宛如西班牙男人那充满魅力的小胡子。提格拉多羊毛的最大亮点莫过于其黑白/棕色杂色纹路，具有夸张的视觉效果和强烈的风格。

拉贡：源自法国南部阿尔卑斯山脉的一种独特小品种细毛绵羊。由于这种绵羊成长速度较慢，其产出的羔羊毛毛针短而细腻，轻盈纤薄，手感软糯，皮面更是如同婴儿肌肤般细腻，御寒性能极强。拉贡面料集轻、薄、软等所有皮毛优质特点于一身，无论是触感还是保暖性能，都堪称皮毛中的佼佼者。

狐狸毛：以其长长的针毛和柔软纤细的下层绒毛而著称，毛长且绒密，为其带来了卓越的保暖性能和柔软舒适的触感。这种面料不仅耐久性强，而且当人穿着它走动时，毛发会随风飘逸，展现出一种灵动而优雅的风姿。

貂皮：作为全球备受追捧的皮草之一，其独特的魅力无须多言。皮板质地优良，轻柔又结实，毛绒丰厚，色泽光润，主要产自美洲和欧洲地区。无论是保暖性还是实用性，都堪称一流。貂皮分为紫貂和水貂两种，市面上通常以养殖的水貂为主，但紫貂皮在保暖性和舒适度上相对更好。

獭兔毛：源自被誉为"兔中之王"的雷克斯兔，其绒质细密、丰厚，短而平整，外观光洁，手感爽滑，给人一种极致的奢华触感。而且獭兔毛不易掉毛，耐穿性极佳。

鹅绒：源自食草动物鹅的天然馈赠，无任何异味，纯净而清新。相较于鸭绒，鹅绒的使用时间更长，且因其稀缺性，价格远高于鸭绒数十倍。在羽绒服中，填充物不仅包含绒，还包含带有羽梗的羽毛，含绒量是衡量羽绒品质的关键指标。国际含绒量标准明确界定：70%为达标水平，80%则具备出色的抗寒能力，90%则是最优选择，代表着顶级的保暖性能。

鸭绒：鸭绒特指源自鸭子腹部的芦花朵状绒毛，相较于羽毛部分，其质地更为轻盈柔软且蓬松度高。我国鸭绒大都产自南方江浙一带，这些地区的湖鸭绒是主要的来源。鸭绒具有良好的保暖性，质地轻盈柔软，触感舒适。鸭绒包括白鸭绒和灰鸭绒（或其他颜色鸭绒）两大类。这两者在保暖性上并无显著差异，主要区别在于颜色和应用场景。

兔毛：兔毛作为一种独特的面料，具有比重小、保暖性能优异的特点，同时富有弹性，吸湿性强，触感柔软，不仅保暖而且美观大方。但兔毛纤维间的抱合力相对较差，强力较低，因此在使用过程中容易出现落毛现象。

马海毛：高端纺织面料，其独特之处在于高强度、卓越的弹性恢复率以及出色的抗皱能力，这使得衣物在长时间穿着后依然能保持原有的形状与质感。同时，它具有良好的耐磨性和吸湿性，让衣物更加耐用且舒适。值得一提的是，马海毛还展现出极强的防污性，易于打理，染色效果也极为出色，色彩鲜艳且持久。更重要的是，它不易收缩和毡缩，确保了衣物的尺寸稳定性和长久的美观度。

骆驼毛绒：以其独特的浅色调和柔和光泽，展现出低调而奢华的质感。手感滑柔，让人一触难忘，且拥有良好的弹性和强度，使得衣物既贴身又耐用。其卓越的保暖性能，让它在寒冷的季节成为最佳的保暖选择。同时，骆驼毛绒的耐磨性极佳，经得起时间考验，长久穿着依然如新。

动物蛋白纤维

真丝：手感柔软滑爽，厚实而丰满，弹性优异，带给穿着者无与伦比的舒适体验。它具有良好的保温、吸湿、散湿和透气性能，能够有效保持肌肤干爽，同时具备护肤保健的作用。作为蛋白质纤维的蚕丝，是编织真丝的上佳原料，真丝制品不仅质感上乘，还拥有良好的紫外线吸收性，能为肌肤提供额外防护。真丝一般指的是蚕丝，包括桑蚕丝、柞蚕丝、蓖麻蚕丝、木薯蚕丝等多种类型。

2. 化学纤维

合成纤维

黏胶纤维

黏胶纤维以木材、棉短绒、芦苇等为原料，经过化学加工制成，常被亲切地称为人造棉、冰丝或真丝棉。它完美融合了天然纤维的基本性能，展现出卓越的染色性能和牢固度，能确保织物色彩鲜艳且持久。其织物手感柔软，比重适中，悬垂性佳。尤为突出的是，黏胶纤维吸湿性良好，即便在炎炎夏日也能带来凉爽的穿着体验。此外，它产生的静电少，不易起毛和起球，维护便捷，持久如新。

醋酸纤维

醋酸纤维的原材料精选自针叶树纤维，制成的衣物穿着轻便舒适，散发出一种独特的丝绸风格。它回弹性能良好，无论怎样活动都能迅速恢复原状，保持优美的形态。

竹纤维

竹纤维来源于天然竹子，其本身就具有抗菌、防紫外线的特性。在纤维提纯过程中，保留了其天然的抗菌抑菌、除臭和防紫外线物质。竹纤维织物透气性强，悬垂性好，触感丝滑，染色效果鲜艳夺目。它还具有抗菌、除臭、防紫外线等多重功能，即便经过反复洗晒也依然不减。

莱赛尔

莱赛尔俗称"天丝"，其原料来源于大自然中的树木，是一种可降解的环保材料。它触感柔软亲肤，吸湿透气性能卓越，穿在身上如同婴儿肌肤般爽滑，能给穿着者带来无与伦比的丝滑感受。

莫代尔

莫代尔是从莫榉木中溶解提取的纤维，其细腻度与均匀度均优于天然棉纤维。它具有出色的吸湿能力和透气性，即便在潮湿环境中也能保持干爽舒适，让人倍感惬意。莫代尔面料色彩持久，不易褪色、发黄或变皱，更不易缩水。其天然的垂坠感和抗皱性，使衣物线条流畅，无须频繁熨烫，且不易松垮变形。

铜氨纤维

铜氨纤维作为一种高品质面料，集透气性、吸湿性、抗静电与悬垂性四大卓越特性于一身，其质感柔顺细腻，与丝绸相似，能为穿着者带来舒适体验。采用铜氨纤维制作的里布，更是赋予服装优良的吸湿性能。它能迅速吸收空气中的水分，随后又能迅速将水分挥发至空气中，有效避免闷湿感，让肌肤始终保持干爽。

大豆纤维

大豆纤维作为一种创新环保面料,是从大豆中提取并经过技术处理制成。它细度细腻,比重轻盈,拉伸强度高,同时具有卓越的耐酸、耐碱性,吸湿、导湿性能优异。触摸时,能感受到它如羊绒般的丝滑手感,光泽上则呈现蚕丝般的质感,而在保暖和亲肤方面,又有着棉的温暖特性。

玉米纤维

作为一种创新环保的合成纤维,其原料源自玉米、小麦等天然淀粉。它轻柔滑顺,强度较高,吸湿透气性能卓越,能给穿着者带来丝绸般的光泽以及极为舒适的肌肤触感和手感。玉米纤维不怕热、不怕紫外线,悬垂性非常好,无论采用何种剪裁方式,都能展现出流畅自然的线条。

再生纤维

涤纶

涤纶因其卓越的耐洗耐晒特性而备受人们青睐,这种面料不易褪色,且由于其结构特性,不易滋生细菌,能为衣物提供长久保护。不过需要注意的是,在干燥的冬季,涤纶面料可能较容易产生静电,同时其吸汗性相对较弱。

德绒

德绒的独特之处在于其结构表面覆有一层特殊的化学物质,因此防水性能出色。此面料色泽亮丽,如钻石般耀眼,手感极佳,因此得名为"钻石绒"。其表面的细腻绒毛能够形成空气层,有效隔绝外界寒冷,保暖性能极为卓越。同时,德绒面料柔软修身,能够完美包裹肌肤,展现出优雅的身材曲线。

丙纶

丙纶的外观类似毛绒丝或棉,有着独特的蜡状手感和光泽。它几乎不吸湿，但具有良好的芯吸能力，能够有效地将汗水等液体引导至织物表面并迅速蒸发，从而保持肌肤干爽。此外，丙纶强度高，制成的织物尺寸稳定，不仅耐磨，弹性也好，化学稳定性十分出色。然而，丙纶的热稳定性较差，因此不建议长时间暴晒，否则容易老化脆损。

锦纶

锦纶又称尼龙，在合成纤维中，其染色性能尤为突出，能够呈现丰富多样的色彩。穿着锦纶面料的衣物，会感受到它的轻便与舒适，同时它具有良好的防水和防风性能。此外，锦纶的耐磨性高，强度和弹性都非常好，这使得它制成的衣物更加耐用，不易变形。

氨纶

氨纶具有优良弹性，又称弹力纤维，也称莱卡。它弹性好，手感平滑，吸湿性小，耐日晒和风雪，且具有良好的耐化学品性能，可机洗。但氨纶耐热性差，千万不要用热水洗涤。

腈纶

腈纶俗称"人造羊毛"，它具有柔软、保暖以及强力出色的特性，无论是触感还是保暖性能，都能与天然羊毛相媲美。腈纶面料表面平整，结构紧密，这使得它不易变形，即使经过长时间穿着或洗涤，也能保持原有的形状和质感。

高织精纺

高织精纺以其独特的手感柔软、吸汗透气以及卓越的吸水性，为穿着者带来无与伦比的舒适体验。其保暖性能出色，即使在寒冷的天气也能提供足够温暖。同时，高织精纺面料具有较高的热耐性，不易因高温而变形或损坏。然而，这种面料相对其他面料缺乏弹性，且容易起褶皱。

毛呢面料

毛呢面料以其防褶耐磨特性赢得了广泛的赞誉。由它制作的衣服版型挺括，保暖性能出众。毛呢面料总能呈现一种蓬松饱满的质感，给人一种松弛而专业的感觉，舒适度极高。

华夫格

华夫格面料以其出色的吸湿排汗功能，为穿着者带来持久干爽的舒适体验。同时，它绿色环保的特性，符合现代人对健康生活的追求。华夫格面料以独特的法式小方格设计，粗中有细，完美诠释了面料的肌理感和丰富的层次感，为衣物增添了别样的视觉魅力。

灯芯绒

灯芯绒采用割纬起绒工艺，表面形成纵向绒条。这些绒条圆润饱满，触感柔软且富有弹性。其独特的织造工艺赋予了灯芯绒优秀的垂坠感，使得衣物线条流畅，穿着起来既显档次又具时尚质感。

雪尼尔

雪尼尔面料自带一种独特的光泽感，细腻柔软，触感极佳。其绒面丰满，给人一种温暖而舒适的视觉与触觉体验。雪尼尔面料还具有良好的抗皱性，即使长时间穿着也不易变形，能始终保持衣物的平整与美观。

环保皮

环保皮以其精致的工艺，呈现细致入微的表面纹理。面料柔韧有型，不仅易于塑形，而且在穿着时带来无与伦比的舒适体验。它触感柔软，仿佛与肌肤亲密无间，同时散发着自然的纹理和光泽度，为整体造型增添一抹时尚与质感。

巴百纱

巴百纱质地轻薄如蝉翼，穿在身上仿佛第二层肌肤，带来极佳的舒适感受。它具有良好的吸湿性和透气性，即使在炎炎夏日也能保持肌肤的干爽与舒适。巴百纱的独特之处在于其仙气飘飘的质感，稀、薄、爽的特性使其独具一格，为穿搭增添一抹轻盈与灵动。

卡其织物

卡其织物以其质地紧密、厚实且坚牢的特性，赢得了广泛的赞誉。它耐磨性能出色，即使经过长时间的使用和摩擦，也能保持织物的完好无损。卡其织物挺括有型，织纹清晰，为衣物带来了极佳的立体感和质感。

牛津布

牛津布作为一种特色棉织物，以其手感柔软、光泽自然的特点而深受人们喜爱。其布面气孔多，不仅增强了穿着的舒适性，还赋予了织物良好的透气性能。牛津布平挺保形性好，即使经过长时间穿着或洗涤，也能保持衣物的原有形状和质感。

单宁

单宁也称丹宁，俗称牛仔布，其以质地厚实、透湿、透气性好的特点，为穿着者带来无与伦比的舒适体验。经过复古水洗工艺的处理，单宁不仅展现出独特的港式复古风情，还能轻松驾驭通勤时的慵懒休闲风格。

化纤蕾丝

化纤蕾丝以其丰富多样的图案和色彩选择，深受时尚爱好者的喜爱。这种蕾丝质地轻薄，却极其坚固耐用，为衣物增添了独特的层次感与精致度。尽管它不适宜高温熨烫，且弹性稍显不足，但其出色的多样性和易维护性，使其成为日常服饰中的理想选择。

棉布蕾丝

棉布蕾丝凭借其亲肤的棉质材质和出色的耐洗性能，赢得了人们广泛的喜爱。它手感柔软、质地坚韧、不易断裂，可以承受高温熨烫，打理起来十分方便，非常适合作为家庭日常穿着。

棉线蕾丝

尽管棉线蕾丝容易起皱，但只需简单熨烫即可迅速恢复平整，打理起来相当方便。这种蕾丝常用于小型装饰，无论是点缀在领口、袖口，还是作为裙摆的镶边，都能为服饰增添一份细腻的触感与雅致的风情。

刺绣蕾丝

刺绣蕾丝不仅不易褶皱，还具有良好的弹性，使穿着者更加舒适自如。刺绣蕾丝适合制作高贵的服饰，无论是礼服、婚纱还是日常穿搭，都能展现出其独特的魅力。然而，为了保护其精细的工艺，建议在熨烫时避免高温，以免损伤其细腻的纹理。

颜色心理学应用：
颜色的高级感话术技巧

在描述颜色时，主播可以巧妙地借助人群的肤色，引导用户对号入座。关键在于，主播应避免直接评判哪个颜色好看与否，而是要明确每个颜色所代表的不同风格和标签，以便用户根据自己的需求做出选择。

为具体地指导用户，主播可以这样说：

"如果你想要百搭、沉稳一点的风格，那么黑色绝对是个不错的选择。"

"奶白色能让大家看起来更精神，也更显年轻，适合追求清新感觉的朋友。"

"浅绿色带有一种灵动感，给人一种向上、活跃的感觉，非常适合春天穿着。"

通过这样的描述，用户便能更清晰地了解每个颜色的特点，并根据自己的喜好和需求做出选择。同时，主播可以给出主推颜色，为那些没有思路且纠结的用户提供建议，帮助他们更快地做出决定。

PART 2　产品介绍篇：如何专业且撩人地介绍服装

1. 颜色心理学话术技巧

白色：简洁与纯粹的象征

白色，以其纯净无瑕的特质，给人带来清新、高雅的感觉。它象征着简洁与纯粹，能够轻松营造出一种高雅而端庄的氛围。穿上白色衣服，气质瞬间提升，同时在视觉上带来轻盈与透亮的感觉，仿佛能洗净心灵的尘埃，让人回归本真自我。

此外，白色衣服百搭性极佳。无论是搭配深色系还是浅色系，都能轻松驾驭，展现出不同的风格与魅力。无论是正式场合还是休闲时光，白色衣服都是得力之选，让你在任何场合下都自信满满、风采出众。

黑色：稳重与刚毅的象征

黑色，以其神秘而深邃的色调，给人带来稳重、高雅的感觉。它象征着力量与权威，能轻松营造出经典且不过时的时尚氛围。穿上黑色衣服，气质瞬间提升，同时在视觉上更具显瘦、显高的效果，让人看起来更加修长、挺拔。

黑色衣服包容性极强，无论搭配何种色彩或款式，都能展现出独特的魅力和风格。它既能传达内敛的深沉，也能展现出不羁的酷感，是衣橱中不可或缺的时尚单品。

红色：激情与活力的象征

红色，鲜明而热烈，带来激情与活力的感觉。它象征着热情与勇气，能瞬间吸引目光，营造出充满生机与活力的时尚氛围。穿上红色衣服，气质更显自信与张扬，同时在视觉上带来温暖、积极的效果，仿佛点燃内心的火焰，让人充满力量与斗志。

作为一种极具感染力的色彩，红色极易成为整体造型的焦点。无论是搭配简约的黑白灰，还是鲜艳的彩色，都能展现出独特的魅力与个性。在视觉上，红色衣服还常常给人一种时尚、前卫的感觉。

粉色：少女与浪漫的象征

粉色，温柔而甜美，带给人浪漫、梦幻的感觉。它象征着柔美与温馨，能轻松营造出充满少女心与浪漫情怀的时尚氛围。穿上粉色衣服，气质更显温婉可人，同时在视觉上呈现柔和、亲切的效果，仿佛能温暖人心，让人感受到满满的幸福与甜蜜。

粉色作为极具亲和力的色彩，能轻松地拉近人与人之间的距离。在视觉上，粉色衣服常给人一种时尚而不失柔美的感觉，是展现女性柔美气质的绝佳选择。

灰色：低调与内敛的诠释

灰色，中性而低调，带来稳重、内敛的感觉。它象征着平衡与和谐，能轻松营造出简约且不失高级感的时尚氛围。穿上灰色衣服，气质更显沉稳，同时在视觉上带来平和、宁静的效果，仿佛能抚平内心的浮躁，让人回归平静。

灰色作为一种非常百搭的色彩，与各种颜色都能形成优雅的呼应。无论是搭配深色系还是浅色系，都能彰显穿着者的品位与格调。

橙色：活力与温暖的象征

橙色，明亮且活泼，带来积极、乐观的感觉。它象征着活力与温暖，能瞬间点亮整体造型，营造出充满阳光与活力的时尚氛围。穿上橙色衣服，人的气质更显开朗与自信，同时在视觉上产生愉悦、欢快的效果，仿佛能驱散内心的阴霾，让人感受到生活的美好与希望。

橙色作为一种极具活力的色彩，能轻松地吸引他人的注意。在视觉呈现上，橙色衣服还常常给人一种时尚、前卫的感觉，是展现个性与活力的绝佳选择。

黄色：积极与愉快的象征

黄色，与橙色效果相近，但色调更为鲜艳。它带来积极、愉快的感觉，同时营造出活力与阳光的氛围。相较于橙色，黄色更加充满生机与希望，也显得更为活泼；橙色则相对稳重。穿上黄色衣服，仿佛被温暖的阳光包裹，使人显得更为精神、更有朝气。此外，黄色还能为穿着者增添一份俏皮可爱的印象，是展现活力与个性的理想选择。

蓝色：沉稳与冷静的象征

蓝色，象征着广阔的天空与深邃的海洋，营造出清新、雅致的时尚氛围，能带来沉稳、冷静的感觉。穿上蓝色衣服，仿佛将身心的疲惫融入宁静的海洋，让人的气质更显稳重与从容。

在视觉上，蓝色衣服给人清爽、舒适的感觉，能抚平内心的焦躁，带来平和与安宁的感觉。同时，蓝色衣服往往给人一种高级且有质感的印象，能够传达出理性、年轻、大方的特质，是展现沉稳气质与时尚品位的理想选择。

绿色：活力与生机的象征

绿色，生机勃勃且清新，带来自然、舒适的感受。它象征着茂盛的植物与广袤的森林，营造出充满生机与活力的氛围。穿上绿色衣服，仿佛与大自然融为一体，人的气质更显清新与自在。

在视觉效果上，绿色衣服具有舒缓、放松的作用，能让人感受到宁静与平和。作为一种极具生命力的色彩，绿色能轻松地唤起人们对美好生活的向往与追求。同时，绿色衣服能根据面料的不同，给穿着者带来一种高级且质感的感觉，是展现自然风采与时尚品位的优选。

紫色：神秘与高贵的象征

紫色，神秘而高贵，能带给人优雅、奢华的心理感受。它象征着皇室与贵族，能营造出高贵典雅的时尚氛围。穿上紫色衣服，仿佛能瞬间提升气质，让人显得更为端庄与高雅。

在视觉呈现上，紫色衣服具有神秘、迷人的效果，能吸引他人目光，从而成为人群中的焦点。此外，紫色还常被视为富有创造力和想象力的色彩，能激发人们内心深处的灵感与创意，是展现独特品位与高雅气质的理想选择。

米色：温暖与舒适的象征

米色，介于白色与浅驼色之间，既保留了白色的纯净与高雅，又融入了驼色的温暖与自然。它是一种既低调又不失高级感的色彩。穿上米色的衣物，往往能给人留下温柔、亲和的第一印象，如同春日里的一缕温暖阳光，不刺眼却足以温暖人心。

在心理学上，米色被视为一种"安全色"，它不易引起视觉疲劳，适合各种肤色，能够营造出一种安心、舒适的氛围。此外，米色还象征着简约与高级，是打造极简风、知性风的最佳选择，能够轻松展现出穿着者的品位与格调。

花色：个性与活泼的表达

花色，以独特的图案与色彩组合，打破了单一色调的沉闷，为穿着者带来无限的活力与个性展现。它如同春天的花园，充满了活泼气息与层次感，更像是一种情感的表达与个性的彰显，让穿着者在人群中脱颖而出，展现出独特魅力。

2. 颜色塑品公式

为了给直播间用户带来更强烈的画面感，助力他们迅速做出颜色选择，我们可以采用以下公式来描述服装的颜色。这一公式既能够构建出充满高级感的话术，还能让衣服更显独特调性与氛围，从而有效提升直播间的下单转化率。

> **框架公式**
>
> 色彩描述 + 风格定位 + 场景植入

色彩描述：将颜色与人们熟知的事物相关联，如宝石、植物、水果等，让直播间用户听到描述后能产生直观的颜色对比想象，还可减少因灯光误差所造成的误解。

风格定位：明确该颜色适合的风格或人群，即为衣服贴上恰当的外在标签。这些标签往往是多数用户在挑选衣服时想要获得的附加感受，如稳重、活泼、有城府、知性、适合 40 岁以上人群、能提亮暗沉肤色等。

场景植入：描述穿着该颜色服装所处的具体场景或氛围，让用户能够在脑海中形成画面，从而对颜色有直观感受。

💬 话术案例

这个橘黄色，它特别像刚刚成熟的那种水润润的橙子，但它不是橙子皮，姐妹们，它是里边的果肉那种颜色的质感。因为它很成熟，不仅有温暖的感觉，它那种果肉的颜色质感还会让穿着者更显得有活力。所以，直播间内如果有 40 岁以上的姐姐，想要显活力、显年轻，但又不想要太轻浮的，那你一定要选这款。无论你是秋天穿出去，还是冬天穿出去，你去 citywalk 也好，和老友聚会也好，这件衣服都会让你显得很年轻，衬托出来的人的状态也都是特别好的。

在本书的最后章节，我为大家专门准备了颜色塑品话术案例。如果你急于获取话术并快速应用于直播，可以参考这些案例，并结合直播间的实际情况进行适当调整。但请注意，案例仅供有限参考，真正的关键在于根据上述公式，结合直播间衣服的实际情况进行灵活创新、举一反三。

服装风格解读：
各种风格魅力与标签塑造

1. 服装风格解读的定义

在直播间带货时，学会展示服饰的风格魅力并为此打造鲜明的风格标签，这一点至关重要。这不仅有助于平台精准抓取并推送给目标人群，还能有效提升转化率。打造风格标签的关键在于抓住用户的新奇心，营造沉浸式氛围，生动描绘出画面感，并展示服饰亮眼的层次感。

例如，对于微胖女孩，可以这样推荐：

> 微胖女孩一定要尝试一下簪花围（人群新奇感），今生簪花，世世漂亮。在放假的时候，和闺密一起去江南水乡的古镇玩，画一个美美的古妆，撑一把油纸伞在古镇里走走，灰蒙蒙的天，淅沥沥的小雨（氛围感），你穿着咱家的衣服，头戴簪花（画面感），随便抓拍都是大片，怎么拍怎么出片，放大你的美，老祖宗留下的东西一定要试

试。你不需要为了走红毯，头戴皇冠身着晚礼服，当你头戴簪花，穿着这件衣服，走到哪里，哪里就是你的红毯、你的舞台，永远都是抢眼的存在（层次感）。

当然，如果你的直播间一直聚焦同类风格的服装，那么在话术上，就不必着重强化介绍风格。服装风格介绍在混播或快速过品时使用较多，通过快速调用关键词，精准地为衣服贴上标签。接下来，本节将为大家盘点各类服饰风格，帮助大家构建基础认知，以便在直播中能够迅速调用相关关键词，为商品贴上合适的标签。

2. 服装风格塑造的技巧

汉服风

汉服历经岁月变迁，从汉代的曲裾到明代的袄裙，完美展现了华夏衣冠的唯美与仙气。

标签：国风、同袍、华夏衣冠、民族、原创、唯美、梦回大唐、仙气等。

话术示例：

穿上汉服，仿佛梦回大唐，每一步行走都散发着古典的风韵。

BM 风

源于加利福尼亚州少女品牌——Brandy Melville，其特点为短款、紧身设计，充分展现青春活力。

标签：小码女孩、小甜心、少女、辣妹、拽姐、短款、露腰等。

话术示例：

> BM风真的是能让你成为街头最亮眼的少女，每个转身都释放着青春的辣妹魅力。

JK风

源自日本高中校服，水手服和百褶裙的经典搭配，洋溢着青春可爱的气息。

标签：女高中生、制服、软妹、日系、学院风、青春、可爱、套装等。

话术示例：

> 让你重温校园时光，每一套制服都是青春的印记。

学院风

以西装和休闲装为主，展现绅士与少女感。

标签：经典、美式、校服、英伦风、学院派、条纹、格纹、少女感、条纹衫、卡其裤、格纹毛衣等。

话术示例：

> 经典的现代流行风，你们一定要试试，每一件学院风的衣服都在诉说着传统与优雅的融合。经典又现代，兼具少女感且永不过时。

森系风

以棉麻材质和大地色系为主，传达自然与清新之感。

标签：田园、仙气、日系、碎花、暖风、法式、清新等。

话术示例：

如果你向往自然，追求一种自由风格，那就去穿这件。森系服饰会让你与大自然亲密接触，也会让身边的人觉得你亲和力十足，还有一种活力与生机的感觉。

田园风

追求自然纯朴的美，小方格和碎花图案是田园风的显著特征。

标签：时尚、民族、冷淡风、乡村田园、浪漫、治愈、高级、优雅、女人味等。

话术示例：

田园风真的太浪漫了，如果你很久没有感受过那种治愈和浪漫的感觉，一定要试试田园风。它会让你回归自然的怀抱，每一件衣服都散发着乡村的浪漫与治愈。

瑞丽风

以甜美优雅的风格著称，深受年轻女性的喜爱。

标签：甜美、可爱、优雅、日系、潮流、几何、经典、简约、气质等。

话术示例：

它会让你成为甜美可爱的代表，每一次亮相都充满优雅的气息。

洛丽塔风

分为甜美、古典和哥特三种类型，以蕾丝和复杂装饰为特点。

标签：萝莉、日系、宫廷、洋装、蕾丝、甜妹、优雅、可爱、萌妹、学妹等。

话术示例:

  身着洛丽塔风服饰,就如同从童话故事中走出来的公主,它不仅拥有独特的复古魅力,又巧妙地融合了现代时尚元素。穿上它,你仿佛变成了故事里的公主,可爱迷人又充满个性。

极简风

秉持"简约而不简单"的理念,以黑白灰为主色调,极为强调材质与剪裁。

标签:高级感、经典、简约、黑白灰、自然都市等。

话术示例:

  它以简单的线条和纯粹的色彩,展现出一种低调的奢华质感。穿上它,你不仅能够感受到舒适与自由,还能彰显出你的独特品位和自信。

韩版风格

以时尚精致著称,注重细节,充分展现出韩流的独特魅力。

标签:时尚、韩流、韩剧女主、简约、精致、魅力、女人味等。

话术示例:

  穿上这款韩版风格的衣服,就像是韩剧里的女主角一样,既时尚又充满魅力。它以精致的设计和流行的元素,完美展现出青春活力和时尚感。

OL 风

适合职场女性,能充分展现专业与优雅气质。

标签:套裙、上班族、办公室、写字楼、优雅、知性、白领、通勤、职场女性、职业装、质感等。

话术示例:

这款 OL 风格的衣服,就像是职场中的你,既干练又充满魅力。穿上它,你不仅能够感受到舒适和自信,还能展现出你的专业形象和品位。

通勤风

巧妙地将休闲与商务元素相结合,适合日常穿着。

标签:时尚、淑女、高端、高冷、舒适、商务、职场、休闲等。

话术示例:

让你在忙碌的都市生活中兼顾舒适与时尚,每一天都是对美好生活的享受。

运动风

将运动元素融入日常着装,展现活力与健康。

标签:时尚单品、健身、阳光、清爽等。

话术示例:

它以柔软的面料和简约的设计,展现了一种健康生活和时尚态度。穿上身,特别能彰显你的活力和自信。

PART 2　产品介绍篇：如何专业且撩人地介绍服装

中性风

弱化性别界限，展现简约、帅气的特点。

标签：无性别、简约、宽松、帅气等。

话术示例：

　　中性风衣服就是这么神奇，穿上它，你不需要刻意去扮酷或扮甜，便能在温柔与帅气之间自由切换，这不正是我们一直追求的穿搭自由吗？

嬉皮风

复古与自由的结合，以民族化元素和撞色为特点。

标签：复古、欧普、设计感、撞色、致敬、经典、叛逆等。

话术示例：

　　它更是一种生活态度的体现。穿上它，你就是在告诉世界：我不随波逐流，我就是我。

雅痞风

源自复古英式风格，以层叠穿法和柔软面料为特色。

标签：复古、英式、法式、君子、绅士、嬉皮士等。

话术示例：

　　穿上它，你就像是从电影里走出来的主角，优雅中带着一丝不羁。

波希米亚风

属于浪漫民俗风格，以宽松廓形和大地色系为主。

标签：浪漫、度假风、民族风、自由、大地色等。

话术示例：

它能让你瞬间感受到异域的热情与活力，无论是海边度假还是日常穿搭，都能让你成为最亮丽的风景线。

朋克风

叛逆与创造力的生动体现，以具有破坏性的细节和金属配件为突出特点。

标签：摇滚、赛博朋克、前卫、复古等。

话术示例：

这种风格，穿的就是一种态度，服饰上的每一个细节都散发着不羁的气息。

嘻哈风

源自街头文化，是 Oversize 与运动元素的结合。

标签：帅、中性风、美式、Rap、Hip hop、工装、炸街等。

话术示例：

它能让你瞬间感受到那份轻松与愉悦，穿的就是随性，爱的就是那份自在。

街头风

以宽松的 T 恤和裤子为主要搭配，充分展现街头潮流文化。

标签：甜酷、巴黎、欧美、Ins、潮流、前卫、宽松等。

话术示例：

穿上它，你就是在向全世界宣告：我追求自由，我享受时尚，我就是那个引领潮流的先锋！

未来风

强调科技感与前卫设计，以几何线条和金属感面料为特点。

标签：想象力、立体、前卫、金属光泽、新秀、复古等。

话术示例：

它不仅是一种穿搭，更是一种对未知世界的探索与向往，每一个设计都充满了科技感与前瞻思维。

波普风

受波普艺术影响，以夸张图案和色彩对比为特色。

标签：艺术、女神、色彩、时髦、个性、张扬等。

话术示例：

当你穿上一件充满波普元素的T恤，再搭配一条色彩鲜艳的裤子，外加一顶个性十足的帽子，哇，那个范儿，简直就是街头最亮眼的艺术装置！这种风格，穿的就是创意。

哥特风

融合了中世纪的华丽与忧郁气质，以蕾丝和金属辅料为特点。

标签：暗黑美学、中世纪、华丽、经典、法式、文艺复兴等。

话术示例：

它是一种对古典美学的追求与致敬，穿上它，你就是在向世界展示你的独特品位以及对古典文化的热爱。

巴洛克风

呈现一种虚华矫饰的风格，以大量褶皱和华丽装饰为特色。

标签：法式、荷兰风、花边、复古、17世纪、长裙、古典等。

话术示例：

如果您对生活品质有着高追求与独特表达，一定要穿它，会散发一种古典的奢华韵味。

洛可可风

可展现出轻松优美的艺术风格，以曲线和自然形态为装饰。

标签：宫廷、绝代艳后、花篮、浪漫、奢华、自由等。

话术示例：

它上身之后会散发出浪漫与优雅的气质，这种感觉一般衣服穿不出来，还会让你显得特别柔情、特别有风情。

服装细节的魅力：
领口、袖口等形容话术

1. 领口细节话术

方领

简约而不失潮流感，方领的直线条能修饰颈部，适合方圆脸型，可展现出立体美感。

话术示例：

> 方领设计能够巧妙地拉长你的颈部线条，让你的脖子看起来更加修长优美。

V 领

V 领设计可拉长颈部线条，显瘦且显脸小，适合追求干练气质的你。

话术示例：

它真的是修饰脸型的神器啊！V形领口能够巧妙地拉长你的颈部线条，让你的脸看起来更加小巧精致。

翻领
翻领的优雅曲线，能够完美展现锁骨之美，增添女性魅力。

话术示例：

翻领设计能够巧妙地提升你的颈部线条，让你的上半身看起来更加挺拔有型。

大翻领
大翻领又称娃娃领，以其宽阔领口和覆盖肩部的设计，减龄又显瘦。

话术示例：

它的设计不仅新颖别致，还能很好地展现我们女生的魅力。娃娃领能够巧妙地凸显你的颈部线条，让你的上半身看起来更加优雅迷人。

圆领
经典圆领设计简约又百搭，适合各种场合，可展现自然美。

话术示例：

圆领的设计不仅适配各种脸型，还能让你感受到那种随性的舒适感。这是别的领口设计给不了你的。

中式立领
带有东方气息的立领，适合身材单薄或肩膀较窄的穿着者，能展现儒雅气质。

话术示例：

能够巧妙地展现出你的颈部美感，同时散发出一种温婉内敛的魅力。

心形领

心形领融合了方领与 V 领的特点，能为你增添一丝小性感。

话术示例：

心形领能够巧妙地展现出你的颈部和锁骨的美感，让你的上半身看起来更加优雅迷人。

荷叶领

荷叶边的浪漫元素，无论是单层还是多层，都能让你看起来温婉大方。

话术示例：

荷叶状领口轻轻摇曳，仿佛夏日里的一缕清风，穿上它，能让你散发出一种温柔、迷人的气息。

一字领

一字领设计简约且性感，适合夏季穿着，可展现锁骨之美。

话术示例：

一字形的领口设计，能够完美展现你的锁骨和颈部线条。

不对称领

不对称设计加上花瓣式剪裁,在展现个性的同时能衬托脸型。

话术示例:

它打破传统领口的对称设计,以不对称的元素来吸引所有人的目光,让你看起来更加优雅迷人。

尖角领

尖角领设计适合脖子较短的穿着者,修饰身材,展现强烈个性。

话术示例:

尖尖的领口设计,不仅能修饰脸型,还显得人特别精神、利落。

花瓣领

花瓣领具有浓郁的少女感,适合年轻女性,可展现可爱气质。

话术示例:

这领口就像盛开的花瓣一样,不仅显得人温婉大方,还巧妙地环绕在颈部,显得更加柔美、迷人。

三角领

三角领结合抽皱系带设计,风格休闲又时尚,适合日常穿着。

话术示例:

独特的三角形领口,不仅修饰脸型,还显得人特别时尚、有型。

2. 帽子细节话术

猫耳朵帽子

帽子两边的猫耳朵设计，不仅甜美可爱，更增添了立体感，让你的冬日造型充满趣味。

话术示例：

> 戴上这款猫耳朵帽子，立刻变身冬日里的甜心宝贝，可爱又不失时尚感。

双层面料帽子

双层面料的设计让帽子更加厚实，保暖性更强，是秋冬季节的理想选择。

话术示例：

> 选择双层面料的帽子，就能拥有双倍的温暖，轻松抵御寒冷的侵袭。

精细车工帽子

帽子边缘均匀整齐的车工线，不仅美观，更是品质的彰显。

话术示例：

> 每一针每一线都透露着精致，这款帽子的精细工艺，让你的穿搭更显档次、更显贵。

抓绒连帽

帽子内里采用抓绒面料，柔软且保暖，搭配可调节的抽绳设计，为你打造个性化的保暖体验。

话术示例：

让你在寒冷中也能享受如家般的温暖，调节抽绳，便能轻松应对各种天气。

可调节抽绳帽子

两侧的抽绳设计，可根据需要调节帽子的紧固度，既实用又方便。

话术示例：

它的亮点就是这个抽绳设计，可以根据你的头围自由调节，无论哪种头型，都能戴得舒适贴合。

螺纹设计帽子

采用时尚的螺纹设计，不仅造型前卫，更增添了时尚感。

话术示例：

这款帽子的螺纹设计不仅让其造型更加立体，还能更好地适配不同头型，佩戴起来既时尚又舒适。

装饰性连帽

连帽设计兼具实用性与装饰性，为整体造型增添俏皮可爱的气息。

话术示例：

独特的连帽设计能够很好地修饰身形,既让你看起来更加挺拔有型,又能展现出可爱的一面。

加宽挡风帽檐

帽子前面采用加宽设计,能有效挡风护脸,保暖又时尚。

话术示例:

这个加宽的帽檐,能为你遮挡更多的风和太阳,保护你的脸部和颈部不受紫外线或寒风的侵扰。

韩版宽松大帽

宽松的大帽设计,每年冬季都受到女生们的喜爱,保暖又可爱。

话术示例:

韩版的宽松大帽,让你在冬日里也能成为可爱又温暖的焦点。

3. 肩部细节话术

插肩袖

无拘无束的插肩袖,无论身形丰腴还是苗条,都能穿出自在风格,堪称真正的百搭之选。

话术示例:

插肩袖的设计能够很好地适应不同肩型,无论你是宽肩还是窄肩,都能穿得舒适又合身。

前移 / 后移肩线设计

通过肩线位置的微调,优化身材比例,提升舒适度与立体感。

话术示例:

我们这件衣服的肩部,采用了前移肩线设计,不仅可以更贴合我们的人体结构,还能自然修饰肩部线条,让你看起来更挺拔、更有精神。

垫肩设计 / 去垫肩设计

垫肩增强气场,去垫肩更显自然,适配不同风格需求。

话术示例(带垫肩):

肩部加入了轻微垫肩处理,能很好地提亮整个上身线条,无论日常通勤还是出席一些重要场合,都能穿出利落气质。

话术示例(无垫肩):

这款是无垫肩设计,整体更贴合我们身体轮廓,适合喜欢自然慵懒风格的女生,穿起来毫无束缚感。

肩带宽度设计(适用于连衣裙 / 吊带款)

不同宽度的肩带传递不同风格,粗肩带稳重,细肩带轻盈性感。

话术示例(细肩带):

这真是我们这件衣服的亮点,它是给你们做了极细的肩带设计,恰到好处地露出肩颈线条,既显锁骨又不过分裸露,非常的百搭,你家里的任何外套搭配它都可以。

话术示例（宽肩带）：

我给你说，为什么我们要设计宽肩带？宽肩带不仅增加稳定性，还能修饰我们的肩膀，让你看起来更精神利落，而且穿一天都不会勒肩。

落肩设计

打造随性慵懒的轮廓感，是日系/韩系风格常用设计。

话术示例：

这件衣服的落肩设计，让整件衣服看起来更有松弛感，随便一搭就是造型，很适合我们日常出街、出去玩，或者居家休闲来穿它。

肩部镂空/链条/蝴蝶结/装饰性设计

增加视觉焦点，增强女性化与设计感。

话术示例（肩部蝴蝶结）：

姐妹们，这个肩上的蝴蝶结真是点睛之笔，是这件衣服亮点中的亮点，因为做了蝴蝶结，你们看，它增添了一丝少女感和俏皮的那种气质，让我们整个人是不普通的，而且还在不经意间就很吸睛。

话术示例（肩部链条）：

很多人觉得肩膀做个金属链条，多尴尬啊！又不是小时候非主流那会儿了。但是你们看，我们家这款金属链条作为肩带装饰，它不仅能提升整体的时髦度，更潮流、更好看，也让整件衣服更有态度感，你不是在穿一件很普通的衣服。

精细缝合线

缝合线整齐有序，布料顺直，能让肩部线条更加立体、挺括。

话术示例：

每一道缝合线都经过精心设计，使肩部轮廓越发分明，而且当我们穿上身之后，你会发现它会让我们特别地有精气神、很精神。

纽扣肩章

时尚与传统的碰撞，适用于各种场合，能轻松让你成为焦点。

话术示例：

纽扣肩章的设计，让衣服看起来更加立体有型，穿上它，气质瞬间得以提升。

肩部拼接线

细腻平滑的拼接线，巧妙的分割线能让你的肩部看起来更加瘦削。

话术示例：

这条拼接线不仅让衣服肩部更显立体有型，还能很好地修饰身形，让你的肩膀线条更加流畅自然。

宽松肩部设计

特有的宽松肩部设计，穿着不受约束，尽显街头时尚风范。

话术示例：

它不仅让衣服的线条更加流畅自然，还能在视觉上拉长身材比例，让人看起来更加高挑纤细。

肩部挖空处理

肩部的挖空设计，小露性感，让装扮更加吸引人。

话术示例：

它不仅让整件衣服看起来更有设计感和层次感，还能很好地修饰身形，让肩膀看起来更加纤细迷人。

4. 口袋细节话术

对称口袋

左右对称的口袋设计，不仅实用，还能展现出休闲风格的魅力。

话术示例：

它不仅增加了衣服的层次感，巧妙地平衡了衣服的实用性与美观性，还方便放手机、钥匙等小物件。

立体口袋

立体设计的视觉分割效果显著，既安全又方便，美观且实用。

话术示例：

立体口袋的设计让衣服看起来更加有层次感和立体感，而且衣服上的这种小细节，特别地能去展示我们的品位、突出你的个性。

韩版大口袋

衣服两侧的大口袋，设计简约，深度足够且实用，线条流畅又时尚，与整体服装风格搭配协调。

话术示例：

它的口袋设计得特别精致，是那种韩版的大口袋，还超级实用，能装下手机、钱包等所有随身物品。

可拆卸口袋

细节之处的可拆卸设计，增加了衣物的功能性与个性化。

话术示例：

这个独特的设计不仅让衣服更时尚多变，还超级实用。可以依据不同场合和心情随意拆卸口袋，轻松变换风格。

线迹装饰口袋

线迹装饰为口袋边缘增添视觉焦点，提升整体活力。

话术示例：

它的口袋边缘采用了精致的线迹装饰，让口袋看起来更加精致有型，赋予整件衣服更强的设计感和艺术感。

袋鼠兜

袋鼠兜设计既保暖又可爱，实用与趣味并存。

话术示例：

它不仅实用，还超级可爱！袋鼠兜的形状和线条都设计得十分俏皮，穿上它，你瞬间就能感受到那份独特的可爱气息。

撞色组合口袋

撞色设计让口袋成为视觉焦点，丰富了整体的视觉效果。

话术示例：

这不仅仅是一个简单的口袋，它可是整件衣服的时尚精髓所在。巧妙的撞色组合，瞬间提升衣服的时尚感。

皮革材质口袋

皮革的口袋提升了衣物的质感与设计感，彰显高贵气质。

话术示例：

高品质的皮革材质，让口袋看起来质感十足，瞬间提升了衣服的时尚度和价值感。而且，皮革材质耐磨耐用，让我们的口袋一直像新的一样。

隐形拉链口袋

隐形拉链设计既实用又不影响外观，保持了衣物的整洁性。

话术示例：

它的口袋采用高品质隐形拉链，不仅使用起来顺滑方便，还可以轻松地将手机、钱包等贵重物品放入其中，而不用担心它们丢失。

5. 印花细节话术

小鹿雪花图案

传统的小鹿和雪花图案，设计精致且时尚，散发着一抹可爱气息。

话术示例：

小鹿和雪花的组合可是整件衣服的灵魂所在。其寓意着温馨与纯净，能瞬间提升衣服的时尚感，营造节日氛围。

发泡印花字母

衣服胸前的字母采用发泡印花工艺，立体感十足，仿佛跃然衣上。

话术示例：

发泡印花工艺让字母看起来更加饱满、富有层次感，与衣服面料形成鲜明对比，让整件衣服看起来更加时尚且充满活力。

线描手法印花

采用线描手法的印花具有手绘风格，让图案更加生动可爱。

话术示例：

精细的线描工艺，让每一笔都生动有力，穿上它，就像是把一幅流动的画作穿在了身上。

时尚小标点缀

小巧的时尚标签作为点缀元素,既不会过分张扬,又足够吸人眼球。

话术示例:

这些小标错落分布在衣服上,既不会显得过于繁杂,又能恰到好处地吸引眼球。穿上它,你就像是把时尚和个性都穿在了身上。

蝴蝶设计

立体的蝴蝶设计增加了衣服的层次感,显得活泼可爱。

话术示例:

立体的蝴蝶设计增添了独特的浪漫气息。蝴蝶翅膀仿佛随风轻轻摇曳,瞬间提升了衣服的柔美度。

个性头像印花

个性的头像印花在可爱中带有一丝小性感。

话术示例:

每一个头像都充满了故事和独特性,穿上它,就像将自身的个性和性感都穿在身上。

精致胸花设计

精致的胸花设计能起到画龙点睛的作用。

话术示例:

它的胸花元素既时尚又兼具传统美感,仿佛将古典与现代完美结合。

6. 袖口细节话术

包边袖口

精心设计的包边能有效防止脱线,保持衣物的完美状态。

话术示例:

包边处理不仅让袖口更加牢固耐用,还能避免袖口变形和线头外露。这不仅体现了我们对品质的严格把控,还让你在穿着时更加放心和舒适。

小碎褶皱设计

细腻的褶皱设计为袖口带来蓬松垂坠感,尽显高雅品位。

话术示例:

小碎褶皱设计让衣服看起来更具立体层次感,还能有效提升衣服的弹性和舒适度。

双线缝合袖口

采用双线缝合工艺既实用又美观,整体大方得体。

话术示例:

双线缝合不仅让袖口更加牢固耐用,还能有效防止袖口变形和脱线。

雪纺袖材质

选用轻盈的雪纺材质,让穿着者更加轻松舒适。

话术示例：

衣服的袖子采用了轻盈的雪纺材质，不仅让衣服看起来更加飘逸和优雅，还能有效增加衣服的透气性和舒适度。

紧密针织袖口

紧密的针织手法收口效果好，能展现面料的层次感。

话术示例：

采用紧密针织工艺，不仅美观大方，还能有效贴合手腕，保暖效果特别好，让你在寒冷的冬日也能保持温暖。

螺纹袖口工艺

螺纹工艺与衣身紧密相连，形成统一花纹，展现出独特的节奏感。

话术示例：

我们采用了先进的螺纹工艺，不仅让袖口更加精致、有弹性，还能完美贴合手臂线条，无论是日常穿着还是运动休闲，都能给你舒适的体验。

宽松袖型设计

宽松的袖型设计能有效遮盖手臂，适合各种场合穿着。

话术示例：

宽松的袖型设计给人一种随性自在的感觉，活动不受束缚，还能在视觉上拉长手臂线条，让人看起来更加纤细优雅。

蕾丝花边袖口

袖口采用精致的蕾丝花边,典雅迷人,镂空造型性感而通透。

话术示例:

这个袖口设计真的很有心思,蕾丝花边的装饰,不仅让衣服看起来更加高贵,还能展现出女性的细腻与柔美。

7. 纽扣细节话术

金属钉扣

相较于塑料材质,金属钉扣成本更高,也更能提升衣服的整体档次。

话术示例:

金属钉扣质感十足,光泽度极佳,瞬间便能提升衣服的时尚感和品质感。而且它经过特殊处理,不易氧化变色,让衣物的美观度得以长久保持。

做旧合金扣

与衣服的质感和设计理念完美融合,充分展现出复古魅力。

话术示例:

它的独特之处在于散发的复古韵味,让人仿佛穿越到了那个充满故事的时代。而且它经久耐用,不易褪色,可使衣物始终保持时尚感。

单扣设计

简约的单扣设计,搭配里衬,能有效地勾勒出腰部曲线,显瘦效果更佳。

话术示例:

它的单扣设计真的很有心机,一颗扣子就能完美诠释"少即是多"的时尚哲学,仅一颗扣子就让整体呈现更加显瘦的视觉效果。

白母贝质感纽扣

在阳光下反射出迷人光泽,如同白母贝一般,美丽且独特。

话术示例:

白母贝温润如玉的质感,会让我们衣服显得更加高贵典雅。它就像给我们贴上了一个标签,不仅让衣服看起来更有设计感,还在细节上去凸显我们对精致生活的态度。

8. 腰部细节话术

高腰设计

采用高腰剪裁,提升腰线,塑造纤细腰身,搭配3D立体修身设计,尽显优雅身姿。

话术示例:

不仅能拉长身材比例,让人看起来更加高挑纤细,还能完美遮住腰部赘肉,秒变小蛮腰。

收腰设计

以简约干练的裁剪线条,打造出黄金比例,凸显小蛮腰,时尚且独特。

话术示例:

说到提升气质的秘诀,怎能不提这款收腰设计的衣服呢?它的收腰设计简直太棒了,恰到好处地展现了女生的柔美与优雅。

腰带设计

搭配可拆卸腰带装饰,调节身高比例,提升整体层次感,时尚又实用。

话术示例:

它不仅为衣服增添了层次感,还能很好地修饰身形。无论你是想要打造优雅气质还是干练风格,这条腰带都能轻松帮你实现。它的质地柔软舒适,系上后既能凸显腰线,又不会感到束缚。

绑带设计

调节松紧,多种穿法,适合不同身材,百搭又时尚。

话术示例:

它可以让你自由调整衣服的松紧度,适合各种身材,还能让整件衣服看起来更有层次感。

修身腰部剪裁

修身剪裁,让身体曲线更加苗条,展现女性的柔美线条。

话术示例:

PART 2 产品介绍篇：如何专业且撩人地介绍服装

　　这款裙子的腰部修身设计，是展现我们女生曲线的秘诀。它不仅能突出小蛮腰，还能在视觉上拉长腿部线条，穿上后瞬间变成大长腿。

金属腰带扣

精致坚固，实用又美观，增添一份精致感。

话术示例：

　　它是提升整体造型质感的关键。它不仅能让腰部线条更流畅，还能在视觉上增加层次感。而且对女生来说，还有助于展现女性的力量感。

PART 3

运营实战篇

— 运营型主播的直播实战手册 —

点对点拉人技巧：
突破个位数在线的策略

1. 如何理解点对点拉人

在服装带货直播间，点对点的核心目标是吸引场外用户进入，而不只是关注已在线的少数用户。重点在于切实执行点对点流程，而非单纯依赖话术技巧，以此让更多场外用户进入直播间，进而实现停留与转化。这一策略特别适用于个位数在线及需要快速起号的直播间。

主播需介绍产品并持续抛出吸引点（钩子），以吸引路过用户停留，而非等待用户进入后再进行介绍。即使直播间暂时无人，主播也应积极抛出福利、痛点等吸引点，以此留住新进用户，并吸引潜在用户进入。同时，选择具有相对优势且价格合理的爆款产品，有助于提升直播间层级。

要明确的是，点对点起号或拉高在线的首要目标是通过成交来打标签，实现数据递增。通过点对点策略将场外人群引入直播间，以突破直播间层级限制。需要明白，"点对点"所点名的对象通常是直播间内的鱼塘小号，因为在当下直播市场环境中，直接点名真实用户较难，而点名不存在的用户则无法产生真实互动。通过点名鱼塘小号，引导其进行真实互动，进而带动直播间其他用户的参与。

具体操作与话术案例

以下是点对点拉人的具体流程。

如何抛留人钩子

为了有效吸引并留住用户，我们可以采用反向留人的策略。这一策略的核心在于抛出具有吸引力的福利名额钩子话术，如提供试用、试穿、体验等机会。同时，我们要引导用户在公屏上主动留下与产品相关的关键信息，如身高体重、颜色偏好、个人喜好等。

通过这种方式，我们能够达成双重目标：一是增强用户的参与感和互动性，让他们更加积极地参与到直播中；二是收集到用户宝贵的浅层数据，这些数据对直播间后续精准推流和营销策略制定具有重要意义，能够为我们提供有力的数据支撑和保障。

💬 话术案例

> 欢迎新进直播间的宝贝们！有多少姐妹还没有领到我们家这个试穿名额？没有领到我们家这个试穿名额的宝贝们，现在抓紧时间把你的身高体重飘在公屏上。直播间的所有宝贝们听好，我们今天是新号开播，我今天在直播间给你们直接放一波福利，今天不用你们给我点关注，也不用你们给我飘"小1、想要"，你直接告诉我你的身高、体重，来让我们看到，听清楚没，这就给你们安排上。

在提供福利环节，主播的话术应巧妙模糊价格，避免直接报出具体数额。这样做能有效激发用户的好奇心和购买欲望，使他们更愿意停留在直播间。同时，这种策略能防止因直接报价而导致的在线用户流失问题。

此外，在阐述福利理由时，主播话术务必真实、具体，明确说明福利的理由和目的。这样不仅能增强用户的信任感，还有助于与用户建立稳固关系。将模糊价格话术与真诚的福利理由阐述相结合，主播能更有效地吸引并留住用户，提升直播间的互动和转化效果。

话术案例

> 直播间的所有姐妹们，说实话，咱们家可不是那种人傻钱多的主儿，我相信做直播的也没有人傻钱多的，都是来这个平台赚钱的。我们这个品牌做49年了，正经的国货服装品牌，但我们家和别的店不一样的是，不搞零售也不搞批发，我们是来这个平台做供应商的，来给那些大主播、大网红供货。但是，宝贝们，如果我这款产品卖不到500单，我就没法给他们开通带货的链接。所以今天，我只能把这一部分拿出来，给大家做福利。等销量上去了，好给他们开通带货链接，把价格加上去，给他们带货佣金。所以我把包装、佣金的钱都去掉了，就为了给你们这一波福利，你们帮我做做销量，但只有这一波。有刚刚进来的宝贝，还没有领到试穿体验名额的，赶紧把你的身高、体重飘在公屏上，让后台小哥统计好，我今天给你们安排一波试穿体验的名额。

互动引导与数据刺激优化

为了推动直播间互动并加快推流速度，我们需要开展一系列与产品紧密相连的互动引导。若对此有疑问，建议回顾互动章节以加深理解。

互动引导的核心在于，通过巧妙的话术引导用户在公屏上留下与产品相关的互动信息。这样不仅能吸引更多用户参与，还能利用这些互动数据，有效提升直播间的推流速度。

在实施互动引导时，我们可以根据产品情况灵活调整策略。针对单款产品，我们可以重点强调其福利名额，激发用户的抢购欲望；而对于多款产品，则可以通过让用户选择福利款式的方式，引发更多互动。这两种方式都能有效提升直播间的活跃度和用户参与度。

> 💬 **话术案例**
>
> **（单款）**
> 还有多少宝宝没有领到主播手里这款衣服试穿体验名额的？把你的身高、体重飘在公屏上。
>
> **（多款）**
> 欢迎新进直播间的姐妹们，今天我们新号开播，作为开播福利，我不能只拿一两款货给你们做这波福利。因为我是品牌直播间，就得大气，我直接给你们安排 5 款作为开播福利，想不想把试穿机会直接拿回家。这是我手里的 1 号、2 号、3 号、4 号、5 号，如果有你喜欢的，直接把序号扣在公屏，这是 1、2、3、4、5，你们也可以去下方小黄车看一下。后台小哥，你抓紧帮我统计一下，看一下哪一款要得多，别弄错了，等会儿我就给你们放每一款的体验名额。

关注与灯牌数据提升策略

当前面环节顺利完成后，我们应将重点转移至直播间的关注和灯牌数据上。为了有效提升这两项数据，主播可以通过提供额外的福利或奖励来鼓励用户进行关注和点亮灯牌。正如前文所述，在点对点互动中，我们可以特别引导鱼塘小号进行关注和点亮灯牌，发挥示范作用，带动其他用户跟风参与。

为了进一步强化这一效果，我们还可以通过发放红包、福袋等激励措施，鼓励用户更积极地参与互动和关注直播间。在这一过程中，话术的婉转和衔接显得尤为重要，它能够确保整个点对点流程自然流畅，从而让用户在愉悦的氛围中完成关注和点亮灯牌的操作。

 **话术案例**

> 我看到兔兔一进直播间就点了关注还亮了灯牌，真是太感谢你的支持啦！这样吧，兔兔姐妹，你看看我这条搭配这款卫衣的项链要不要，要的话你飘"要"给我说一下。今天我不光让你们在直播间拿到试穿体验的名额，还要给你们再安排一个福利。后台，你赶紧把链接做好，今天这些好东西都给姐妹们安排上。

人气稳定后的操作策略

当直播间的人气积累到一定程度，流量相对稳定，即在线人数达到预设的目标值（如 15 人、20 人、26 人、30 人等），并且直播间的推流速度保持平稳时，就到了进行塑品和开价放单的关键时刻。

在这个阶段，我们需要特别关注库存控制和憋单节奏的把握。这意味着要确保直播间的产品展示和介绍能够充分激发用户的购买欲望，同时，放单节奏要恰到好处，以维持直播间的热烈氛围并满足用户的购买需求。

通过精细化操作和把控，营造浓厚的直播间种草氛围，充分激发并满足用户的购买欲望，从而进一步提升直播间的转化率和销售业绩。

 **话术案例**

> 所有姐妹们别着急啊，我马上给你们上车，我先给你们看看这件卫衣的细节，你看它做了一个螺纹领口（展开塑品种草）……

直播间流量与推流策略调整

面对直播间不同的流量状况，我们需要灵活调整策略。当发现直播间的推流速度较大，且在线人数持续上升，或者直播间的流量尚未充分积聚，且在线人数无显著增长时，表明当前的流量状态有待进一步优化。

针对这两种情况，一个行之有效的策略是重新循环执行前面的点对点流程，借助主播引导重新提升直播间流量。若直播间的推流速度已经较快且在线人数仍在增长，主播既可以选择循环使用之前的话术进一步拉升流量，也可以直接进行产品展示（塑品）和后续的开价上车环节。具体采取哪种操作方式，主要依据直播间主播的能力以及当前直播间的氛围和观众反馈来决定。

话术案例

（衔接话术）刚刚我看有 6 个姐妹报了身高、体重是不是？后台抓紧把链接做好，别加错库存，否则到时候拍不了。来吧，刚刚有 6 个姐妹报名了，现在还剩 4 个试穿体验的名额，你只需要赶紧在公屏上飘上身高、体重，直接参与就行了，在我直播间不需要点关注和灯牌，后台小哥你统计好了，别弄错了。

2. 结合案例理解点对点拉人流程

总的来说，服装带货直播间的点对点起号话术形成了一个系统性的流程。在这个流程中，主播需要在各个环节上精准地把握用户的心理和需求。通过抛出具有吸引力的福利钩子，主播可以有效地引导用户进入直播间并参与互动。这样的策略不仅有助于提升直播间的推流速度，还能延长用户在直播间的停留时间。最终，这些努力将共同推动直播间层级的提升和销售业绩的增长。

前文已经详细阐述了整个点对点拉人的流程。若对此仍有疑惑，建议结合下方提供的完整话术案例进行深入理解。这一案例将帮助你更清晰地掌握流程的实际应用，从而更好地运用点对点拉人的技巧。

💬 完整点对点流程话术案例

欢迎新进直播间的宝贝们，我们是×××品牌的直播间，今天刚刚开播，今天给大家做一波开播福利。有多少姐妹是新进来的，还没有领到我们家这个试穿体验名额？没有领到我们家这个试穿名额的宝贝们，现在抓紧时间把你的身高、体重飘在公屏上。直播间的所有宝贝们听好，我们今天是新号开播，我今天在直播间给你们直接放一波福利，今天不用你们给我点关注，也不用你们给我飘小"1""想要"，你直接告诉我你的身高、体重，来让我们看到，听清楚没，这就给你们安排上。

姐妹们，说实话，咱们家可不是那种人傻钱多的主儿，我相信做直播的也没有人傻钱多的，都是来这个平台赚钱的。我们×××这个品牌做49年了，正经的国货服装品牌，但我们家和别的店不一样的是，不搞零售也不搞批发，我们是来这个平台做供应商的，来给那些大主播、大网红供货的。但是，宝贝们，如果我这款产品卖不到500单，我就没法给他们开通带货的链接。所以今天，我只能把这一部分拿出来，给大家做福利。等销量上去了，好给他们开通带货链接，把价格加上去，给他们带货佣金，我自己就不播了。所以我把包装、佣金的钱都去掉了，就为了给你们这一波福利，你们帮我做做销量，但只有这一波。有刚刚进来的宝贝，还没有领到试穿体验名额的，赶紧把你的身高、体重飘在公屏上，让后台小哥统计好，我今天给你们安排一波试穿体验的名额。

因为今天我们新号开播，刚刚也跟大家说了，我们是来平台做供应商的，等把商品销量做起来，我们就给大达人、大网红开通带货链接了，给他们发佣金，产品价格就得提上去了。今天给你们的是去掉了包装、达人佣金后的价格，你们想试穿想体验的，直接让我看到你们的身高、体重，我让后台精准加库存。

我看都飘了身高、体重是不是？这款粉色提腰线的卫衣真的是我们家的招牌,宝贝们,你们真有眼光啊,一看肯定都是可爱的仙女,这款粉色真的好好看,特别衬肤色。刚刚飘了身高、体重的姐妹,你们稍等我一下哈,现在还差一个名额,然后马上给你们直接上了。

哎,我看到兔兔和阳阳一进直播间就给我点了关注还亮了灯牌,真的太谢谢你们了。这样吧,你们既然这么支持我,兔兔姐妹、阳阳姐妹,你们看看这条搭配这款卫衣的项链要不要?89(元)一条的韩系大女主项链,要的话,你飘个"要"跟我说一下,好不好,后台给备注一下。今天我不光让你们在直播间拿到试穿体验的名额,还要给你们再安排这条项链的福利。卫衣单穿有点儿单调,肯定得搭配合适的项链,对不对?后台抓紧把链接做好,今天这些好东西都给姐妹们安排上。

所有姐妹都想要这款项链哈,哎呀,也都点关注了,灯牌是不是还没有加?来,后台,你给姐妹们发一下红包,咱们不能让姐妹们自己花钱加我们的粉丝团,这个钱得咱们自己出。来,姐妹们,左上角给你们发了个红包,然后领取一下,不用你花钱就可以直接加粉丝团。这样多好,咱们品牌可不是那种小气的,该有的都得给你们安排上,卫衣加项链都让你们带走。

是不是都在等着呢?别着急啊姐妹们,我马上给你们上车。但是姐妹们,我真的不喜欢那种疯狂催着你们下单的直播间,你们进那直播间连衣服是啥品质都不知道,就直接付款了,买回去还不一定用得到,对不对?我们家不是,不催你们下单,不催你们跟我互动,因为我就是来给大家安排试穿体验名额的,我不麻烦你们,但是你们拿走的卫衣,是不是要看看品质,看看细节,不然稀里糊涂,拿回家自己又不喜欢怎么办?刚刚所有飘了身高、体重的姐妹们看过来,我快速带你们看完细节,马上就给你们上了。

你们看这件卫衣,它做了一个螺纹领口……

应对极速流：
开场与场中大流量承接方法

实际上，对于依靠自然流量的直播间来说，极速流量的承接与转化极为重要。而对于付费流量直播间，极速流量的情况则稍好一些，因为它们有持续的付费流量进入，所以更侧重于流量的转化。本节将从底层逻辑深入探讨极速流量的承接策略，以及如何借助数据驱动的方式优化直播效果，实现更高的流量和销售额。

极速流量主要分为两类：开场极速流和场中极速流。开场极速流特指在抖音、视频号直播时，开播后 20~30 分钟内出现的异常（与往常流量相比）流量高峰；场中极速流则指在直播过程中出现的流量二次高峰。针对这两种情况，因其来源与属性不同，有着不同的承接策略。

1. 开场极速流的承接与优化

开场极速流人群承接策略

开场极速流人群特性广泛且不够精准，因此，在承接这一波流量时，首要任务是拉新并关注浅层数据。为实现这一目标，主播需通过提供直播间福利品和福利活动来吸引并留住用户。同时，利用停留、互动、关注和灯牌等浅层数据指标来筛选和定位目标人群，即进行"洗人群"操作。

当极速流量涌入直播间时，主播应迅速调整状态，以热情的态度和巧妙的钩子话术吸引新用户停留。钩子话术主要用于描述福利品的吸引力，避免直接报价，以此营造用户的期待感。主播在话术中需模糊产品价格，让进入的用户感觉他们能占到主播手里产品的"便宜"，可能是以超低价购买，或者免费获得。

具体操作上，主播可以通过以下步骤进行：

准备福利品和话术： 选择具有吸引力的福利品，并准备相应的话术，确保话术中不包含直接的价格信息。

观察流量变化： 密切关注直播间的流量变化，当发现极速流量进入时，迅速进入状态。

运用钩子话术： 以热情的态度运用钩子话术，描述福利品的福利力度，吸引新用户的停留。

营造期待感： 通过模糊产品价格，为用户营造一种期待感，让他们觉得能占到"便宜"。

主播拉新动作话术，即钩子产品＋钩子话术：

> 刚没发现，直播间现在这么多人了？后台小哥这样子吧，把咱们上一场特别好看的卫衣拿过来，直接给新来的姐妹们搞个顶顶炸的福

利，给大家安排一波试穿体验。直播间的姐妹这么给力，都来我直播间了，我这个炸的福利给你们安排一波，我肯定得拿好看的品质好货来给你们安排。今天在线的 180 个姐妹，我给你们安排试穿体验。但是因为今天这件衣服是开播给新进的宝贝们放福利，让你们直接拿回家试穿体验的，我没办法放那么多，180 人在线只能放 30 单。因为只有这 30 单现货了，你想多要一件试穿我都没货的。

新用户停留与互动引导策略

新进入直播间并产生停留的用户，主要被衣服款式和福利钩子吸引。在此阶段，应避免过多阐述产品细节，以免分散用户注意力。相反，应重点运用钩子话术，引导用户进行互动，特别是关注和灯牌的互动。

若直播间内有用户主动关注和加灯牌，主播应及时点名表扬，以此刺激其他用户积极参与互动。若暂无用户主动互动，主播可利用水军进行引导，点名水军并鼓励其带动氛围，进而吸引更多用户参与进来。

💬 话术案例

> 因为这件卫衣数量真的少啊，是我们家的爆款，直播间这么多人肯定没办法人手一单了。哎，我看到兔兔刚刚是不是给我点了关注还卡灯牌了，后台帮我看一下。谢谢兔兔姐妹，后台抓紧给兔兔优先做个链接，给她安排一个试穿名额，咱们家的这件提腰线的卫衣真的少，所以只能是给咱自家的姐妹了。

塑品与互动并进策略

接下来，主播可以在直播间进行简短的塑品环节，快速且简要地讲解产品的 1～2 个核心卖点。在此过程中，应尽量精简语言，力求在短时间内高效完成产品介绍。

在塑品的同时，往往会有其他用户跟风关注和亮灯牌。此时，主播可以灵活调整策略，先引导用户互动，再展示评论数据，或者反之。无论顺序如何，主要目的都是提升直播间数据，增强互动氛围。通过这种方式，主播可以在保持直播间活跃度的同时，有效地传达产品信息，为后续的销售转化打下良好基础。

💬 话术案例

> 哇，这么多人都在点关注卡灯牌啊，宝贝们这样子，人太多了，你们点完关注和灯牌的，来公屏上飘"1"，让我看到你。后台小哥，你记好了，别把咱家姐姐都落下了，今天就只有 30 单的试穿体验名额。

等待互动与深化塑品策略

在等待直播间用户互动的过程中，主播完成互动后，应继续进行产品塑造，旨在为用户种草。塑品结束后，主播可通过提问的方式，引导在线用户参与开价前的互动。这一互动旨在预估并摸底最终可能下单的用户数量。

提问内容可以与产品紧密相关，比如，让用户选择颜色、报告尺码，也可以直接询问用户是否急于购买。通过这样的互动策略，主播不仅能进一步激发用户的购买兴趣，还能为后续的销售环节做好充分准备。

💬 话术案例

> （产品相关）所有人都听好产品介绍了是吧？你们是不是都着急上车了，赶紧把你们的身高、体重飘一下，给你们精准加好库存咱们就开了。我也是怕你们最后拍错码，你飘身高、体重，我告诉你穿多大码合适。

> （直接问）所有宝贝们有没有听清楚主播的介绍啊，了解产品，了解细节，听清楚品质的，你们把"明白"打在公屏上。我不磨叽了，我赶紧给你们上了。上完还有一个更炸的福利要送给你们，今天进度太慢了，我不等了啊，宝贝们别一会儿给你们落下了。

用户互动与快速报价策略

在等待用户互动的摸底环节，主播可简要重复产品卖点，以强化用户印象。用户完成互动后，主播需迅速报价并引导其购买，避免因等待过久而造成用户流失。

同时，中控应根据评论区互动数据预估库存量，并在流量趋势明显下降时及时封单，以有效控制直播间流量。

总结开场承接极速流量的流程公式为：

> **框架公式**
>
> 钩子话术 + 钩子产品 + 点名刺激关注灯牌数据 + 塑品 + 摸底互动 + 塑品 + 开价上车 + 逼单

2. 场中极速流的承接与优化

开场极速流的承接固然重要，但场中极速流的转化同样关键。本节将深入探讨如何有效承接并转化场中的极速流量，助力直播间实现更高的销售额。

相对于开场极速流而言，场中极速流的特点在于流量较为精准。这类流量往往由对商品有较高购买意向的用户构成,因此,承接与转化的策略需更加精细和高效。

场中极速流承接策略

首先,我们需要明确承接产品的选择。对于场中极速流,我们应使用爆款品进行承接,且这些爆款品应具有相对的价格优势,以吸引用户停留并促成转化。例如,如果同行产品售价为299元,我们的售价可以设定为279元,以此类推。这种相对低价的策略有助于提高转化率,同时避免使用绝对低价产品,以确保品质与利润的平衡。

在承接场中极速流时,拉新动作同样重要。主播应借助爆款品、钩子话术等方式吸引新用户。当直播间流量突然增加时,若主播正在讲解其他产品,可以直接转款到爆款品,然后利用钩子话术吸引新用户。此时,可以选择不报具体价格,通过钩子话术和产品把用户留在直播间。

话术案例

直播间突然这么多人啊,天呐,后台,咱们给姐妹们炸一波福利吧,把那款特别好看的澳毛大衣拿来给姐妹们安排了。刚刚刷进我直播间的姐妹,你们来的时间真是刚刚好,我拿我们家一款爆款大衣来给你们安排了。进了我直播间,所有的衣服都先不要拍,都先不要去看,就这件澳毛大衣的福利你去抢,你们真的是赚到了。这件大衣我本来想留着明天正价卖的,因为没多少单了,我们线下店都被拿走了,还剩几十件。但是我看到姐妹们这么热情地来我直播间,这大衣我就做个返场福利吧,我不能说我不赚,我只能说我少赚一点儿,毕竟要给姐妹们放福利,也不能这么小气。懂货的姐妹,买过高货的姐妹,你们看看这个细节,这个品质,你们在那些大品牌直播间,在那些线下门店看看,都得多少钱?你就说四位数要不要,澳毛经典款大衣,对吧?但是今天不需要,我四位数给你打个对折,小三位数让你们直接带走这件澳毛大衣,直接给你们炸了。但是真的没多少现

> 货,在仓库存只能给你们安排 20 单,想要的姐妹,飘身高、体重,马上给你们上。后台,你统计一下,别落下哪个姐妹。

场中极速流承接与转化流程

当借助钩子话术和爆款品成功吸引用户留在直播间后,便进入塑品环节。在此环节,主播需要简洁明了地讲解爆款品的面料、版型等主要卖点,充分展示商品特性,以此激发用户的购买欲望。塑品过程应突出重点,避免冗长。

塑品结束后,进入互动与摸底环节。与开场极速流承接相似,主播需通过提问、互动等方式摸底用户对商品的兴趣和购买意向。

商品开价上车后,主播要适时进行逼单操作。可利用限时限量、福利活动等手段刺激用户下单购买。在逼单过程中,主播应密切关注用户反应,灵活调整策略以确保转化效果。同时,中控需根据互动数据控制商品库存,实时查看数据罗盘进行封单和补充库存,为后续转化奠定基础。

总结场中承接极速流量的流程公式为:

框架公式

钩子话术 + 钩子产品 + 简单拉新 + 塑品 + 摸底互动 + 开价上车 + 逼单

通过上述策略,我们可以在直播间中有效地承接和转化开场、场中的极速流量,从而提升直播带货的转化率和整体流量。当然,由于主播的能力和经验不同,有些主播在经验和临场反应上可能会难以完成极速流量的承接。但这并无大碍,主播们无须灰心。若极速流量未能成功承接,只需保持原来的直播节奏正常进行即可。

不过，建议直播间在遭遇无法承接的极速流量时，可以适当延长本场次的直播时长。在后半场尽量促成更多交易，以稀释极速流量所带来的数据缺陷，确保整体直播效果不受影响。

公屏互动艺术：
如何优雅地回应用户提问

在直播带货过程中，有一个不容小觑的环节，就是回复公屏。如何有效地回复公屏是每位主播必须掌握的一项技能。这不仅关系到直播间用户的参与感，更直接影响着销售转化率。对于新手主播来说，这可能是一个挑战，因为回复公屏并非简单地回答问题，而是一门艺术，需要掌握一定的技巧和策略。

首先，需要明确一个基本认知：公屏上的每一条评论都是用户对商品的关注和反馈，主播应以积极的态度对待，并且根据直播间的实际情况灵活应对。在人数较多时，主播应选择性地回复与产品塑品相关的问题，以此聚焦用户的注意力，促使他们充分获取种草信息；在人数较少时，则应尽可能精准地回复每一条公屏评论，与用户建立深度互动，以提升转化效果。

下面将会详细分享具体的技巧与策略，针对黑粉评论、被人说贵等情况，会有单独章节给出具体的回复策略。

1. 价格问题

当用户询问价格时，主播需根据直播间类型灵活应对。在开价平播的直播间，可直接说明价格；而憋单未开价的直播间，主播应避免直接报出价格。此时，可通过对比用户日常生活中有基础价格认知的产品或事物进行模糊报价，如"一支口红的价""一包烟钱""点个外卖钱"等，以此来传递价格信息。另外，给出价格区间范围，如"小三位数""2字开头的价格"等，也是可行的方法。

在回答价格问题时，主播应先对用户予以肯定，用模糊的价格回答，并放大他们对产品的期待。同时，将用户拉回自己的直播节奏，或引导至用户更关心的产品特点上。

💬 话术案例

宝贝是不是看上我正在讲解的这款卫衣了？你真有眼光，这件卫衣是我们家的当季爆款，今天有个大福利折扣，你们拍到手也就是一包烟的价格。我知道你着急，但是宝贝，你得知道你买回去的是什么品质，不然品质不满意了，钱是不是白花了？来，你看这件卫衣的……

2. 产品问题

由于用户进入直播间的时间不同，多数人未能完整听到产品介绍，因此他们常会有关于产品的疑问，如"是否显肚子""厚薄如何""会不会显得人胖""是否容易起球"等。面对用户在公屏上提出的这些问题，主播应直接回复，并借此机会对该卖点进行详细介绍。用户提出这些问题，表明他们对产品更为关注，也更容易被吸引下单。同时，这些问题可能也是直播间其他用户所关心的,所以看似是在回复单个用户,实则是在为所有在线用户解答。

在处理这类问题时,主播可以使用"承接痛点+回答问题+针对性塑品"的公式。即首先,承认用户曾遇到的这类问题是痛点;其次,回答用户的问题,表明我们能够解决这个痛点;最后,进一步延伸该痛点,进行产品的详细介绍。

💬 话术案例

> 有宝宝问会不会起球啊,宝贝,你们是不是经常买到起球的卫衣?是不是跟我一样找了很多卫衣不合适?我跟你说,我们这件卫衣专门做了防起球的双层工艺,久磨、常穿、多洗都不会起球。我拿这种办公室常见的椅子来磨一磨,你看是不是不起球,不变形,不发白,刚才什么样现在还是什么样。所以我跟大家说啊,选卫衣一定要选这种定制面料的,你才能穿得久。

3. 催开价上车问题

当用户催促主播抓紧上车时,主播应该保持自己的节奏,不要因为个别用户的催促而打乱了整个直播节奏。如果催促的人不多,主播可以不回复或者引导用户稍安勿躁。

💬 话术案例

> 我知道大家都着急上车着急下单带回家,但你们不了解品质,你带回家万一不是你想要的那种衣服怎么办?真的,在直播间我最烦那些连产品都没讲,就催着大家去拍、去付款的主播。所以姐妹们,我先给你们看好品质,你了解清楚了,你觉得满意了再下单,不然买回去穿不了多难受。来你们看一下,它这里做的是……

若催促上车的用户较多,主播可顺势了解直播间内用户的整体诉求,并做一波互动。

> 💬 **话术案例**
>
> 姐妹们都着急上车是不是,如果你们都准备好了,着急想上车的,扣个"上车"。但如果还有不了解想看细节的,扣"细节",我听你们的,好不好?

4. 其他产品问题

在服装带货直播间,小黄车中有很多商品,有很多用户会点进去查看,然后向主播"点菜",要求查看某款链接,或者是让主播搭配某款上衣或裤子,展示具体上身效果。若该商品有直播回放,主播可以直接引导他们去看直播回放。若无直播回放,且主播正在塑品,无法换款讲解,可以采用"认可+产品稀缺+福利活动"的公式来回复。这样既认可了用户的眼光,又强调了产品的福利活动和稀缺性,有助于提升用户的购买意愿。

> 💬 **话术案例**
>
> 想要看裤子是不是?卫衣搭我们这条裤子特别合适,这条裤子很百搭,姐妹你真的很有眼光。这款因为卖差不多了,没几单库存了,我就不试了,因为这条之前卖得太爆了。姐妹,你如果想要的话,可以直接拍一下,今天还有一张 30(元)的优惠券,因为没几单库存了,才给你们做的券,过几天工厂那边库存多了,价格还得涨回去。

5. 通用回复问题

前文已介绍如何具体回应公屏互动，但直播间情况动态多变，用户提问丰富多样，难以全面预测和总结。因此，为大家提供一个通用的回复公式，以便在遇到不同问题时能灵活调整。需要强调的是，主播回复公屏的主要目的在于提升转化。新手主播初期若不擅长回复公屏，也无须自我否定。

回复公式：观点认同+问题延展+痛点抛出+正式回复+塑品强化。

观点认同：无论用户提出什么问题，主播都应首先认同用户，接纳用户的问题，以此拉近与用户的距离，避免冲突。这与即兴喜剧中的"Yes-And"法则相似，先无条件认可对方，再给出建设性的附加信息，保持沟通顺畅。

问题延展：通过用户的提问，深入挖掘其背后的关注点。例如，若用户问"这件衣服会不会显肚子"，主播可延展说："你这个问题特别好，我也受小肚子困扰，难选衣服。和姐妹出去吃个饭，肚子就起来了。这个问题很多衣服都解决不了，但我们家这款不一样……"

痛点抛出：基于用户的问题，引出对应的痛点，不仅让该用户产生共鸣，还能引起直播间其他用户的共鸣，吸引更多用户停留，为后续转化创造条件。

正式回复及塑品强化：正面回复用户问题，并围绕这个问题深挖产品卖点进行塑品，着重强调我们的产品能解决用户的问题。即使面对用户质疑，也可通过强化塑品予以解决，并告知大家产品已根据反馈进行升级。

在直播带货的过程中，公屏回复是主播与用户互动的重要环节。主播应根据直播间的实际情况和观众的需求，灵活运用各种回复技巧和策略，以提升直播间的转化率和用户满意度。同时，主播应对商品有深入了解，敏锐洞察用户心理，以便更好地满足用户的需求和期待。

黑粉应对策略：
处理不和谐声音时的技巧

在直播间中，每位主播都会面临各种挑战，其中黑粉带节奏的问题格外棘手。本节将深入探讨主播应对直播间中的黑粉和不和谐声音的方法，帮助主播们提升临场反应能力。

对于新人主播而言，当还处于熟悉话术框架，甚至还在构思下一句话怎么说的阶段时，建议不要急于回应黑粉。因为在这个时候，能流畅地完成直播话术已属不易。分心回应黑粉可能会打乱节奏，影响整体表现及转化。若必须处理，可由中控在公屏回复，或使用鱼塘小号顶掉不良内容，甚至将该用户拉黑禁言。

而那些有经验的、日常沟通能力较好的主播，在面对黑粉时，可以提前准备一套固定回应的话术或方法，这样就能从容应对黑粉的攻击。

总结下来，面对黑粉，主播可采取两种策略：不回应或以正式且全面的方式进行回应。若选择回应，应确保回复内容不仅针对黑粉个体，还能消除大多数用户的疑虑，从而提升直播间整体氛围。无论采取何种策略，主播都应保持冷静，不因黑粉的言论影响情绪和直播状态，并始终坚信自己的产品和服务，以自信态度回应黑粉。

1. 高情商回复

并非所有批评质量问题的人都是黑粉，有时他们的反馈可能是产品真实存在的问题。在这种情况下，即使产品的实际质量不尽如人意，主播也应保持自信，不直接回应批评，而是用"千人千面"的理念来化解尴尬，强调每个人对产品的要求不同。或者说明不同产品批次可能会有一小部分出现瑕疵问题，并强调和介绍直播间的售后问题，如提供运费险和 7 天无理由退换货等服务，以此增强用户的信任。

话术案例 1

直播间在线的所有姐妹们听好，我们每个人对衣服的质量评判标准是不同的，对吗？你在直播间看，然后你再带回去看一眼，拿到手眼见为实，你就知道质量到底好不好。如果不好，我们家有 7 天无理由退换货和运费险，你直接申请上门取件退回即可。大家哪怕去 LV、YSL 去买那种贵的、高奢的衣服，也会有人说质量差，说各种问题，每个人对质量的判断是不一样的。但我相信我们家的衣服，可以满足直播间大部分姐妹们的要求，不然我也不敢给你们安排运费险和 7 天无理由退换货。

话术案例 2

姐妹们，我拿近给你们看看这件衣服的细节，我给你们看一下。我们家这款衣服，到现在为止卖了一万多件。如果有姐妹说，你这些衣服完全没有瑕疵、没有问题，那我跟大家说，是不可能的。一万多单还只是抖音这一个平台，再加上其他平台的都不止这一两万（件），在这里面可能偶尔会有一两件品控出了问题，但是姐妹们，我刚刚说我们家有运费险、有7天无理由退换货，你觉得不合适不好，来换来退。并且我跟姐妹们说，当你们收到这件衣服，穿上身的时候，这才是我们服务的开始。我们不是为了卖货而卖货，是想把你们都做成回头客，所以我们要对你们负责，有任何问题你来找我，我都让客服给你处理好。

2. 怼回去

在带有人设的直播间，或面对黑粉一而再、再而三的挑衅和质疑时，主播可以选择直接回怼。采用以退为进的方式，指出对方可能是职业黑粉，并暗示其可能为同行。在进行回怼反击时，中控应迅速行动，将其拉黑，以确保直播节奏不被打乱。同时，主播应再次强调直播间的售后服务，以进一步巩固用户信任。

💬 话术案例

哎，这个宝贝，说衣服有问题，后台小哥你去看一下，看看有没有他的订单，如果是咱们家的顾客，一定要处理好，7天无理由退换货和运费险都有，退换都可以。但是，宝贝你都来过很多次了，我又看到你了，我不确定你到底是什么原因，你是对面家的还是专业做这个的，好吧？我们家这件衣服都卖3万多单了，99%的好评，如果衣服质量有问题，不可能卖这么多，不可能这么多好评。真的，好多同行太可恶了，看到我们家卖得好，你就来黑我们，为什么不把你们自己的产品做好？所有姐妹们，如果我们家的这件衣服有问题你随时来找我，都有7天无理由退换货和运费险，所见即所得，这就是我们对衣服品质的底气。

3. 鱼塘回复

利用鱼塘小号在直播间评论区引导好评、平衡舆论，是一种行之有效的策略。这需要中控及时配合。当黑粉带节奏时，鱼塘小号应发表中立或正面的评价，以此平衡整体氛围。但需要注意的是，鱼塘小号的评价必须真实可信，避免过分夸张或虚假。

例如，当直播间公屏上出现"你们家衣服质量也太差了"的评论时，鱼塘小号可以回复：

- 不会吧，我昨天才收到的，我觉得还可以啊。
- 我觉得还行，穿着挺舒服的，就是可以再宽松一点儿。

又如，面对"你们这个色差太大了，这颜色太难看了"的评论，鱼塘小号可以回复：

- 颜色还可以吧，我觉得还挺显白的。
- 好像有一点点色差，但我收到感觉和直播间差不太多，感觉这个颜色比直播间好看。

4. 强调质量与售后

面对直播间里黑粉的质疑，主播在回复的结尾部分应着重强调产品的质量和售后保障。可以提及 7 天无理由退换货、运费险等服务，以增强用户对产品的信任感。同时，展示实际销量和好评率也是证明产品价值的有效途径。通过这样的策略，主播可以有效地回应黑粉质疑，并巩固用户对产品的信心。

5. 设置屏蔽词

当直播间里差评反馈较多时，主播可以收集并整理相关的差评词汇，如"质量差""色差大""太贵了"等，并将其设置为屏蔽词。这样做能有效避免不必要的比较和争议，确保直播间保持积极互动的良好环境。

总之，面对黑粉的挑衅和带节奏行为，主播应保持冷静、自信并灵活应对。结合上述策略并根据自身情况进行调整，能够更有效地处理这类问题，维护直播间的良好氛围。

消除价格疑虑：
当用户说产品贵时怎么办

在直播带货的过程中，用户对产品价格质疑是常有的现象。面对被说贵的情况，主播应以高情商的方式回应，弱化价格因素，让用户感受到产品物超所值，从而促进销售。正确的回应不仅能化解价格疑虑，还能提升观众对产品的信任度，从而推动销售。每次回复时，主播都要先肯定接纳用户的观点，和他站在同一战线上，不要说"你连这个都买不起""哪里贵了？你怎么不考虑一下自己的问题"等。以下提供 6 种策略，用于各类产品和不同客单价直播的策略，从而帮助主播有效应对用户的价格疑虑。

1. 详细展示成本细节

主播可以通过详细介绍产品的开发过程、工艺复杂度、原料稀缺性等，让用户理解产品背后的成本与价值。例如，当销售高价位大衣时，可以强调面料的稀缺性、纯手工制作的精细程度以及根据不同身材调整版型的半定制服务，让用户感受到产品的独特性与高品质。

💬 话术案例

> 说实话哈，我也觉得有点儿贵，大家买大衣其实也是想穿着舒服、好看且不臃肿、有品质的。这件大衣好看舒服满足了，但为啥这么贵？刚刚跟大家说过我们家这个用的是阿尔巴卡材质，是羊驼绒毛，它不像其他面料，它是非常细的，很亲肤。摸一下是没有刺痛感，很舒服的。并且这种毛是很少的，我们去买面料每次给我们的额度都不到1000元。我们家的这款阿尔巴卡大衣，每一件都是老师傅纯手工缝制的，做一件大衣至少需要5天的时间。咱先不说这面料珍贵，这时间、这用心程度，我相信现在已经很少有人愿意花这么久来做一件衣服。老师傅一针一线，根据我们亚洲人的身型去做的，边做边让模特和不同身材的同事们试穿。所以我为什么说它版型很好，因为在做的时候就考虑到了大部分要穿到的朋友们。并且羊驼毛的每根纤维里面都有髓腔，它可以隔绝人体热量散发到外界空气中，保暖效果也比羊毛、羊绒、马海毛更好，也更轻盈，这么一件穿在身上没有压迫感。虽然我们没必要每一件衣服都买贵的，但是我个人觉得秋冬入手这样一件好的大衣，能提升自己穿搭的质感和高级感，也是很值得的。我们不是所有的衣服都要很贵，但你一定要有一件拿得出手的秋冬款大衣。

2. 激发用户的强烈需求

在直播间中，用户不下单往往是因为对产品没有足够的认知。主播可以通过激发用户的情感需求，如解决痛点、满足期望、对美的追求、对年龄的担忧等，来加深他们对产品价值的认识，使其产生强烈的购买欲望。

> **话术案例**
>
> 我理解大家，因为我也是打工人，但这件衣服它肯定对得起这个价格。质感咱们就不多说了，AAA、BBB女明星她们愿意穿我们家的裤子，说明是对这个品质的认可，明星对衣服更挑。你们是不是试过很多条裤子，换了很多次搭配，可大象腿、五五分的身材，就是找不到合适的衣服去解决。我们家这条裤子做了高腰线的提拉设计，两胯线条也对腿部做了很好的修饰，更显瘦，让身材比例看起来更好。上班的时候可以不穿那么好，但是我们要不要和闺密出去玩、参加各种局，各种需要展示我们气质和品质的场合，你还穿上班的那件班服吗？人家会怎么看，工作这么多年一点儿变化都没有。万一还有你喜欢的男神在，是不是也想让他多看你一眼。所以，这条裤子就是我们的战裤，在重要的时候拿出来穿，每个姐妹衣柜里边都得有这样一条裤子。就好像很多男生别的东西都很便宜，但得有一块好的手表和腰带一样。

3. AB 对比

为了凸显自家产品的价格优势和性价比，主播可以采用 AB 对比策略。即找到与自家衣服相似但价格更高的产品进行对比，类似于前面提到的对比开价方式。在选择对比产品时，主播可以考虑同类目产品，如裤子对裤子、大衣对大衣，以确保对比的公正性。同时，可以选择有关联的类目进行对比，如外套对化妆品（强调外套的提亮肤色效果与化妆品的花费对比），或裤子对健身房（突出穿着舒适去健身的便利性）。此外，主播还可以对比低价产品，揭秘低价存在的问题，以此烘托自己直播间产品的高品质。通过这种策略，主播可以让观众更加清晰地认识到自家产品的价值所在。

话术案例

（对比更高价）我看到有些姐妹在说我们家裤子价格有点儿小贵，能理解大家。但是大家看一下，市面上同类型的裤子，这个是某某品牌的，你们都知道他们家吧。设计相似，面料你们可以点我们链接看一下，也是一样的，但这个价格高我们这么多。因为什么？因为他们有品牌加持，他们的设计、料子都很好，我们都是同一家工厂，但是就是因为他们有品牌在，所以就贵了大几百元。但是，我们只差一个牌子，其他的都一样，我们希望为顾客提供高品质，但也需要给你们一个合理的价格，等我们品牌火了，也不会给你们提价格。所有姐妹，你们可以直接录屏，我就敢这么说，不涨价做品质，这是我的底气。而且我们这款面料，它的舒适度和耐穿性都是经过多次测试的，穿上它，你不仅活动自如，还不掉色，久洗也不会发旧。

（对比低价）宝贝们，我知道这件大衣的价格可能让有些人犹豫。但请相信我，它是值得你拥有的。首先，你看这大衣的版型，经典百搭，无论搭配什么内搭都能轻松驾驭。而且，它的面料是很顶的澳羊毛混纺，保暖效果一流，穿上它，冬天再也不用担心钻风、起球的问题了。我也知道市面上有很多价格看似更实惠的大衣，但质量和保暖性真的没法比，因为便宜的大衣它的料子真的不是很好，原料成本价格大家都知道，网上能直接搜到，他们可能 99（元）、199（元）就给你们一件 100% 羊毛的大衣吗？料子都买不来的，那种大衣还特别容易起球和打褶。我们这件大衣虽然价格稍高，但穿出去让你一定有面子，而且能让你在整个冬天都温暖，也不会发生起球的问题，因为我们做了防起球工艺，这件大衣你连续穿几年都没问题，款式也不会过时，我们做的就是经典款。而且今天下单的话，给你们都是做了新品上新的价格，到手 8 折，截至今天晚上 12 点，明天就不是上新价了。

4. 拆分再打包展示价值

主播可以将产品拆分成不同的组成部分，并分别介绍每部分的价值和卖点，随后再将它们组合成一个整体，展示产品的综合价值。这有助于用户理解产品每一部分的价值，从而接受整体价格。

💬 **话术案例**

> 说真的，我真的觉得这件香云纱外套真是太贵了。不只是你们，因为我在进这个面料的时候，他那个价格我是打不掉的，1米要我300多（元），我这件衣服给你们用个2米不过分吧，废料我肯定再用不了了。然后扣子是我找我服装学院同学从国外拿过来的，一个云母扣要45（元），这个上面给你们做了5个。这个金沙线，再加上手工缝制做这件衣服师傅的工钱，一天只能做两三件，一件100（元）不过分吧。这些加一起都快1000（元）了，我最后990（元）给你们开了，减去快递、人工、平台扣点，我一件只能到手几十元。所以我和大家说了，我希望用好的料子，做好的产品出来，希望你们能够变成老用户复购，我不在乎一件赚很少，因为你们复购，我卖得多了，件数多了，那我肯定也就赚得多了。你看哪个香云纱的直播间，一件是不是都得大几千（元），有的直播间还不敢说自己是真丝，但是我敢，因为我们这件衣服就是真丝的，香云纱的。

5. 明确阐述利益好处

主播在介绍产品时，应清晰阐述产品能带给用户的具体利益与好处。需要确保用户明白产品的卖点，并将其与用户的痛点需求相结合。很多时候，主播说话太快或者塑品做得不到位，导致用户不够了解产品，所以才会产生贵的错觉。

> 💬 **话术案例**
>
> 我猜啊，刚刚说贵的这个姐妹一定是刚进来的，你肯定没听到这件羽绒外套它到底哪里好，它和那些普通的有什么区别。如果你知道里面羽绒做的是这种薄如蝉翼的鹅绒，你肯定觉得太值了。因为懂货识货的姐妹都知道，鹅绒的保暖度是鸭绒的××倍，而且我们里面做了高科技锁线工艺，这是一件能机洗的羽绒服，但是你们在洗的时候一定要把它晒透，不然里边湿乎乎的，就膨不起来了。另外，我还给你们送了我们××品牌的羽绒服专用清洗液，这个冬天就算你不专门送洗，羽绒服也能保持干净。

6. 提供免费服务或建议

当上述方法无法完全消除用户的价格疑虑时，主播可以提供一些免费的服务或建议，如护肤小窍门、清洁技巧等。这些服务或建议虽然不能直接解决用户的问题，但能够增强用户对主播的信任与好感，为未来的销售打下基础。这种方法在服装直播间使用得较少，但在其他品类的直播间使用非常多。

> 💬 **话术案例**
>
> 没关系，我可以教你们一个方法，不用花钱，就能改善你的××问题，你可以先用这个方法试试，它能让你×××，虽然不能解决你的根本问题，但至少能缓解一下，暂时改善改善。

以上6种策略可以单独使用，也可以组合运用。主播应根据实际情况灵活运用这些策略，以高情商的方式回应用户的价格疑虑，提升直播间的销售效果。同时，主播应不断学习和积累经验，持续优化自己的话术与策略，更好地服务用户。

建立信任关系：
直播带货销售信任速成法

在直播带货的下半场，信任问题至关重要，它决定了一个带货直播间能否长期保持利润，并实现持续增长。直播带货从野蛮生长到现在的秩序井然，其间更迭了众多大大小小的商家和达人直播间。那些只想赚快钱、无法让人信任的达人和商家主播，存续时间往往很短，这些人和团队只能赚到一波快钱，而且整个过程中自己会疲惫不堪。因为在这些直播间，没有传递出足够的信任感，无法让进入直播间的用户产生信任并完成购买，商家也就无法实现盈利，所以信任问题极为重要。

建立信任关系是提升直播间转化率的基础条件，它的核心在于通过各种方式消除用户对产品的疑虑。要想让用户轻松接受你的产品，不仅要把产品本身讲解得透彻，还要在用户心中进行适当的心理建设，这将极大地提高销售额。本节内容将从几个不同维度，帮助主播提升直播间的信任度，以便各位主播进行更加精细化的调整和提升。

1. 视觉展示

我曾在其他文章中提道："能进行视觉展示的产品都是好卖的。"这里所说的视觉展示，不仅关乎产品的外观，更重要的是要展示产品的卖点。在直播过程中，通过视觉和行为的展示，可以有效消除用户对产品的疑虑，从而建立起足够的信任。

具体而言，视觉展示的内容可以包括与信任背书相关的元素，如明星的穿搭图、店铺的评分、产品的销量、专利证书、门店的现场图等。这些元素能够增强用户对产品的信任感。

同时，与卖点相关的展示也是必不可少的。例如：为了凸显牛仔裤不掉色的特点，可以现场进行水洗展示；为了证明面料的纯棉材质，可以现场烧面料加以验证；为了展示羽绒服的质量，可现场拆开羽绒服，让用户看到内部填充物；为了证明衣物不沾油污，可以现场泼油醋进行演示；为了证明产品的防水性能，可以现场淋水进行展示。

通过这样的视觉和行为展示，主播可以打消用户的疑虑，让用户更加直观地了解产品的特点和优势，从而建立起对产品的信任感。

2. 避免马扁话术

马扁，即欺骗的意思。马扁话术，指的是那些旨在欺骗用户停留在直播间，通过特定话术引导用户做出浅层数据反应，进而促成交易的话术。在直播带货野蛮生长阶段，这类话术曾被广泛使用，且对主播的要求较高。然而，现今我们强烈建议主播避免使用此类话术。

原因在于，马扁话术极易破坏用户与主播之间的信任关系，使用户产生不信任感。更为严重的是，使用此类话术的直播间很容易被用户举报，从而带来不必要的法律风险和商业损失。因此，为了维护用户信任和直播间的声誉，主播应避免使用马扁话术，转而采用相对真诚、有价值的话术来吸引和留住用户。

3. 植入概念和消费意识

此节的核心在于提升用户的消费意识，为他们植入新的消费概念或打破固有的消费观念，从而有效引导用户进行购买。这与前面章节所探讨的人性话术紧密相关。主播运用巧妙的话术，使用户内心产生"我应该这么做"的认同感，进而激发他们的消费意识。

例如，主播可以说："姐妹，过了30岁的女生一定要学会投资自己，舍得为自己花钱，选择这件澳毛的高品质大衣，它不仅是保暖那么简单，还可以提升你的气质，让你在姐妹中更有面子。""出门在外辛苦工作一年了，不就是为了过年回家好好享受一番嘛，一年都没吃好喝好，兄弟，咱过年买件新外套不应该吗？而且这件外套品质上乘，可以让你穿三五年都不用换，还可以搭配你的任何裤子。"

通过这些话术，主播不仅展示了产品的特点和价值，还成功植入了新的消费观念，使用户在认同这些观念的同时，产生购买欲望并付诸行动。

4. 强调质量和售后服务

在服装直播中，除了塑品和展示产品外，强调产品质量同样至关重要，这可以有效打消用户的顾虑。鉴于直播市场上存在诸多货不对板的情况，主播更应注重话术的运用以突出产品质量。除了常用的"直播间内所见即所得"这一话术外，主播还可以通过展示多件同款产品的样品来进一步证明。例如，主播可以说："别人家直播间只有主播身上那条裤子是好的，你们收到的是什么样，还真不好说。但是在我们直播间，我直接从仓库把裤子拿出来给你们看，主播身上这条和这五条没穿的，品质、面料、版型都是一样的，所以我会让你们在直播间看到什么样，收到就是什么样。"

在强调产品质量之后，主播还应明确告知用户直播间的售后服务和保障政策，以进一步打消他们的顾虑。如此一来，用户在感受到主播的真诚与保障后，更容易产生信任并下单购买。

5. 与用户同频

众多主播面临的一个核心问题是，他们往往对用户了解不足，既不清楚用户的具体构成、日常生活状态，也不明白他们购买服装的真正动机。这种与用户不同频的现象，直接导致销量难以提升。具体表现为，主播在直播间所使用的场景话术与实际用户群体的特征不匹配。例如，若某款服装的目标用户是30岁以上、财务相对自由、追求品质的女性，而主播却使用"咱们兜里日常装个公交卡、去坐地铁、出去买个菜"等话术，这显然与用户群体的实际生活场景大相径庭，难以引发用户的共鸣。甚至，部分用户可能会觉得这种场景话术显得不够高级，不符合她们的个人形象，从而选择离开直播间。

因此，主播若想赢得用户的信任并提高成交转化率，就必须深入了解目标用户的人群特征、生活场景、生活水平、生活观念以及过往经历等。有条件的话，主播还可以通过调研来更加深入地了解用户群的背景和需求，从而建立起与用户的信任关系，并提供更加精准、有吸引力的话术引导。

6. 自我否定

在直播销售中，主播需认识到，并非所有衣服都适合每个人，也并非每款衣服都完美无缺。与等待用户自行发现问题相比，主播主动采用自我否定的方式往往更具优势。具体来说，主播可以在直播间内主动告知用户产品的一些小缺点，这样做反而更容易与用户建立起信任关系。

在告知用户这些缺点时，主播需确保所提及的缺点与产品的核心卖点无关，而是选择一些外在的、非产品本身的缺点进行说明，以免破坏产品的整体价值感。例如，主播可以说："说实话，姐妹们，我觉得这件大衣确实有点儿长了，这确实是个问题，我得跟你们说一下。当时是因为很多用户要求这样的长度，她们说这样会留出更多的空间，穿上会更显高，也更暖和。但我有点儿矮，虽然穿出来也好看，却没有姐妹们你们穿好看。"通过这样的自我否定，主播不仅展现了诚意，还巧妙地引导了用户对产品的理解与期待。

直播间留人秘诀：
如何全方位地留住用户

关于直播间的留人策略，除了前述章节所提及的留人话术外，其实还有多种与主播及运营紧密相关的策略。带货直播间的留人方法并非仅限于话术的运用，它还涵盖了人、货、场等多个关键要素。因此，在直播后的复盘分析中，主播们应从整体角度出发，全面审视直播的各个环节，而不能仅仅关注自身的话术表现。这种综合考量有助于主播们更准确地找出提升空间，实现直播效果的全面提升。

产品留人

以产品留人是一种有效的留人方式。对于带货直播间来说，产品是吸引用户的核心。这其中包括爆款产品，这类产品因设计款式或性价比，经过平台数据验证，深受大部分人群喜爱；低价产品，其低价特征本身就是一种留人方式，能轻易吸引用户停留；还有过款留人，即通过快速讲解多种款式来吸引用户，让用户像是在逛街一样，对下一个款式充满好奇。

状态留人

主播的肢体语言和精神状态能够传递积极能量,吸引用户停留。用户常常会被主播的状态吸引,他们认为这种状态让人感到舒适、解压、有趣或夸张。

内容留人

通过直播内容吸引并留住用户,包括分享故事、跳舞、唱歌、专业知识讲解、恶搞、新奇特事物等形式。用户进入直播间不仅仅是为了购物,更多的是为了获得某种满足感,并在这一过程中被主播种草,进而实现转化。

场景留人

直播间的实际场景同样不容忽视。环境、布景、灯光以及主播形象的综合呈现,能够营造出令人好奇且新奇的视觉体验。例如,利用 AR、VR 等技术,将主播置于雪山之巅讲解羽绒服,或果农在果园中直播销售水果,这样的场景创新无疑会延长用户的停留时间。

画面留人

手机画面中出现的留人元素,如场景内贴纸、直播贴片、介绍文案等,这些内容里可用于展示优惠信息、主播资料、天气信息、产品穿搭、活动主题、产品钩子等。

福袋留人

福袋留人主要利用了人们的好奇心和贪便宜的心理,通过提供一些优惠或奖品来吸引用户留在直播间。福袋还可以设置相关文案,当用户参与福袋时可以触发评论,带动直播间的氛围。

通过上述方法,主播可以在直播过程中有效地留住用户,从而增强直播效果,增加销售机会。

学习话术拆解：
借鉴优化其他直播间话术

学习同行的直播间永远是实现快速成长的有效方法。主播可以根据自己的产品，有针对性地搜索相关直播间，比如，销售牛仔裤、大衣、T恤等品类的直播间。由于大部分人以在抖音直播为主，本节内容也以在抖音找直播间为例，给出具体的执行步骤。

首先，确定要搜索的产品，如牛仔裤，在抖音商城搜索"牛仔裤"（见图3-1）。如需更具有针对性地查找，可添加相关关键词，如显瘦、大码、儿童、女等。

图 3-1　在抖音商城搜索"牛仔裤"

在商品区搜索到之后，可选择"直播中"，筛选此时正在直播的直播间（见图 3-2）。也可以通过筛选，进行更具针对性的查找，如限制价格、品牌、季节、裤型等。

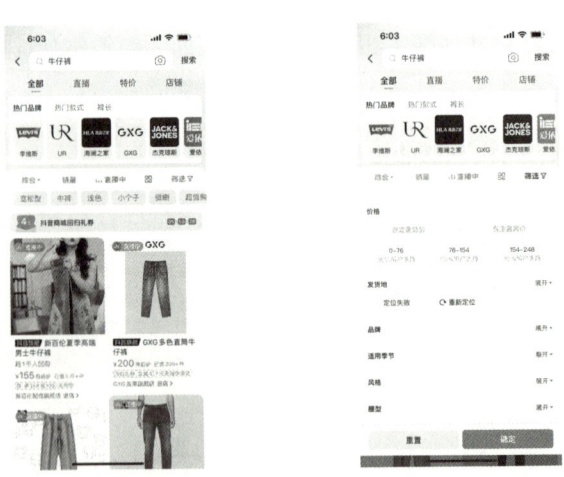

图 3-2　筛选此时正在直播的直播间

当筛选之后，可以根据展示的商品卡图片，选择想要进入的直播间。

PART 3　运营实战篇：运营型主播的直播实战手册

在选择商品卡时，为了节约时间，一般会选择"已售 1000+ 件"的点击进入，这种直播间的主播话术大多优质，且话术相对工整，便于新人主播进行学习。如果所在商品类目"已售 1000+ 件"的商品卡较少，可以退而选择"已售 100+ 件"（见图 3-3）。

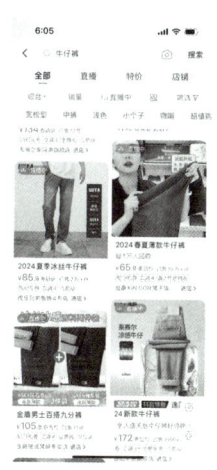

图 3-3　根据销量选择直播间

在进入直播间后，首先要观察主播是否正在讲解我们感兴趣的产品，若无，则直接切换。那么，如何判断一个直播间是否值得我们学习呢？

选择标准

- 直播间在线人数：优先选择在线人数为 100 ～ 500 的直播间进行录屏，对于特定产品，可考虑在线人数 50 以上的直播间。
- 录屏时长：每个直播间录屏时长设定为 20 ～ 30 分钟，以获取完整的塑品循环话术。
- 多样性：建议每次录制多个直播间，避免某些直播间的形式不符合我们的需求。

话术录制与转换

- 使用第三方软件（如悦录、迅捷文字转语音、飞书妙记等）将视频转换为文字，便于后续分析。

高级搜索策略

- 有条件的主播可利用第三方数据平台（如灰豚、考古加、飞瓜等），进行更具针对性的产品搜索，从而找到合适的直播间。
- 由于直播间开播时间各不相同，建议在不同时间段进行搜索，以筛选并学习优质的直播间。

新人主播成长建议

- 初期阶段，重点在于积累话术和实战经验。
- 分析话术时，可在手机备忘录中分类整理优质单句话术，便于日常使用。
- 本书最后一章提供了一线实战的话术案例，若时间有限，新手主播可直接分析这些案例来促进自我成长。

通过上述步骤，新手服装主播可以更有效地筛选和学习优质直播间，为自身的话术和实战能力打下坚实基础。

优秀案例剖析：
如何从优秀话术中汲取灵感

本节为大家提供 2 个真实在用的话术案例，通过对不同话术功能的解释，让大家更好地理解主播话术。

1. 上衣话术拆解

时长：7 分钟左右

有没有没来过我家的新粉，第一次来的给我扣个"新"，给主播点点小爱心，我讲清楚咱再拍，没讲清楚，没关系，慢慢来。

（过渡话术，承上启下，引导评论互动。）

我家是做定制款的，所以你实打实看到的每一件衣服都是定制的，你们可以去网上搜 ××× 有没有卖，抖音有没有哪个主播在穿，就算有也都是从我们家拿去的，因为我们家的衣服都是自己"原原"和"创创"的，所以你买的不是烂大街的衣服。

（背景介绍，告诉别人我们是做什么的，我们能给你带来什么，也在强调该直播间是首家。）

同时我问一下，你看一下外面的市场货，我为什么不拿？因为你在卖，他在卖，他家也在卖，那你们不就是穿些烂大街的衣服了，对不对？抖爸爸给我推荐1000多个姐妹，就证明了你们精准，是不喜欢烂大街衣服的，你们喜欢质量好的衣服，对不对？

（创造需求：你不喜欢穿市场货、通货，喜欢有质量的衣服，想买一件不会撞衫且质量好的衣服。）

（价值塑造：通过对比市场货的痛点，来拉高我们原创设计的格调。）

对的，宝，你听好了，我给你看我家衣服的细节。因为我的面料是提前一个月订的立体提花面料，有一些肌理感，而且是夏天小雏菊太阳花的立体图案，不多不少，恰到好处。哪怕过水洗，它都不会有任何问题，你可以放心买，品质我是做得有保障的。

（价值塑造。）

第一次来的新粉宝宝，你们应该都不知道我们的活动对不对，我家是给新宝宝做福利的，有加粉丝灯牌的姐妹，我待会儿每人多送一个美背。我们五秒钟加灯牌，五秒钟加关注，待会儿我给姐妹们每人多送一件我们自己开发设计的美背，穿脱很方便。

（通过营销活动福利钩子来做关注拉互动的数据：点了关注就送你一个美背。）

宝子，咱们问一句，你们有没有纠结长短的，纠结长短给我扣"纠结"，这部分姐妹我来解决你的纠结问题。155（cm）以上买长款，155（cm）以下我们直接冲短款，你的腿好不好看，腿好看的姐妹那就肯定买短款啦，腿不好看没关系，我们买长款可以挡住你的 O 型腿、X 型腿，斑斑点点都能挡得住，露出来就是你的天鹅颈和小锁骨。

（解决痛点：什么样的款适合什么样的人群。）

要券的姐妹报名，后台一直在给你们精准匹配，我们建好优惠券，一起给姐妹们发，运营小哥，你把 M 码再上一下，运费险给大家加上。

（通过营销活动福利来拉互动：扣"互动"，报名上优惠券。）

肚子有肉的姐妹有吗？有肚腩的姐妹，你们不敢穿这件衣服，对不对？我解决你的问题，解决好了咱再拍，解决不好咱不买也没关系的，知道吧。你如果穿一片式的衣服，肚子鼓起来，那高光点一显，整个人看着更胖了。肚子有肉，生过宝宝的，你买这种黄金分割的，第一层挡肚子，第二层修饰，所以说它整个看起来很和谐。

（圈定人群，解决痛点：通过设计卖点来解决显瘦遮肉的痛点，同时植入设计师的理念。）

我这边已经建好 55 张优惠券，55 个姐妹要了券，对吧？来，准备好了，宝子，55 个报名扣"1"的姐妹我准备给你们发券，你们拿到的是折上折，你们拿到的是福利价，跟别人不一样，更便宜、更优惠。同时没有扣"要"的姐妹不要去领人家的名额，知道吧。来，准备好，我们上优惠券倒计时 3、2、1，左上角领券下单。姐妹们，咱们先领券再下单，享受折上折优惠，而且大家可以看我们 1 号链接的美背，我们平时都是在卖 39（元）的，今天加入我们粉丝团的姐妹，今天拍下的我们都再送一件，这是提前给我姐妹准备的小礼物。有加粉丝灯牌的，你不要告诉别人，好不好，我送你，我掏钱买 1 送 1，准备上链接，倒计时 3、2、1，1 号链接刷新去拍。

（利益诱导，促进下单：通过前面讲解，愿意留下来的人都是有意向的用户，这时候再通过优惠券+赠品的利益诱导，进一步坚定消费者购买的意愿，从而增加下单成交的比例。）

来姐妹们，1号链接刷新去拍喽，小码穿到100斤，中码穿到110斤，大码穿到120斤，加大码穿到130斤。

（产品信息介绍，解决选择尺码的痛点，让用户快速了解自己要穿的码数。）

抓紧时间去拍，而且短款今天是首播，首单价格左上角领到券相当于是折上折的优惠。而且我们等一下，我们首批过完之后就没有这个价格了，更不要说送吊带美背啦。对了，想要1号链接美背的小姐妹们，拍完的赶紧回来扣个"已拍"，那个小助理帮我登记一下送美背的姐妹，千万不要给大家送漏啦。

（逼单：只有今天有这个价格，只有今天有这个赠品福利。）

我的第一批货，你没有很着急发货的话，你不要抢我的首单，知道吧？来，要着急发货的，要插队发货的，想要更早出货的姐妹准备好，有多少单？（22单）22单，我踢人，你秒拍秒付款，我给你加急。来，倒计时3、2、1，1号链接刷新去拍。

（逼单：只有现在买的才给你加急发货，第一批发货，超过这22单的就不是现货了，通过限时限量进行逼单。）

明天没有这个款，既没有优惠券又没有这个价，而且还没有吊带美背了，知道吧。所以，要的姐妹们赶紧冲1号链接，直接秒我们的1号链接。

（稀缺感逼单。）

宝子，咱有7天无理由退换货，你们放心去买。有多少姐妹还没拿到优惠券，没有抢到的姐妹给我扣个"要"，还要不要这个吊带美背呀，要的姐妹给我扣个"要"。

（解决消费痛点：7天无理由退换货，打消购买疑虑。通过福利拉互动，开始新的一轮讲品。）

2. 宝宝服爬爬服话术拆解

时长：7分钟左右

这个棉服有多少人没有拍到，没有买到棉服的姐妹，公屏扣"1"吧，看一下有多少人没有买到。这小棉服的话，咱们刚才发了20张券，券用完咱们就下架了。这个衣服你领完券后更划算，不领券价格也便宜，但是领完券的价格更划算。

（新循环开款，拉新拉停留，预告福利，今天做了一个什么样的福利，通过价格钩子吸引停留。）

说实话亲爱的，这是咱们新号开播给大家准备见面礼的一个款式。你买回家，你们所有人可以对比一下，真的我就这么一句话，你愿意买这个棉服，你但凡收到货，看到品质的，你真的会很惊讶、很惊喜，你自己都想不到，你花这么少的钱，能找到一个这么好的小棉服，宝贝。

（建立期望值，进行情绪种草，让直播间用户对产品、价格产生兴趣和期待。）

整个衣服看好了，宝妈们，来到大家看一下。一件式的穿脱，从领口到脚口，全部带纽扣，穿脱起来非常方便，内里是全衣无骨的baby绒，不跑绒、不钻绒。关键穿在宝宝身上足够柔软，保暖性好，就像冬天里的小太阳。这个是120克的棉服，是未来3~4个月，各大地区的刚需厚度。买回家不会闲置，不管是南方还是北方，南方是可以直接穿完过冬的，穿到来年3月也没问题。北方可以穿到12月，5度到15度随便穿。整个小衣服全部是定制的面料，咱们家今年定制的这个外出服的面料非常好，跟以前你们见过的都不一样。以前的外出服的面料就是那种声音很大，走起路来刮刮噔噔，而且打滑还硬。咱们今年定制的是跟泡芙一样软的小面料，穿在宝宝身上没有声音，特别软，而且不会打滑。关键这个面料刮风下雨都能穿，抗寒锁温性更好。整个小衣服，宝贝儿，棉全部是今年的新的绗缝工艺，葫芦的造型把棉压得特别实。你们手洗机洗不带跑棉、不压坨的，保型性超高，你们穿三五个月，随便去洗它毫无压力的，宝妈们，好吧。

（讲述产品价值，让产品得到溢价，同时进行了一波简单的塑品。但这波塑品是宝妈非常关心的问题，比如，穿着的温度和保暖性、面料是否适合宝宝，宝妈因此被这个产品种草，从而产生购买欲望。）

想要的，左上角加关注回来扣"1"，因为这个要发一个大额的优惠券。所以说，咱们先统计人数，统计好人数，咱们先发券，你们再去拍，价格更炸。整个小面料主打的就是软，可以手洗、可以机洗，稳定性好不跑棉。未来3~5个月，各大地区刚需的厚度。我来给大家过一下颜色，你们扣小"1"就行了。把小"1"刷起来，左上角的关注加上，后台开始统计人数吧（好的）。

（利益诱导互动，建立产品的限量优惠券，和用户利益相关，虽然大家不知道多少钱，但还是会想领。同时精炼卖点短塑品，再敲打一下直播间的人群，让他们和主播互动。）

因为咱们也是刚刚开播，我们也不耽误大家的时间，本来也是新号，没有什么基础流量。还是那句话，我不会浪费任何一个宝妈第一次来我直播间给我的这一份信任。拿回家自己验货，如果你觉得好，你就留，如果你觉得不好，可以退，今天我会把运费险给你们打开。这个是咱们家的一个紫色，想要高级神秘大方，穿出门不烂大街，买这个紫色。如果你要一个巨显白、衬肤色的颜色,买我们家这个绿色,绿色是我给我儿子的自留色。如果你想买一个特别干净、特别不挑人、特别低调的颜色,买米色,米色也是我给我儿子的自留色。

所有妈妈,选好颜色公屏扣"1",我来点名字,给大家发一波优惠券。今天是这样的宝,因为价格比较便宜,如果要一件,咱们扣"1",如果要两件,咱们扣"2"。要一件呢,咱们就领一张券,要两件的,咱们领两张券就可以了。给我们家芝芝安排一张优惠券吧(好的),潇潇安排一张优惠券吧,兔兔也安排优惠券吧,×××安排一张优惠券啊,点上关注回来,扣"1"扣"2"都行。3个月12斤,囤货买73码;4个月15斤,囤货买一个80码就可以了。我们家的码数,听好了宝啊,我给大家简单说一下码,我们就准备上车了。这个衣服是从66码到90码,从1个月穿到1岁3个月。不用纠结尺码,按照宝儿现在穿的尺码,加大一个码数拍,可以穿到过年。咱们家是国标尺码,尺码比较足。我手里拿的是最小的66码,你们参考一下。

(营造上车的氛围感,拖住老粉,拉住新粉,并增加互动率。由于前部分互动较低,主播就再做了一小波塑品,给颜色做人设定位、做标签,重新洗一下人群。然后让大家做选择,进行利益诱导互动,并且上车前的互动是很好要的。)

都准备好了吧?要拍一件的扣"1",拍两件的扣"2",你们扣"1"的发一张券,扣"2"的发两张券,后台给我总共准备20张吧,好吧(好的)。准备好20张优惠券给到你们,所有姐妹不要浪费这个优惠券的名额,想好之后,领券再下单。如果没有想好,不要去领,因为你把优惠券领走了,别人想领都领不到了,宝贝。给我们家CLOWN安排两张优惠券(好的)。

（"杀鸡儆猴"，给互动的人点名，让观众得到关注，从而带动直播间的氛围，其他正在徘徊的人也可能会参与互动。制造一种抢的氛围，也是为了再刺激一波互动。）

后台准备好了吧（准备好了），所有妈妈一定要记得先领券再下单。左上角加上关注，线下门店188（元），今天在咱直播间158（元）、88（元）不开，点上关注，记得领券，只有20张券，领完券秒拍秒付。别说88（元），别说68（元），今天58（元）都不要。点关注领券，再减20（元），运费险给我打开，38块9上链接。

（开价话术，低客单价产品破价不需要说太多，只需要利用前面的时间，把互动和停留拉满就行。）

（副播：5、4、3、2、1，已上，宝妈们刷新去拍啦！）

说句良心话，亲爱的。我今天给你的价格是我们新号开播宠粉的，不会让大家第一次失望而走的一个价格。如果按我们正常的价格来卖，这个棉服起码要给大家加20元，就58块9来卖。但是呢，因为我们的新号，本来流量也不够稳定，人也比较少，我很珍惜每一个来我直播间的宝贝在我直播间下单，所以说我给到你的价格是性价比非常高。你买回家，你可以看一下咱家的品质，你拿回家的那一刻，你真的会十分惊喜。如果你愿意给我这个机会，你买两件回家对比试穿。

（逼单促单话术，塑造价格的稀缺。引导多拍，增加客单价，在直播间你去引导用户拍几件，他们真的会听从主播的拍多少件，很有效。同时给出便宜的理由，让用户更相信。）

来，这是绿色、紫色，绿色和紫色是我们家的特调色。你要是想买一件与众不同的，穿出门不会烂大街，不会撞衫的，你要么买绿色，要么买紫色。如果你要显白，我推荐绿色，绿色是我给我儿子留的自留色，我儿

PART 3　运营实战篇：运营型主播的直播实战手册

子肤色特别黑，我留的是这个绿色的。如果你家宝宝皮肤偏白，小女孩一定要买紫色，紫色是非常高级的，圣罗兰的一个紫色，宝妈，好吧。

（让用户知道方向，帮用户做选择，并且通过主播的亲身经历，建立信任感。同时，重复颜色的话术，帮助用户进行选择。）

买到手回来扣两个字，"拍了"。5秒钟，时间下车了。因为优惠券已经用完了。来，5秒的时间下架倒计时。

（副播：5、4、3、2、1，没有付款的妈妈赶紧去付款啊！）

（用限时逼单。）

我跟你们说一下，这衣服是给大家3～5天的预售，因为这个是需要慢工才能出的细活，才能做出来这种精品的品质。如果所有妈妈你们愿意等待的，等待两天，你们在收到货的那一刻，你们会觉得等待还是值得的。我可以发自内心地跟大家讲，今天给你的价格，值得你等待3～5天的时间。不信的话，你试一次，看一下咱家品质，好不好？好吧，我这个人不喜欢跟大家说些乱七八糟的，咱们就看货好不好就行了。

（防退款话术，同时解释预售问题，"慢工出细活"等话术塑造产品品质，也解释了预售的原因。）

这件衣服男孩女孩都能穿，这件衣服男宝女宝不分性别，小男生小女生都是能穿的，我们家不做挑性别的衣服啊，咱家的衣服所有宝贝都能穿。

这件就给大家下了吧。来宝贝，我跟大家说一下啊，买完这个小棉服的，不要着急离开直播间。所有宝，买完棉服一定要记得去1号链接买那个德绒的秋衣，因为1号链接德绒的秋衣，是我们为了搭配这个棉服给大家单独上的福利。如果你不知道这个棉服怎么搭配，去1号链接买一下秋衣。1号链接的德绒，我们正常是单件34块9，今天给大家一件是24块9，减了10元。但是我建议大家买组合装，买两件，只要39块9，合下来一件只要十几元。如果你们家刚好缺秋衣内搭的，你不知道这个棉服怎么搭，你直接去1号链接买组合的，两件，两件到手，只要39块9。合下来，单件秋衣只要19块95，买两件三件你随便换着穿都可以的。咱们家1号链接的德绒小内搭不是普通秋衣，它比普通秋衣要厚三倍，保暖效果更好，柔软性更好，宝妈。

（循环过渡，找了一个别的款进行转款，可能在直播间还有人没拍到，在观察，制造一种不是在讲一个款的情况。并且过渡品是和主推品相搭配的品，不影响主推品的销售。）

怎么下架了我都没有拍到（读的公屏）。因为优惠券用完了，宝妈。没有买到的宝宝公屏扣个"666"吧。本来咱直播间也是新号，没有多少人，所以说咱们就一对一地服务。咱家直播间80个妈妈，80个妈妈里头有多少新来的，这个小棉服没有买到的，咱们刷个"666"就行了。林妹妹是新来的是吧？来给咱家林妹妹准备一张券（好的）。圆岩准备一张券，西西准备一张券。所有没有买到，刚刚进到咱直播间的各位姐妹们，左上角加关注，回来扣"666"，一会儿给大家发优惠券，你们再拍更划算。

（转款重新再来一次，通过公屏上互动引回主推款的讲解。进行互动的人可能是鱼塘小号，也可能是真人网友。基于每个直播间都有自己的节奏，鱼塘小号互动可能性更高。）

我给大家简单介绍这件衣服吧，这个是120克的外出服，是棉服来着，是未来3~5个月，各大地区的刚需厚度。如果你在南方，那不用我说了，你们可以直接穿整个冬天，穿到来年的2月；如果是北方，咱们直接穿到12月毫无压力，5到15（摄氏）度轻松去穿。

PART 4

复盘与提升篇

— 直播复盘对主播超级重要 —

数据解读：
通过数据分析来提升直播效果

在介绍直播数据之前，给大家出一道题：

在一个荷花池中，第 1 天开放的荷花只是很少的一部分，第 2 天开放的数量是第 1 天的 2 倍，之后的每一天，荷花都会以前一天 2 倍的数量开放……假设到第 30 天，荷花就开满了整个池塘，那么请问：在第几天池塘中的荷花开了一半？

第 15 天？错，是第 29 天。在介绍本章的内容前，我想借助这道题，和大家达成两个共识。第一，数据分析需要计算，不能想当然地依赖直觉。很多直播间看起来风光无限，可实际结算后发现赚的钱还不够抵扣投流的费用。第二，数据分析需要结合实际情况，不能仅对着数据纸上谈兵，比如只给你一个女生的面部数据，你能据此计算出她是不是你的理想型吗？很多时候，单纯依赖直播间的后台数据，是没有办法反馈真实问题的，所以需要录屏反思，这也是本章第二节会重点介绍的内容。

直播数据可按不同的场域维度分类，分别是流量数据、电商数据、投放数据。直白来讲，依次对应台前主播主导的直播间人气、幕后带动的后台业绩以及投手花钱产生的效益。

1. 直播数据

直播时长：本场直播的开播时长。

场观：用户在直播间的观看人数，简单来说，就是有多少人来看过直播。这个数据可以帮助主播和平台了解用户的喜好，从而优化内容策略，提高直播的吸引力。同时，场观也是衡量直播内容质量的一个重要指标，场观越高，说明直播内容越受欢迎。

PV：总的页面浏览量或点击量。用户每访问直播间一次，就会被记录一次 PV。用户对同一页面多次访问，则累计访问量。

UV：指访问直播间的总人数。在同一天内，进入直播间的用户最多被记录一次 UV。注意区分 PV 和 UV，PV 是进入直播间的次数，UV 是进入直播间的人数，通常 PV 会大于 UV。

粉丝 UV 占比：粉丝浏览人数与总 UV 之比。如果一场直播下来，粉丝 UV 占比较高，说明本场直播的主题和已有粉丝的调性是匹配的。如果粉丝 UV 占比低于 50%，则代表这场直播吸引了较多新观众，但并不一定意味着直播间数据做得好，只是反映了观众构成。

粉丝互动率：粉丝互动人数与粉丝 UV 之比。在观看直播的粉丝中，有多少和你产生了互动，可以是点赞、评论、转发等。这个数值低的话，说明直播没有调动粉丝的积极性，那就需要考虑更有创新性的玩法和互动话术。

转粉率：新增粉丝数/观看人数减去粉丝回访数。一个陌生用户从进入直播间到最终购买的路径一般是进入直播间—观看停留—感兴趣—关注—购买。提高直播的转粉率是衡量一场直播是否做得好的指标。提高转粉率主要是通过激励或者互动，提醒用户关注直播间，互动方法可以参考互动话术章节。3个月内的新人主播，直播间的转粉率在1%~5%属于比较健康的正常数据范围，偏低则表明直播效果做得不够好，太高则容易被官方判定为刷粉，会对直播间信用产生影响。非新人主播的转粉率一般维持在4%~6%为比较好的状态。

粉丝流量占比：流量来源数据可以告诉我们，用户是通过什么渠道进入直播间的，比如，关注页、直播广场、视频推荐等。通过分析不同渠道流量的占比和转化情况，可以判断流量是否精准，以及直播间的吸引力和转化能力。

评论人数占比：评论人数占比也就是评论率，是指直播全场公屏区评论总人数/总场观人数。评论率高，意味着直播间互动表现好，能进一步带动直播间的自然流量，提高观看人数和直播间的热度。

人均在线时长：用户在直播间平均停留的时长，是衡量主播控场能力的重要指标之一。在排除直播间内的鱼塘小号数据后，直播间人均在线时长越长，直播间商品转化率就越高。影响直播间人均在线时长的关键因素包括主播表现力、控场节奏、憋单话术、定时福利、互动状况、直播场景等，主要与主播能力有关。主播若想提高人均在线时长，就需要精炼话术。一个直播间火不火，人气旺不旺，在很大程度就要是看这个数据。

ATV：平均在线人数。也可以理解为直播间的平均人气值，是衡量主播某个阶段内人气指标的重要因素。影响直播间平均在线人数的关键因素有直播间曝光率、点击率、直播间粉丝基数、主播表现力等。一般来说，直播间在线人数会随着直播间粉丝数量的积累而逐步增加。

人气峰值：单场直播中最高人气巅峰数据。关注人气峰值的前后片段并进行录屏复盘，有助于主播逐渐掌握卖货节奏、积累直播金句，了解自己直播间的人气规律。学习成为一名优秀的主播，可以从复刻自己的高光时刻开始。

粉丝人均观看时长：进入直播间的粉丝，平均每个人的观看时长，也可以理解为粉丝人均停留时长。粉丝人均观看时长 = 总看播时长 / 粉丝看播 UV。一般在直播后台的数据总览里，选择观看数据，就可以看到人均观看时长。影响直播间粉丝人均观看时长的因素有很多，比如，主播的表现力、控场节奏、憋单话术、定时福利、互动状况等。

新增粉丝数：直播期间新增加关注的粉丝数量。

粉丝团总人数：直播期间加入粉丝团的总人数。

转粉率：新增粉丝数量占观众总数。

2. 电商数据

GMV：直播期间累计成交金额。GMV 是衡量带货主播带货能力的最重要考核指标。

GPM：千次观看成交额。GPM=GMV/ 每场观看量 ×1000。千次观看成交金额，顾名思义，是指每 1000 次观看带来的成交额，用于衡量直播间的卖货能力。GPM 越高，越能反映主播流量转化能力强，即直播间的流量转化效率越高。

成交人数：直播期间成交转化的总人数，即支付订单的总人数，其中不排除售后退单人数。

转化率（CVR）：下单人数/总场观人数，是综合维度的一个考量指标，其中最重要的因素就是主播的带货能力。行业平均水平在1%，好的主播能做到3%。但要注意的是，明星的转化率一般偏低，这是因为明星自带粉丝流量，大部分粉丝是带着观赏的目的进入直播间，购买欲望不一定很高，明星直播间的转化率一般在0.5%左右。影响CVR的关键因素有直播选品、商品组合、商品单价、控场节奏、逼单话术。若想提升转化率，可以从这5个方面改进。

粉丝下单占比：直播期间下单的粉丝量/观看直播的总人数。粉丝下单占比越高，表明老粉黏性越强。

UV价值：代表每个用户对直播间的贡献值。UV价值=直播交易额GMV/直播场观。UV价值越高，意味着单个用户对直播间的价值贡献越高；相对地，UV价值越高，平台也会更愿意给这样的直播间推流。直播间UV价值的中位数在1左右，好的直播间的UV价值可以达到3~5，甚至最高场次可以做到10以上（需要根据不同平台和行业来具体分析）。所有精准粉丝的引入是实现直播间高UV价值的决定性因素。投手的价值在这里将会得到体现，每个阶段有不一样的投法，自然流量和付费流量都要抓，且两手都要硬。

客单价：每个客户带来的成交金额。客单价=GMV/成交人数。客单价往往与所售卖商品、直播间人群有关。定期关注客单价的波动，可以帮助主播了解客户的购买力，从而调整卖货话术、直播选品、带货节奏和商品组合。例如：高客单价直播间往往面向的是高端客户群体，主播可更多强调品质、财富标志等；低客单价直播间往往面向的是下沉市场消费群体，主播可以更多强调性价比。

3. 投放数据

消耗：付费流量的费用。

订单数：通过付费流量带来的交易订单数。

流量：通过付费流量带来的观看人数，不同时间段的流量价格不同。如果是黄金时间段或大主播开播时，流量价格会上涨。

平均停留时长：留在直播间观看的人的平均观看时长。它反映了直播间的吸引力，平均停留时长越长，说明用户对直播间的兴趣越大，其长短一般取决于选品能力和主播留人能力。一般直播间的平均停留时长在 30~60 秒，而好的直播间的平均停留时长在 2 分钟，这就需要出色的选品技巧以及主播的个人魅力。新粉丝进来之后的拉新话术、钩子话术、与用户的互动技巧、直播间贴片等，都是能决定平均停留时长的关键点。有能力的直播间应努力把数值做大，这对直播间标签的建立和自然流量推荐都有非常好的促进作用。

ROI：投入产出比。ROI= 销售额 / 单场投入成本费用，单说投入产出比可能有些空洞。举个例子，假设单场直播成本为坑位费 1 万元 + 投放 3 万元，那么我们说 ROI 保 1∶2，即产品销售额保 8 万元。直播间的 ROI 比例越高，盈利空间就越大。

粉丝复购率：通过付费流量召回的老粉，在直播期间再次产生交易的比例。

CTR：点击率。CTR= 直播间点击数 / 直播间页面展示。点击率越高，曝光率就越高，场观就越高。高点击率决定着流量的获取能力，影响 CTR 的关键因素有直播间直播观感、直播间标题与文案、主播的表现力和话术、所售卖的商品。想要提高点击率，可以从以上 4 个方面改进。

OPH：单位时长订单量，用来评估直播间的高光时刻。每场直播都有交易的高峰和低谷波动。

为了方便大家了解直播间对粉丝用户的分类，这里也给大家说明一下：

潜客：潜在客户，这类用户没有关注主播账号，但有浏览作品和看直播的行为，是有可能成为粉丝的潜力群体。

粉丝：观看直播之后，关注了主播，但是尚未在主播直播间进行下单的用户。

新客：在主播直播间首次进行下单的客户，新客未必是粉丝，但认可主播的货品。

活跃粉：在60天内在主播直播间有浏览、互动、下单行为的粉丝，是购买的主力之一。

老客：在180天内在主播直播间发生多次购买行为的粉丝，是高复购率的主要贡献者。

上面给大家介绍了这么多的数据参数，很多新手主播已经开始犯愁了，所以接下来就贴心地给大家画重点。

塑形期

阶段特点：初始人群不稳定，没有稳定的场观。

关注指标：人均看播时长、互动率、人流量、CTR、CVR。

运营重点：引流款促互动、爆款商品提转化、合适节奏的BGM。

目标：确立账号标签。

成长期

阶段特点：每场直播成交量不稳定。

关注指标：涨粉率、粉丝看播率、粉丝支付转化率、互动率。

运营重点：直播间留人玩法配合、大额福袋留人、模块视频打爆款、根据不同环节配合不同的BGM。

目标:带动自然流量。

成熟期

阶段特点:已有大量粉丝沉淀,粉丝黏性和购买力较强。

关注指标:ROI、GMV、GPM。

运营重点:粉丝团玩法策略、模块化短视频批量产出、爆款拉新——新款怀旧、上新日/上新场/上新时。

目标:放大全场 GMV。

4. 账号常见的问题及解决方案

曝光低、流量差

解决方案:先查看流量来源,如果自然流量占比较低,可以借助直播前的预热短视频、直播期间的直播高光时刻视频切片、增加引流款福利品等方式来提高自然流量。同时,需要录屏直播,复盘检查一下直播封面是否美观、直播间视觉是否美观、主播带货是否有状态、内容是否涉及敏感词、平台是否有违规提醒等细节,从而对号入座一一解决。

流量精准度差,来的粉丝都不是目标粉丝,购买力差

解决方案:首先分析直播间观看粉丝的用户画像与购买人群用户画像的匹配度有多高。如果匹配度非常低,需要查看一下流量来源,倒推问题的核心。比如,如果流量来源为投流曝光,那么在投流时,应按照购买人群用户画像进行精准推流,同时不要忘记增加一定比例的新客和筛选度,加大涨粉力度,带动潜在用户。如果流量来源是平台自然流量,那么直播间需要增加关键信息,便于平台打标签以提高推流精准度,比如直播间的背景文案、封面、主播话术、预热短视频等。

人均观看时长低、成交转化率低

解决方案：存在两种原因，需要进一步根据后台数据来确认问题类型。第一种是流量精准度差，来的粉丝不是目标粉丝，所以对直播间不感兴趣，直接划走不买东西，对应的具体解决方案可参考上一条；第二种是因为直播间的承接能力有待进一步加强，流量进入直播间后，不能很好地拉停留、促转化，对应的具体解决方案，可参考学习第一章的内容。

涨粉成本高、复购率低

解决方案：先根据直播间的客单价来分析两种情况，第一种是产品客单价较高，如皮草等产品，转化需要反复触达潜在客户且依赖主播的强大塑品能力。在这种情况下，要想降低涨粉成本、提高复购率，可以设计一个与主推品相关的相对低客单 SKU。第二种是产品客单价适中，但并非日常快消品，用户购买后消耗速度较慢，如内衣、塑身衣等产品。在获取流量触达新用户的同时，可以设计组合商品 SKU，如套装、买 A 送 B 等。如果不符合以上两种情况，产品既属于季节性消耗品，又是低客单，如短袖、羽绒服等，则需要进一步考虑是不是流量不精准，或者主播承接转化问题导致的，具体参考前面三条内容。想要提高复购率，还要通过短视频和粉丝群等工具，激活老粉回到直播间。

平均成交单价低、人均客单价低

解决方案：直播间的转化中只有低客单的福利品热度高，真正的主推品或利润品转化不好，导致平均成交单价低、人均客单价低。第一种方式，可以针对货盘来优化产品策略，增加阶梯式的福利品和中客单产品，补充不同价位的产品选择。第二种方式，在非流量高峰值、临近下播的时间段，进行高客单产品的塑品和转化，进行测品并提高主播的高客单产品转化能力。第三种方式，进行产品组品优惠，如两件 8 折、上衣裤子搭配 8 折等，主播同时注重对组品下单的引导。

主播带货能力、流量承接能力差

解决方案：一般表现为投流或极速流后，在线人数不稳定。需要对主播进行带货节奏培训，使其与运营、投手培养默契。若极速流承接能力差，可以重点学习前面关于极速流的章节内容。

录屏反思：
从视觉、听觉到节奏感的提升

数据是客观的，但它不能像说明书那样把问题解释得十分详尽。此刻，一定要配合直播回看，才能有针对性地发现问题，并找到具体的解决方案。因此，每场直播后进行录屏反思，对于当下问题的解决以及未来能力的提升，都是非常好的手段。就自身直播而言，官方后台虽然可以看到回放，但看不到评论区的留言以及商品弹窗等观众视角的界面。所以我们建议无论是回看自己的直播间，还是学习同行的直播间，都要做好录屏。

录屏可以有效地帮助我们进行直播复盘，尤其对于新手主播而言，可以从视觉、听觉以及节奏感方面实现提升，让自己的带货转化率直接涨起来！

1. 视觉

根据平台的推流机制，你有很多个片刻可以吸引新用户进入你的直播

PART 4　复盘与提升篇：直播复盘对主播超级重要

间。他们看到直播间的一瞬间，大脑就会条件反射，做出判断"走"还是"留"。所以直播间的视觉呈现非常重要。当你回看录屏时，你可以操作进度条，随时停留在某一刻或直接截图，以寻找新进直播间人气不足的原因。以下为大家罗列了视觉问题常见的4种情况，大家可以翻看自己的录屏进行自查：

第一，画面没有重点。直播间没有展示主题、也没营造相关的氛围感，主推产品或主播不在镜头重点区域，导致用户难以快速捕捉关于直播间的信息。例如，很多新人主播的服装直播间选在仓库里或货架前，本身这个真实场地作为直播背景是没有问题的，但一定要通过贴张纸条、贴片、悬挂主推服饰，或者主播上身穿主推衣服等方式，让别人了解你的直播间具体是卖什么的。

第二，画面不协调。服装直播，用户主要通过观看主播上身试穿来判断服装是否合适。服装适不适合主播，或者上身后好不好看，会直接影响用户的判断。所以主播或模特的风格要与服装匹配，或者按照主播的风格来挑选服装风格。比如：BM风的直播间，主播大多是白幼瘦的小妹妹，扎着可爱的丸子头，要换成齐刘海的肉感妹妹，用户的注意力就会转移到尺码的问题上了；而肉感妹妹展示洛丽塔或者汉服，则会比较合适。主播的风格和服装的风格，建议在视觉上保持统一。

第三，开播前准备不足。服装直播很多时候会有一些近景或特写，服装的细节很容易被放大。所以，开播前如果没有做好服装质量的检查、试穿等准备工作，比如，衣服皱巴巴的、有线头或破洞，主播上身不好看，这些都会导致直播翻车。开播前一定要做好尺码检查，确保主播上身合适，不会过于宽大或紧绷。特别是裤子，很多服装主播身材比例很好，都是大长腿，在上身展示裤子的时候只能选择小码，结果好好的裤子秒变七分裤，让观众误会裤腿很短。

第四，主播表现力不够。观察主播在直播中的动作是否自然流畅，检查是否有任何僵硬或不自然的动作、面部表情。同时注意主播与镜头（用户）是否有良好的眼神交流，能否够通过眼神传达信息。很多主播在进行复盘的时候，是抗拒看录屏复盘自己状态表现力的，总感觉揪细节就是在吹毛求疵。其实不是，优秀主播的状态都是藏在细节里的，因为直播间的用户看到的就是穿版的主播及其状态，整体感觉会间接影响用户下单。如果在表现力方面，如面部表情、眼神交流、亲和力、动作等方面存在问题，一定要有针对性地加以调整。

2. 听觉

因为主播在直播间内一直在说话，大部分的注意力在说和公屏上面。而用户的注意力是听。所以回看直播录屏时，要切换视角，重新"听"。首先，要听声音的音量。有没有歇斯底里破音叫卖，让人产生不适，同时收音展示出来的声音够不够大等。服装直播中，因为主播需要上身试穿的特殊原因，收音不方便挂在主播的身上，无线收音很容易因为试穿的动作幅度过大产生噪声，有线收音距离主播太近，又很容易在试穿的时候因肢体碰撞产生干扰。所以从直播间的收音到直播期间的声音，都要仔细回听。

其次，听声音停顿。留意有没有出现太多高频口头禅或者语气词。我刷到过一个直播间，这个主播有一个特点，说话特别喜欢夹一个词语"可能"。"你可能会需要的，到时候你再来，可能就没有了"这种过于严谨的表达，在直播间里逼单效果会大打折扣。太绝对化的表达则担心违规，但是描述事实时要铿锵有力。比如，换一种方式你再听听："今天错过了我家

PART 4 复盘与提升篇：直播复盘对主播超级重要

的卫衣，你可以去任何地方买卫衣，但是一定买不到我手上这件，多巴胺配色的卫衣。"

最后，听声音的节奏感。一场好的直播是有起承转合的。若全程激情高涨，像打了鸡血一般，很容易让观众产生疲惫感。你回想自己经历过最惊喜的事情，难道不是在普通的一天，突然降临的吗？声音也如此，需要抑扬顿挫（抑：降低；扬：升高；顿：停顿；挫：转折）来区分内容主次，一直高声叫嚷，全场高嗓门2倍速，不仅累坏自己也没带出多少业绩，等于白干。下面展示一小段话术，邀请你全场吼一遍：

我看到很多宝贝下单但还没有付款，是不是不相信主播家的品质？刚才就说了，这款我们就是用来宠粉的，但凡不是为了在直播间冲人气，也不会这个价。这样，今天所有下单的宝贝们听好了，主播不仅给你们7天无理由退换货还有运费险，收到货不满意，来回运费我都给你出。现在点个关注，等会儿我们抽姐妹免单，有没有诚意，给不给力？

是不是感觉有点儿疲惫了，以这段话为例，重新按照参考的节奏，再读一遍吧！

（假装在看后台：抑）我看到很多宝贝下单但还没有付款，（开始着急：扬）是不是不相信主播家的品质？（铿锵有力慢慢讲重点：顿）刚才就说了，这款我们就是用来——宠——粉——的，（语速加快开始介绍：挫）但凡不是为了在直播间冲人气，也不会这个价。这样，（宣布好事：扬）今天所有下单的宝贝们听好了，主播不仅给你们7天无理由退换货还有运费险，（铿锵有力慢慢讲重点：顿）收到货不满意，来回运费我都给你出。(宣布另外一个好消息,状态更激动:挫)现在点个关注,等会我们抽姐妹免单,有没有诚意,给不给力?

记得对着镜子或者镜头反复练习,不要朗读,更不要疯狂输出。节奏感的抑扬顿挫,切记切记!

PART 5

避坑与危机应对篇

— 直播带货的全套攻略 —

本章将从直播带货的常见违规陷阱开始，分析导致这些违规陷阱的原因，以及如何识别和规避它们。在当下活跃的直播带货平台中，平台规则一直在不断完善调整，所以需要大家及时去关注平台的规则，防止因违规问题导致直播间流量变差。违规和直播带货的陷阱固然可怕，但可以在学习后进行规避。

掌握平台规则：
抖音、小红书等直播规范

当下各个直播平台中的规则既有共性，也有差异。共性方面主要体现在《中华人民共和国广告法》（以下简称《广告法》）所注明的相关条例；而不同之处是基于平台运营的渠道和所处阶段的不同，所以才会有不同类型的细分规则。鉴于各个直播平台的规则内容较长且处于不断变化调整之中，本节将向大家说明具体在哪些官方渠道可以查看。

希望大家在后续的直播过程中，可以不定期地浏览平台规则，避免违规问题发生。

抖音平台直播规则查看方法

输入网址 https://school.jinritemai.com，点击【规则中心】即可查看最新规则，也可以直接进行搜索（见图 5-1）。

图 5-1 抖音平台直播规则查看页面

小红书平台直播规则查看方法

输入网址 https://school.xiaohongshu.com，点击【规则中心】即可查看最新规则，也可以直接进行搜索（见图 5-2）。

图 5-2 小红书平台直播规则查看页面

视频号平台直播规则查看方法

输入网址 https://channels.weixin.qq.com/shop/learning-center/，点击【规则中心】即可查看最新规则，也可以直接进行搜索（见图 5-3）。

PART 5　避坑与危机应对篇：直播带货的全套攻略

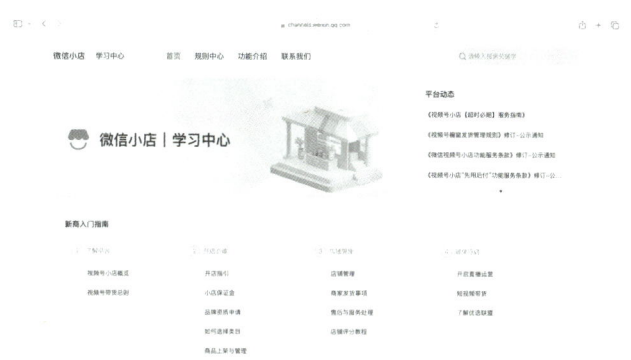

图 5-3　视频号平台直播规则查看页面

淘系平台直播规则查看方法

输入网址 https://taolive.taobao.com/college/index.html#/，点击【规则专区】即可查看最新规则，也可以直接进行搜索（见图 5-4）。

图 5-4　淘系平台直播规则查看页面

快手平台直播规则查看方法

输入网址 https://edu.kwaixiaodian.com/rule/web/index，在【规则分类】点击【最新公告】即可查看最新规则，也可以直接进行搜索（见图 5-5）。

图 5-5　快手平台直播规则查看页面

京东平台直播规则查看方法

输入网址 https://rule.jd.com，直接搜索"直播"查看最新直播规则（见图 5-6）。

图 5-6　京东平台直播规则查看页面

远离违规：
常见的违规及应对策略全解析

在带货直播领域，不仅仅是服装类目，其他类目的主播们也时常面临各种违规风险。即使是经验丰富的主播，也难免会偶尔触犯平台规则。为了避免违规导致的流量下降、账号受限等严重后果，主播需提升对规则的熟悉程度并予以重视。

首先，对于基础的违规问题，主播要做好准备工作。如极限词类，像"最低价""第一"等，这些都是《广告法》中明文禁止的词汇，如果经常有这类违规问题，说明主播的基本功不够扎实。其次，多关注平台新规，按照上一节的内容查看新规，定期进行浏览。本节内容主要以带货直播间常见的违规问题为例，提供目前这个阶段的规避策略。不过，各个平台的规则一直在调整，大家在后续直播中也需一定的灵活性，随时巧妙地规避。

1. 秒杀活动的规范

关于"秒杀"活动的规范,许多主播在直播中因提及"秒杀"而遭遇违规。实际上,平台对秒杀活动有一系列严格的要求。为避免违规风险,主播们需要注意以下几点:

明确秒杀信息

- 必须明确告知用户秒杀的具体时间、涉及的商品以及商品的数量。
- 直播间内需有明确的秒杀活动显示,确保用户能够清晰看到相关信息。

规避违规表述

- 鉴于平台对"秒杀"一词较为敏感,建议主播们避免直接使用"秒杀"这一表述。
- 可以采用其他替代词汇,如"今天给你们炸了""今天就安排这一波,等下就没了""这个价格就这么一次""只开××秒""××点××分前就恢复原来的价格了"等,以传达类似的促销意图,同时降低违规风险。

通过上述调整,主播们可以在遵守平台规范的前提下,有效地进行秒杀活动的推广,同时避免因话术不当而引发的违规风险。

2. 清仓活动的合规

针对当前直播间提及"清仓"二字易触发违规提醒的问题,主播们需特别注意。尽管个别平台可能对此较为宽松，但为确保整体合规性，建议采取以下策略：

话术规避

- 完全不提及"清仓"二字，以避免违规风险。
- 可以变换话术，如"仓库现存就这么多了，我给你们开个最后库存价吧，之前已经卖了5万单"或"今天仓库有多少，我拿多少出来给你们炸，这个价格别人家是不敢给你的"，以此传达类似意图。

场景营造

- 可以将直播间的场景直接布置成仓库的形式，让用户有身临其境的感觉。
- 但需特别注意，即便在这样的场景下，直播间内仍不能提及"清仓"（包括其变形字，如"青仓"等）二字。

3. 赠品活动的合法表述

在涉及买赠活动的表述方面，根据平台规定，所有赠品必须通过营销工具进行设置，并在营销工具中创建赠品链接。未按规定操作的买赠活动，极有可能会被判定为违规。这一操作步骤通常由直播间的运营人员或中控人员负责设置，具体操作细节不在此赘述。但主播必须牢记，任何涉及买赠的促销活动，都应当配备相应的赠品链接。若忽略此环节，直播间可能会面临弹窗警告、违规判罚，甚至直播中断的风险。

4. 医疗属性及功能功效的准确表述

有关医疗功效、功能功效的违禁词，在服装带货直播间出现得较少，主要集中出现在滋补品、化妆品、护肤品、黑五类等直播间，如健脾、养胃、祛斑、祛痘、美白、减脂等，在这里不做具体阐述。在服装直播间中，涉及违禁功效的问题较少，大家常见的可能就是真丝面料抗菌、抑菌的表述问题，一般使用变体的方式，可规避"抗某菌""抑某菌"等违规风险。若有专门做检测，可以将检测报告放到商品详情页，在直播间内就可以随便提及了。

5. 利益诱导的规避策略

利益诱导，即通过提供优惠、礼物或其他形式的利益来促使用户进行购买或完成特定行为，这在直播带货中颇为常见。例如，"所有人扣小'1'，我给你安排运费险"或"点关注给你打 5 折"等表述，都属于此类诱导方式。

违规点分析

- 主要违规点在于明确的因果关系呈现，即"用户做 ××××，主播才给 ×××/用户才能得到 ×××"。这种表述容易被平台识别为违规。

规避策略

- 主播可以通过打破这种明确的因果关系来规避违规。具体来说，就是在因果之间夹杂 2～3 句无关痛痒的话术，使平台无法清晰辨别其中的因果关系。

- 例如，将"所有人扣小'1'，我给你安排运费险"修改为"所有人扣小'1'，让我看一下哈，让后台小哥看好别把你们谁落下，都给你们做好运费险"。这样就变成了"（用户做×××）+（三两句废话）+（主播才给×××/用户才能得到×××）"的结构，从而有效规避了违规风险。

6. 虚假促销玩法规避策略

虚假促销指的是主播在直播中发布如"清仓""低价商品""某某折扣"等福利或活动信息，以此诱导用户互动，但实际上这些信息是虚假的、未兑现的、无法兑现的，或违反了法律法规及平台规则。

主要违规情形

- 虚假清仓。
- 商品不上架。
- 商品不上库存。
- 商品设置特殊购买条件但未提前说明。

违规细则：具体违规细节可在各平台的电商规则中心查看。

规避策略

话术调整：在直播间内，主播应避免提及具体的上架时间和数量，以降低违规风险。

断开因果关系：如前文"5.利益诱导的规避策略"所述，主播应切断诱导互动与利益给予之间的明确因果关系，以避免被平台识别为违规。

建议：尽管部分虚假促销可能未触发平台的违规弹窗，但仍有可能被用户举报从而导致限流。因此，建议大家尽量避免任何形式的虚假促销行为。

7. 价格虚假虚构规避策略

价格虚假虚构是直播间中常见的违规问题，主要包括以下几种情形：

虚构被比较价格

- 违规点：被提及的被比较价格（如划线价、参考价等）缺乏真实性和准确性，且无法提供相应的有效凭证。
- 规避策略：在提及被比较价格时，确保有真实、准确的价格凭证，并在后台商品链接中准确填写相关信息。

虚构优惠折扣

- 违规点：在宣传商品优惠时，未能明确标示优惠的限制使用条件，或利用虚假的优惠折扣信息诱导消费者。
- 规避策略：在宣传优惠时，明确标示优惠的限制使用条件，并确保所提供的优惠折扣信息真实有效。

价格虚假宣传

- 违规点：在商品宣传资料中展示的价格信息与实际交易价格不符，或所宣传的优惠信息存在虚假成分。

- 规避策略：确保商品宣传资料中的价格信息与实际交易价格一致，所宣传的优惠信息真实可信。

常见话术举例及调整

- 原话术："我们这件衣服的市场价／吊牌价／线下门店都要到 899（元），但是今天给你们新号上新价，每人安排一张 5 折券。"
- 调整后的话术："我们这件衣服，市场价／吊牌价确实很高，你去线下看看，看看有没有三位数，是不是 8 开头。但今天为了新号上新，我给大家争取到了特别的优惠，给大家安排一张 5 折券。"

额外建议

- 在谈及对比价格时，可以进行模糊描述，如"你去线下看看，价格绝对不止这个数""看看我们的吊牌，品质摆在这里，价格自然不会低"。
- 确保主播话术与商品链接信息一致，避免触发违规提示。
- 折扣／优惠券等，需要通过后台真实设置并填写相关信息。

词汇替换：
巧妙替换违规词的方法与应用

本节作为对前面违规部分的补充，旨在强调不同平台间违禁词的差异与共性。在直播话术中，部分词汇的替换需考虑前后语境，但大部分词汇可直接替换，以避免违规。

违禁词替换方法

近义词替换

- 通过网络搜索某词的近义词，并从中挑选出合适的替换词用于调整直播话术。

展开解释

- 将对应违禁词的含义进行详细解释。例如，"最"字可解释为"在汉语中用来表示在程度、数量、地位等方面达到极点或超过其他同类的人或事物"，在直播话术中，则可表述为"我们家的品质是超过同行其他家的，很多人都想来买"。

借助 AI 工具

- 向 AI 提问某个词或字如何替换。AI 提问参考指令"如果想把一句话中的'最'替换成一句话，应该怎么说"，其中"最"字可随意替换为需要调整的词汇。

使用替换词时的注意事项

- 主播应确保对产品的描述准确无误，避免误导消费者。
- 在服装直播间，面料描述需特别注意话术与详情页的一致性，以避免违规问题。

具体违规替换词案例

违禁词：最
替换词：特别、理想、超过了很多、很顶了

违禁词：第一
替换词：排在前面、优先考虑、很重要、优秀、胜出

违禁词：独一无二
替换词：少有、就这一×××、之前没见过、十分稀少

违禁词：纯天然
替换词：都来自大自然、原始、没有其他杂质、没有额外添加

违禁词：纯棉
替换词：80+20 的棉、壹零零棉、天然棉、全都是棉

违禁词：买一送一
替换词：再加个、让你两个拿到手、买一个我安排两个快递都明白吧

违禁词：最低价
替换词：前面都没有过这个价、别的直播间都不敢开这个价、这真的是你找不到的价了、不超过这个价

违禁词：免费送
替换词：试穿、体验、拿回去试试、补贴、我允许白嫖、别谈钱直接拿去穿、给你的福利、当个礼物给你安排

违禁词：秒杀 / 限时限量 / 仅此一次
替换词：就这么一会儿、福利、等会儿到 ×× 点我就下播了、只给你们开 ×× 秒

违禁词：微信
替换词：私域、家庭群那个找我、在朋友圈找我、绿色泡泡

违禁词：100%

替换词：99+1、50+50、全了

违禁词：加急

替换词：提一提、往前带带、给单子打出来快去发、××着急给他着急发

违禁词：史无前例

替换词：只炸这一回、前面可没有、才有这么一回

违禁词：美白

替换词：自带打光板、白净了、报纸变A4纸、第二天起来你会发现好亮

违禁词：天花板

替换词：这个高度拿捏了、真的顶了、老高的水平了、特别地高

违禁词：遥遥领先

替换词：比别人早走到前面了、前面都没人了都在我们后面、排前面

违禁词：完美

替换词：性价比很高、特别好、足够好

违禁词：首家

替换词：别人都从我这儿拿的版、那会儿就这一家

违禁词：减肥
替换词：掉秤、从这样宽变成窄（手指演示）、变小版了

违禁词：永久
替换词：长久、时间长、时间足够你

危机应对：
带货直播间突发事件处理指南

作为本章的收尾部分，我想分享一下我在处理直播间突发事件上的态度和策略。直播间的突发事件多种多样，包括直播硬件技术问题、直播平台后台操作问题、话术问题、直播团队人际关系问题，以及直播间内的临场反应和特殊情况等。在本书中，除技术和操作问题外，其他内容已在其他章节进行深入讲解和分析。

对于新主播来说，在直播带货的过程中可能会遇到各种突发状况。特别是那些为了做副业或创业而选择直播带货的新人，开播后一旦遇到问题可能会感到不知所措。面对这些情况，最好的应对方式是保持冷静，进而有针对性地解决问题。现在的信息和资料高度透明，所有的困难和问题都能在互联网平台找到解决方案。如果遇到问题，你可以在小红书、抖音等平台搜索相关关键词，通常能找到解决方法。

如果在网上搜索不到合适的解决方案，你还可以在这些平台搜索我的名字，直接向我提问。我会在第一时间为你提供合适的解答和帮助。

PART 6

主播成长篇

— 自我提升与养生之道是关键 —

克服镜头恐惧：
实战技巧助你摆脱小紧张

嘿，未来的大主播！刚开始面对镜头直播时，感到紧张是完全正常的。这是大部分新手主播会有的表现，所以别太纠结于自己的"紧张"情绪，或对小插曲耿耿于怀。

想想看，每个人学走路都是从摔跤开始的。刚开始直播的你，可能对自己的长相、声音都不够自信，面对镜头时紧张得说话磕磕巴巴，脑子一片空白，甚至忘词。这都可以理解，只是因为你对屏幕前的未知环境产生了镜头恐惧。

但别担心，当你学习完本章的内容，对直播有了系统的了解，并经过一段时间的实战后，你会发现"轻舟已过万重山"。紧张与恐惧会逐渐消散，取而代之的是自信与从容。所以，放松心情，勇敢地迈出第一步吧！

1. 积极的心理暗示

面对镜头，紧张与不安是许多新手主播的必经之路。但请记住，镜头只是你与用户沟通的桥梁，而非敌人。通过积极的心理暗示，比如，语言自我暗示、行为心理暗示和环境自我暗示，我们可以逐渐摆脱这种恐惧，展现出更加自信、真实的自己。

语言自我暗示

每场开播前，无论是大声喊出来，还是在心中默念，都可以给自己加油打打气。通常来说，语句越简短，就越有效果。分享几句开播前常用的自我暗示语句："开播顺利，在线飙升，人气爆棚，我可以、我最强、我最棒""冲冲冲，今天直播我能行""小小直播，拿下"。

行为心理暗示

行为心理暗示比语言心理暗示更加有效，动作和表情都具有强烈的心理暗示和自我暗示作用。开播之前，喊口号的同时，你可以握紧小拳拳、点头，或是和直播间每位小伙伴击掌。

环境自我暗示

通过改变环境来暗示自己，是最高深的心理暗示技巧。我们可以利用环境暗示，最简单直接的方式就是打造让自己感到舒适的直播环境。比如，将好朋友送的玩偶放在提词器旁边，陪着你直播；又或者点上喜欢的香薰，播放自己喜欢的歌曲作为开场音乐。熟悉的物品能缓解紧张和焦虑情绪，让你放松下来，从而发挥出最佳状态。

2. 扎实的带货能力

积极的心理暗示在精神层面确实可以减轻心理负担。但回过头来，我们不能只是"口嗨",在镜头前游刃有余的表现力,才是直播带货的根本。很多主持人转行做主播能得心应手,正是因为长期在电视台演播厅实战形成的镜头感,切换到直播间也能轻松应对。接下来给大家介绍提升镜头感的实战技巧,一定要反复练习,才能将其转化为自身能力。

模拟真实的直播场景,设计一套直播话术,每天找一个完整的时间段,在客厅或浴室等密闭空间(无人打扰),面对镜子(模拟屏幕中的自己),打开摄像头(方便回看镜头表现),录制一段完整的直播带货话术实操演练视频。可以在旁边贴台词或设置提示词,重点是完整呈现一整段 5～10 分钟的带货直播视频。在此过程中,需要刻意练习以下 3 个要点,才能让你的镜头感满分。

找镜头

在直播的时候,要知道摄像头在哪里,目光一定是对着镜头的,这样才会让直播间的用户感受到目光交互。所以,提词器显示屏等道具应放在镜头的正后方或侧后方,以免眼神飘来飘去,无法被镜头捕捉。

直视镜头

很多人看到镜头的时候很害羞,或是看到镜子里的自己会笑场。这需要练习,盯着镜子里的自己,练习微笑和眼神以及上镜的仪态。拍摄时,盯着镜头,观察自己的微表情和肢体动作是否自然。这里特别提醒,灯光最好不要直射眼睛,避免长期面对镜头,因眼睛疲惫而影响直播状态。一般直播间布灯采用上下左右立体打光方式,若手机支架配套的灯距离镜头太近,建议使用可以调节高度或具有护眼功能的面灯。

模仿优秀的同行

切换自己的小号,多去同行直播间转转,录屏学习直播表现力自然的主播的上镜状态、表情和动作。一个成熟的主播,会把镜头"拟人化",把它当成真实的好朋友,与之互动、沟通。

从小白主播成长为大网红主播,离不开在直播间每天面对镜头的坚持与重复。这是一个不断精细化提升的过程,每一场直播都是脚踏实地、一步一个脚印走出来的。没有人能够一蹴而就,成功总是需要时间和努力。

然而,如果你仍然害怕镜头,一直在自我否定,不愿意迈出成长的第一步,那么可能主播这个岗位并不适合你。但如果你已经认准了直播这个行业,那么接下来就是你进行刻意练习的时间了。把握每一个机会,不断提升自己,向着大网红主播的目标迈进。

播感的培养：
让你直播更具吸引力的秘诀

关于播感

培养播感，其实与培养网感有着异曲同工之妙。你是不是那个 5G 冲浪选手，总能自然地与闺密好友分享热梗新瓜，并积极参与讨论？在直播领域，播感常被视作一种主观感受，就像爱情一样难以捉摸。有些人你看不上，但他们可能成为大网红；而你特别看好的人，却可能一直在圈子里默默无闻。

当然，我们不排除这种现象存在偶然性，"流量彩票"随时开奖，给直播行业带来了无数惊喜和"造梦"机会。但要成为顶流，除了运气，实力也是不可或缺的一部分。没有实力的爆红，难以维持长期发展。既然你选择了服装直播这个衣食住行首位刚需的领域，肯定也是想做长期生意。

因此，本节不介绍任何哗众取宠的打法，也不涉及游走规则边缘的预售玩法。我们只分享稳步提高播感的干货，让你的直播更具吸引力，培养

PART 6 主播成长篇：自我提升与养生之道是关键

忠实的铁粉、老粉。记住，播感 = 节奏 + 沟通 + 共情，想要提升播感，每一项细分能力都必不可少。

节奏的培养

节奏，在直播中，可以理解为控场能力，即把控直播的整体流程，包括何时上品、何时过品、何时互动以及何时返场。这项能力的核心前提是观察。

开场时，首先要观察场子是否已热起来，只有当氛围热烈时，才能更好地进行互动以拉近与用户的距离，随后展示直播主题。在此过程中，切忌自说自话或强行套用话术公式，按部就班地进行即可。

为了更有效地提升节奏感，建议通过回看录播来找到自己存在的问题，并寻求相应的解决方式。例如，如果开场响应的人少，你可以尝试更换更有意思的开场方式、营销玩法或话术。

在直播中，当你询问用户是否需要某件商品时，他可能会犹豫不决。此时，你的任务是帮助他明确现在的需要，并说明你的商品如何满足这一需要，这样他才不会陷入选择困境，而是会按照你的节奏进行。

一个好的直播开场，可以设置三个能让用户给出肯定答案的问题，然后顺势抛出你的产品需求。这种方式比直接询问用户更有效，因为它能引导用户给出肯定的答案。

为了掌握这些技巧，建议你反复观看同行的录播，学习他们的节奏感。观察一个业绩稳定的同行是如何开场的，塑品需要多长时间，以及多久过品一次。你可以按照每分钟的精细程度进行反复观看和学习，以提升自己的直播节奏感。

沟通的培养

沟通，在直播中，可以理解为互动能力，即能够调动用户主动分享自己的感受，回应对方的诉求，并与对方站在同一个立场。作为服装主播，你的目标是让用户信任你在服装上的见解，从而听从你的服装建议，进行购买和搭配。

那么，作为服装主播，你是选择成为一个专家型角色，让大家听你的，还是选择成为一个咨询师，先听完大家的需求，再给到解决方案呢？两者并无优劣之分，只是分别对应店播和达播的不同形式。

对于服装店铺的直播（店播），一定要提前确认好主题，如夏季的印花短袖、冬季的羽绒服。确认好产品后，再进行售卖。因此，沟通上一定要带着售卖产品的目的性，也就是为对方制造需求，找到合适的购买理由。店播的主播们可以在练习产品话术的基础上，重点加强调动气氛的能力，多找与话题相关的梗和切入点来引出产品。

而对于达人主播（达播），角色可以是服装店铺老板、设计师等，需要根据粉丝的需求进行选品。在直播间的沟通中，目的性可能不那么强，可以针对某一个产品快速上品、进行搭配组合售卖。这十分考验主播的专业知识和中控场控的反应力。从用户的体验感来说，这种方式会更好，因为主播会照顾到他们的感受，并根据他们的需求提出建议。因此，达人主播们可以借助线下档口店铺等机会，多直接与真实消费人群打交道，听取他们的诉求，并在直播间提出来，以营造很懂粉丝的专业性。

共情的培养

共情，在直播领域，可以理解为换位思考的能力。作为主播，你应该对"79元眉笔"事件并不陌生，这就是一个典型的因缺少共情而导致的翻车事件。

反过来，如果你能了解大家的真实顾虑，比如，因"拮据"而想找到大牌平替、因"不会搭配"而需要专业建议、因"担心货不对板"而希望给到运费险等,并给出相应的解决方案,而不是居高临下地质疑观众,那么你就能更好地与他们产生共鸣。

当你的产品是59元3件的短袖时,直播期间你要理解用户对质量的质疑,理解他们对更多礼品福利的要求。而当你的产品是2999元的桑蚕丝裙时,你的专业和品位都在吸引同频的人,此时千万不要说"150斤的姐姐不懂货"之类的话。

要想提高共情能力,你可以在快下播的时候,留一个15分钟到30分钟的闲聊环节,去倾听老粉的建议。了解他们在购买产品时的体验、对直播间服务的感受,以及他们对新品的要求和想法。这样,你就能更好地站在用户的角度思考,提升你的共情能力。

人设塑造：
打造独特且吸引人的主播人设

要想塑造一个独特且吸引人的人设，首先要避免打造虚假人设，尤其是与自身不符、依赖分裂表演支撑的人设，因为这样的人设很容易翻车，做不长久。

更好的方式是，基于真实的性格特色，加上人生履历背景进行包装。独特性，体现在你万里挑一、与众不同的特质上。而吸引力，则来源于你过去经历中的精华部分。

以"牛仔裤丽姐"为例（此为虚拟杜撰的账号）：她拥有自己的工厂，30年来扎根牛仔裤行业，曾为大牌做代加工，如今自创牛仔裤品牌。她的独特性在于"30年的牛仔裤老板娘"的身份。而她的吸引力则在于生完小孩后，她发现牛仔裤尺码不合适，穿上身很勒很紧，走路摩擦大腿内侧导致牛仔裤提前破损报废，于是决心改良牛仔裤尺码，生产大码牛仔裤。长肉变胖后，很多服饰不合身，买衣服困难，这就是她吸引人的点。她是否真实遇到了这个问题？不确定，但她肯定发现了这个问题或商机。

所以，塑造人设的第一步是找到自己的独特点。不要觉得自己很普通，每个人都是与众不同的。带着这个前提去放大自己的独特之处，可以是嘴大、眼睛小，也可以是博览群书、娓娓道来，甚至通过高歌一曲 Rap 来卖货。服装行业的差异化操作空间很大，例如前些时间爆火的短剧，也可以有一个服装厂老板的角色，一边演戏一边卖货。

第二步是包装自己的人生履历。无论是过早步入社会成长为企业老板，还是因某些事件决定进入这一行，你一定与服装行业有缘，有难以忘怀的回忆。

人设是角色的一种，它不是独立的。一个好的演员会补充和解释剧本没有解释清楚的内容。在直播间，你的每一句话都是现场直播。所以如果要编，也不要太夸张，否则到后面自己很容易陷入记忆混乱。例如，如果你修改了年龄，那你就要清楚修改后的那一年生肖是什么，发生了什么大事件。虽然服装和美妆行业修改年龄的情况比较常见，很多小年轻主播把年纪往大报，以凸显产品效果或展示自己的青春靓丽，但还是要保持真实和前后一致。

避免"主播病":
合理休息与养生的建议

作为服装主播,你不仅是时尚的传递者,更是直播间里的活力源泉。然而,长时间的直播工作也可能引发一些"主播病",每天都需要长时间站立和保持高强度的语言输出,这不仅对嗓子造成压力,还可能引发一系列健康问题,如气血不足、静脉曲张等。为了帮助各位主播更好地保持状态,这里有一些经验之谈,但请注意,这些并不构成专业医疗意见。若症状严重或持续不缓解,请务必前往医院就医。

1. 嗓子保护策略

水分补充:直播前后及过程中,记得定时饮水,保持嗓子湿润。温水或淡盐水是不错的选择,尽量避免含糖饮料和冷饮。

声音训练:学习一些基本的发声技巧,如腹式呼吸、轻声细语练习,以避免嗓子过度用力。

休息间隔：每直播 1 小时，至少休息 5 分钟，让嗓子得到放松和恢复。

2. 气血不足的调理

饮食调养：多吃富含铁质、维生素 C 和 B 族维生素的食物，如红枣、绿叶蔬菜、瘦肉等，有助于提升气血。

适量运动：轻度运动如瑜伽、散步等，可以促进血液循环、增强体质，对改善气血不足有帮助。

充足睡眠：保证良好的睡眠质量，让身体得到充分的休息和恢复，有助于改善气血不足。若是在夜间直播的主播，需保证 8 小时以上的睡眠时间。

3. 应对静脉曲张与腿部不适

站姿调整：注意站立姿势，双脚轮流承重，减少长时间以同一姿势站立，以减轻腿部压力。

使用辅助工具：穿戴医用弹力袜，使用站立垫或脚踏板等辅助工具，有助于缓解腿部不适。

定时活动：每小时至少进行 5 分钟的腿部伸展或轻微走动，促进血液循环，预防静脉曲张。

4. 心理调适与压力管理

情绪管理：学会放松技巧，如深呼吸、冥想等，有助于缓解直播带来的心理压力。

时间规划：合理安排直播时间表，确保有足够的个人时间和休息日，避免过度劳累。

社交支持：与同行多交流，分享经验、相互鼓励、适度吐槽，大部分情况是可以通过沟通解决的。

PART 7

附 录

— 服装直播话术宝库 —

话术案例，就像上学时我们参考的优秀作文，为主播和运营提供了丰富的知识和灵感。服装品类繁多，很多产品我们可能并不了解，也没有太多时间刷直播去学习。因此，我们为大家准备了这些话术案例以供参考。

在编写过程中，为了确保实用性，大部分的话术案例源自我们基地主播的日常直播，也有我们培训过的优秀学员的案例，以及我们的编写团队精心创作的。这些话术涵盖了日常开播能达到百人在线的直播间，也包含在塑品、逼单等方面表现出色的直播间话术。

每个话术案例都是针对一款产品的完整话术，可能是单品的循环话术，也可能是过品直播间里单品的完整话术。希望大家能够结合前面学习的内容，根据主播话术的底层逻辑，去学习直播带货的相关话术。

同时，我们要提醒大家，不同主播在直播间使用同一篇话术，效果可能会有所不同。因此，希望大家能够摘取这些话术中的优秀部分，结合自己产品的实际情况灵活应用。不要完全一字不差地照搬，要结合自身的语气和风格，让话术在你的直播间里更加顺口。

另外，由于带货直播间的主播话术都是口语化的，所以我们的案例也会更加口语化，不会进行书面语的编辑。请大家理解并适应这种风格。

最后，需要说明的是，在话术案例中，"（）"里的内容是助播或中控说的，相关的语气配合话术则不在括号内。若话术内出现"兔兔"等名字，这是主播的代称。希望大家在学习和应用话术时，能够注意这些细节，更好地提升自己的直播能力。

1. 开场话术案例

- 所有女生们可以看过来了，主播身上的牛仔裤，还有想要的女生可以飘"1"，飘得多给你们上了。主播身上这款纯棉弹力牛仔裤就做一波，所有飘了小"1"的女生听好了，后台把少量现货库存拉一波。而且门店399（元）不打折的，今天不需要，我299（元）都不开，飘了"1"的女生一定要听好，我们今天让你们买回去的是我们家今年的一个新款首发价格。

- 如果没有拍到69（元）一个价格的，现在××个宝贝，这样再给大家加一波吧，人数比较多的话那就再给大家加一波。如果想要我们家一号链接破

PART 7　附录：服装直播话术宝库

价的宝宝，满屏"1"飘起来。我看有多少个"1"，飘得多，我给大家再上一波；飘得少，我就不给大家上了。因为这个价格你想一想，如果今天我要卖得多了，我跟大家讲一下，明天我没法卖了，明天我就 99（元）了，我今天 69（元）的一个价格，你想一想是不是 ×× 个宝贝？所以说没有扣"1"的抓紧扣"1"，小哥按 1 的数量给大家去上车的。如果说宝宝，只有 3 个扣"1"的，那我只上 3 单，有 4 个扣"1"我上 4 个。这几单小哥依旧公平一点，还是给大家都是 48（小时）发货，相当于明天能看到物流信息，有 7 天无理由退换货和运费险的，宝宝。

- 今天所有人听好了，我们是 ××× 官方旗舰店官方总部账号，我们支持专柜门店验货。听好了，平时你要是觉得咱家贵的、舍不得买的，这两天真的可以带带，品牌日活动 11 号就截止了，最后的两天活动时间了。我们甚至能够享受到优惠价格之后的再折上折的一个优惠。所以今天能买的真的不要错过了。而且今天这一件是咱家新款，你们到时候可以去门店对比验货，我们支持专柜门店验货，假一赔四。而且送到大家有运费险的，有 7 天无理由退换货的，你们都不用担心。

- 欢迎新进直播间的姐妹们，这件连一顿早饭钱都不到的 T 恤，是有多少宝贝还没有抢到的？这是我们秋季新款，来给你们做一波上新体验价。想要的让我看看小 1 有没有？后台你统计一下，有多少小 1 给大家加多少单的体验库存。我们上新价只有两天，今天晚上 12 点就结束了，过了 12 点就恢复 99（元）了。各位姐妹抓紧时间，让我看到你们。

- 欢迎所有新进直播间的姐妹们，今天我们刚刚开播，正在给大家准备我们家今天的开播福利。有多少妈妈喜欢我们家这个外套，喜欢的妈妈给我打个"喜欢"。这个衣服我跟你们讲，159（元），听好 159（元），这个是我们之前日常卖的价，卖了 1000 多件，没有一个差评。我想拿这个衣服冲一波人气，涨一波人气，今天这个外套，姐妹们，159（元）不给你们开了，我想给你们炸个两位数。但是我要看一下有多少妈妈喜欢，喜欢的把"喜欢"两个字飘在屏上面。我看一下有多少人喜欢，我精准加库存。因为这个东西我卖两位数，我是亏钱卖的，知道吗？卖 159（元）我才赚钱的，所以想要的，精准加库存。你们有一个妈妈喜欢飘一个"喜欢"，两个妈妈喜欢飘两个"喜欢"，咱们按照你们喜欢来加库存行不行？

2. 痛点话术案例

女装直播间痛点需求

腿粗

很多姐妹都留言说，自己的腿比较粗，不敢穿短裙或者紧身裤。这款裤子/裙子采用了特殊的剪裁设计，能够很好地修饰腿部线条，让你的腿看起来更加修长纤细。

梨形身材

我知道很多姐妹都是梨形身材，上半身瘦、下半身胖。这款衣服采用了收腰设计，能够突出腰线，同时遮盖下半身的赘肉，让你的身材看起来更加完美。

肩窄头大

有些姐妹的身材特点是肩窄头大，很难找到合适的衣服。这款衣服采用了扩肩设计，能够让你的肩膀看起来更加宽阔，平衡头部大小，让你的身材看起来更加协调。

身高较矮

我知道很多姐妹都希望自己能显得更高挑，是不是？很多小个子姐妹找不到适合自己的衣服，这款衣服的版型设计真的很适合小个子女生，穿上之后显得腿部比例更加修长。

腰粗

有些姐妹腰部有赘肉，因为腰粗而不敢穿紧身的衣服，这款衣服采用了宽松的设计，能够很好地遮盖腰部的赘肉，穿上之后能够修饰腰部的线条。

手臂较粗

手臂粗的姐妹看过来，很多姐妹因为手臂较粗而不敢穿无袖的衣服，这款T恤袖子做得比常规短袖要长一些，能够遮盖手臂的赘肉，穿上之后能够很好地修饰手臂的线条。

皮肤较黑或偏黄

很多姐妹在视频评论区跟我说，自己的皮肤偏黑或偏黄，很难找到适合自己的衣服颜色，这件衣服的颜色真的很适合黑黄皮肤的女生，穿上之后让你的肤色更显白、更显嫩。

胸大

是不是有很多姐妹胸比较大，穿一些普通衣服出去老是被人盯着看，觉得很难受，有这种问题的女生一定要看过来。

PART 7　附录：服装直播话术宝库

肚子有妊娠纹

很多姐妹因为肚子上有妊娠纹而不敢穿露脐装，想让自己的肚子看起来更加平滑，回到当年少女模样的看过来。

腿部不直

很多姐妹因为腿部不直而不敢穿紧身裤或短裙，这款服装采用了直筒设计，能够很好地修饰腿部的线条，让你穿出自信。

溜肩

有些姐妹的身材特点是溜肩，希望自己的肩膀能够看起来更加平直，却很难找到适合自己的衣服款式。这款衣服采用了泡泡袖的设计，能够让你的肩膀看起来更加平直，显肩宽、显脸小。

臀部较大

很多姐妹因为臀部较大而不敢穿紧身裤或短裙，这款衣服采用了宽松的设计，能够很好地遮盖臀部赘肉；并且做了明线的线条设计，在视觉上让你的臀部、胯部显得更窄。

皮肤敏感

我知道很多姐妹因为皮肤敏感而不敢穿某些材质的衣服，这款衣服采用了柔软透气的纯棉材质，真的超级适合你们，穿上之后不会敏感，让你的皮肤可以得到温柔呵护。

想要显瘦

不少姐妹跟我说，希望穿上能显瘦一点，这款修身版型真的很友好，能很好地贴合身体线条，穿上之后身材比例更顺、看起来也更轻盈。

想要显高

很多姐妹希望自己能够看起来更高一些，这款衣服做了一个高腰线的设计，能够拉长你的腿部线条，让你看起来更加高挑。

想要显胸丰满

很多姐妹希望自己的胸部能够看起来更加丰满，这款衣服做了聚拢内收的设计，穿上身在聚拢的同时，能够很好地修饰胸部线条。

男装直播间痛点需求

针对身材偏瘦

有些男生比较瘦，总觉得衣服穿不出感觉，这款用了加厚面料加上 OV 版型，不仅穿着舒服，还能在视觉上增强肩宽和体态感，看起来更有精神、更显身形。

针对身材偏胖

我知道有些男生比较介意身材问题，不太敢尝试修身裤。这条真的可以放心，它虽然是修身款，但不是紧贴那种，而是根据身型设计的，配了弹性面料，穿起来舒适又显精神，还能自然修饰身形。

针对身高较矮

是不是有很多男生因为身高较矮而不敢穿一些长款或者拖地的衣服。

针对肩膀较窄

很多男生因为肩膀较窄而找不到适合自己的衣服，穿什么衣服都显得自己很垮，但我今天拿的这款上衣采用了加宽肩部的设计，完美地增加了肩部宽度，让你看起来更加魁梧、有精神。

针对腰围较大

有些男生腰围比较大、有点小肚子，挑衣服的时候总觉得卡得难受。这款用了弹性面料加宽松设计，不仅穿起来舒服，还能在视觉上修饰腰腹，让身形看起来更匀称。

针对脖子较短

是不是遇到过很多人说，你怎么没有脖子啊？脖子较短的哥哥是不是找不到适合自己的上衣？今天这款上衣做了一个低领口设计，可以完美地拉长颈部线条，让你的颈部看起来更加修长。

针对职场人士

很多兄弟在上班的时候需要穿着正装，但总是找不到适合自己的款式和面料，买到手的衣服都显得非常廉价。

针对正式场合

很多在职场有一定地位的哥哥，日常出席正式场合的情况比较多，需要穿着得体，今天这款西装采用了高品质面料和精致剪裁。

针对搭配烦恼

男生衣柜里面的衣服是不是都是统一的黑白灰？为什么？因为搭配太麻烦，害怕浪费时间。今天这件上衣可以打破你那些黑白灰的沉闷，它整体采用简约设计，经典又大气，可以搭配你衣橱里的任何衣服，让你轻松搭配出时尚感。

针对质量问题

很多男生是不是都有这样的习惯，一件衣服一穿就是好久？不像我们女生，喜欢常换常新。男生希望入手的衣服能耐穿些，可现实是，不少男生的衣服很容易坏，或者直接磨损了。

针对活动自由

男生日常运动量比较大，在公司里日常搬个东西呀、上下楼呀、出去跟朋友跑一跑转一转，甚至是打个篮球啊，总是遇不到又能上班的时候显正式，又能够让你们自由活动的衣服。

童装直播间痛点需求

过敏体质

很多宝宝是过敏体质，比如，对某些材质的衣物过敏，所以大家在选择童装的时候要特别注意。我们今天的这款童装采用了高品质、环保抗菌的面料和染料，经过严格的质量检测和认证，确保不会对孩子的皮肤产生刺激或过敏反应，减少了过敏的可能性。

小肚腩

很多宝宝的小肚腩难以束缚，宝宝身体长得也很快，衣服穿着穿着，小肚肚就被勒住了。

活泼好动

我知道很多宝宝精力比较旺盛，特别是小男孩活泼好动，这样的宝宝特别需要更加耐用的童装面料。我们的这款衣服采用了耐磨面料和加固缝线，经久耐穿，并且面料特别柔软透气，即便经过多次洗涤也不会变形缩水。

安全问题

我知道很多家长对于宝宝衣服的安全问题非常关注，是不是很怕宝宝衣服上有服装制作时候的化学残留，或者小配件容易脱落？我们品牌的童装严格按照环保标准进行生产，所有面料和染料都经过严格的质量检测和认证，证书直接拿给你们看，可以确保不会对咱们宝宝的健康产生负面影响。同时，我们非常注重衣服的安全性，采用高品质的小配件和工艺，以确保宝宝们在穿着过程中不会受到意外伤害，让宝宝穿得更加安全放心。

舒适体验

很多宝宝是不是对于衣服的舒适体验非常挑剔，并且很多妈妈也怕衣服在宝宝活动过程中有所不便。

易变形

宝妈们，是不是遇到过很多童装洗过几次后就变得松松垮垮？我们这款×××

采用了高弹性面料和精致缝线，持久不变形，让宝宝穿得更久。

清洗保养

宝宝经常出去和小伙伴在公园里玩耍，是不是衣服很容易脏，容易蹭到这儿蹭到那儿的，是不是之前买过的很多衣服清洗保养很困难？我们的×××采用了快干材质和防污设计，方便清洗且易干，即使在梅雨季节，孩子们也能快速穿上干爽的衣服。

透气性

很多童装不透气，让宝宝感到闷热不适，还容易给宝宝捂出小疹子、小痘痘。我们这款衣服采用高品质的纯棉面料，这种面料具有很好的透气性和吸汗性，能够让孩子们在穿着过程中保持干爽舒适。同时，我们注重面料的柔软度，能让孩子们感受到亲肤的舒适。

品质问题

姐姐们是不是遇到过那种在直播间看着挺好，但拿到手却是线头乱飞、做工特别粗糙的衣服，这不仅影响心情，还耽误宝宝穿新衣服。宝宝买衣服，咱们都想给孩子最好的，自己的衣服倒是无所谓。我们家的衣服，姐姐你放心，我们在生产过程中有着严格的品质控制体系，每一道工序都经过专业人员的严格把关。我们注重每一个细节的完美，就是为了确保童装在品质上没有任何问题。我们也有孩子，自己孩子也在穿，所以我们会提供高品质、健康、安全的衣服，让家长们更加放心。

卫衣的痛点话术

保暖性

大家是不是总觉得普通的卫衣不够厚实，冬天穿还是冷飕飕的？那这款卫衣你们可不能错过。它采用了超厚的加绒设计，保暖性是这个的（动作展示好），让你在寒冷的冬天也能感到特别温暖。

版型不合身

很多人买卫衣都会遇到一个问题，那就是版型不合身，要么太紧要么太松。但这款卫衣我们采用了立体剪裁，无论你是瘦削型还是健硕型，都能找到适合你的尺码，让你穿上身就感觉像量身定制一样。

易褪色易起球

大家是不是经常遇到卫衣洗几次就褪色、穿几次就起球的情况？我们家的这款卫衣选用了高品质的面料，经过特殊工艺处理，不仅不易褪色，而且抗起球性能非常好，就算是多次洗涤和穿着也能保持如新。

设计单调无个性

如果你觉得市面上的卫衣设计都太单调、没有个性,那这款卫衣肯定会让你眼前一亮!我们采用了独特的设计元素和时尚的色彩搭配,让你在人群中脱颖而出。

性价比不高

很多人买卫衣都担心性价比不高,花了大价钱却买不到好货。但这款卫衣我们保证让你物超所值。它的品质、设计和舒适度都是在一线的,而且我们给出了不到一顿饭钱的价格。

缩水问题

大家是不是经常遇到卫衣洗后缩水的情况,非常烦人?这款卫衣我们特地选用了防缩水面料,并且经过严格的预缩处理,确保你无论洗多少次,它都能保持原样,不会有任何缩水变形的问题。

起静电

秋冬季节穿卫衣,静电问题真的很让人头疼。但这款卫衣采用了抗静电技术,能有效减少静电的产生,让你在干燥的季节也能穿得舒适自在,再也不用担心被静电困扰了。

领口变形

很多人穿卫衣都会遇到领口变形的问题,非常影响美观。但这款卫衣的领口设计非常特别,我们采用了高弹性的罗纹领口,不仅贴合颈部线条,还能长时间保持形状不变。

不透气

如果你担心卫衣穿在身上会闷热不透气,那这款卫衣将是你的首选。它采用了透气性极佳的面料,能够快速排汗散热,让你在运动或日常生活中都能保持干爽舒适。

洗涤麻烦

大家是不是觉得卫衣洗涤起来很麻烦,尤其是那些印花图案容易掉色或损坏?这款卫衣我们特别采用了高品质的 A 级印花工艺和面料,不仅图案清晰美观,而且非常耐洗耐穿,让你轻松洗涤不用担心。

容易勾丝或破损

如果你担心卫衣容易勾丝或破损,那这款卫衣的质量是让你放心的。我们选用了高品质的面料,并经过严格的品质检测,它的耐磨性和抗勾丝性能都非常出色,让你长时间穿着也能像新的一样。

单调无层次感

如果你觉得普通的卫衣单调无层次感,那这款卫衣是会让你眼前一亮的。我们采用了独特的拼接设计和色彩搭配,让整体造型更立体、有层次感,和朋友出门玩肯定会让你轻松成为焦点。

冲锋衣的痛点话术

透气和保暖

北方的朋友们、南方的朋友们,你们最关心的是不是透气性和保暖性,都希望在保暖的同时能够透气排汗是不是?

防风、防水性能

很多喜欢爬山的或者住在沿海的朋友,是不是都希望冲锋衣能够有效地防风、防水,希望它能够有效地阻挡风雨侵袭?

耐磨和耐穿

经常户外运动的宝贝们,之前你们穿过的冲锋衣是不是特别不耐磨耐穿,穿上身没几天衣服就磨了洞洞出来,或者直接开线了?

口袋和收纳

喜欢徒步爬山的朋友一定要拍这件冲锋衣,我知道你们总是担心口袋不够用,想带很多东西却没地方装。我们家这款冲锋衣给你们准备了多个口袋和大容量收纳空间,方便你携带个人物品。

安全性

在户外活动中,安全是首要考虑的因素。我们的冲锋衣采用了反光材料设计,让你在黑暗中也能被注意到。同时,我们提供了安全口袋,可以放置重要的物品。

合身和剪裁

喜欢冲锋衣的朋友都知道,版型合不合身真的很关键。这款是我们根据人体工学做的立体剪裁,贴合度非常高,穿起来不挑身材,不管你是瘦一点还是壮一点,穿上都很有型。

轻便和便携

如果你喜欢徒步旅行或者登山,那么轻便性和便携性一定是你不容忽视的需求!我们的冲锋衣采用了轻量化材料和简洁的设计,确保你可以轻松携带并快速穿上。

耐久性

如果你打算长期穿冲锋衣，那么耐久性是关键，你不会希望衣服今天到的，就出去穿了一次，下次就直接坏了。我们的冲锋衣采用了高质量耐洗涤面料，就算多次洗涤依然保持良好状态。

舒适度

是不是很多宝儿都穿过那种冲锋衣，一上身就咔咔响，里边做了什么防水涂层还会脱落，是不是都在找能够贴合身体，舒适度高的冲锋衣？

大衣的痛点话术

保暖性不足

冬天穿大衣还是感觉冷飕飕的，直接从前面往里灌风，大家是不是觉得一件既时尚又保暖的大衣特别难找？

版型不合适

为什么有些大衣看起来很好看，但穿上就完全不是那回事儿了？很多大衣穿上后显得特别臃肿，身材都走样了。

材质不舒适 / 易起球

不知道大家有没有遇到过，大衣穿在身上感觉刺痒或扎人，真的很不舒服。才穿了没几次，大衣就起球了，看着就心烦。

不易清洗 / 保养麻烦

不知道大家的大衣一般怎么清洗啊，有没有觉得大衣清洗起来太麻烦了？干洗又贵又费时，自己保养自己洗，还怕洗坏了。

不适合特殊体型

对于身材较胖或较瘦的人来说，找到合适的大衣真的太难了。

领子设计不合理

很多大衣的领子设计得不舒服，不是太高就是太紧，让人穿着很不舒服。

口袋设计不实用

有些大衣的口袋设计得太浅或太小，装不下什么东西。

起静电问题

冬天穿大衣总容易起静电，很让人烦恼，一出门一回家，不知道你们有没有遇到过被电到心动的感觉？

长度不合适
很多大衣的长度要么太长拖沓,要么太短不够保暖,找个合适的长度真难。

袖型不贴身
有些大衣的袖型设计真的很不合理,穿上后显得手臂粗壮,我之前就遇到过这种情况。

内衬质量差
遇到过一些大衣内衬质量很差,穿几次就破损了,很影响穿着体验。

容易褶皱变形
出门打车是不是大衣经常容易被压皱,穿在身上显得不整齐,质感特别不好,感觉整个人都没有气质了。

羽绒服的痛点话术

保暖性能不足
想要一件既轻薄又超级保暖的羽绒服,真的有吗?大家冬天穿羽绒服是不是还是感觉冷,是不是开始怀疑保暖性能不够好?

清洗困难
羽绒服清洗起来太麻烦了,而且市面上大部分羽绒服容易洗坏。

钻绒现象
穿过一些羽绒服后,发现里面经常会有小绒毛钻出来,很不舒服。里面穿个卫衣打底的,脱掉羽绒服,一身的白色毛毛,你说尴尬不?

版型臃肿
很多羽绒服穿上后显得臃肿,身材都走样了,衣服也根本没有型。

不好看
羽绒服虽然保暖,但总感觉不够好看,出门站在商场门口一看,都是黑色、咖色的老款式。

不适合特殊体型
对于身材较胖或较瘦的人来说,找到一件合身的羽绒服真的太难了。

重量问题
来让我问一下,你们之前穿的羽绒服,有没有很重的那种感觉,穿在身上感觉沉甸甸的,是不是?我们这款羽绒服采用轻质材料/×××绒,既保暖又轻便,就算是出去跑、去玩飞盘也能活动自如。

不透气

有些羽绒服虽然保暖,但不透气,穿一会儿就出汗了,出门走一圈,衣服里面湿答答的。

领口袖口进风

是不是大家都遇到过,很多羽绒服的领口和袖口设计不好,风一吹就冷飕飕的。

难以搭配

羽绒服的颜色过于单一,不好搭配其他衣服,或者没办法展现出更美的自己,放眼望去,市面上要么黑色,要么白色,要么咖色的,一点儿新鲜的颜色都没有。

不耐穿

有些羽绒服穿不了几次就跑绒、破损了。我们注重品质把控,采用高品质材料和工艺制作,从而确保羽绒服的耐穿性和保暖性能。

3. 活动话术案例

- 今天给大家做了一个秋冬上新的福利价,平时门店都打不了的 6 折,今天给你们安排了。有想要的着急上车的,所有人听好,飘"666"直接安排了,也不等了,刚刚上一波已经给 20 多个宝子安排完了。上新就持续这么三五天,如果想要的,想明天来拍,我怕拿不到这个价,666 让我看到,我直接给你安排了。

- 宝贝们,我们终于要破 10 万粉丝,今天给你们来一波冲 10 万粉丝的福利。所有姐妹们,左上角点好关注,听好了,今天点关注帮我冲 10 万粉丝的姐妹,我肯定不会亏待你们。看见我手里拿的这个价值 99(元)的羽绒服清洗液没有,今天随单让你们带走,想要的左上角让我看到你们。

- 这是我们品牌的夏款反季促销活动周,只持续这么一周,所以今天只要在直播间下单的姐妹,都可以买 2 送 1。但真的只有这么一波了,今天周六,明天晚上 12 点前就没了,仓库也没有了。所以着急的今天抓紧下单,不急的你明天再过来,但是我怕到时候没有尺码了,反季促销的码没得很快。

- 所有人都听好这件衣服的细节了吧,这件外套日常得要 399(元),今天给

- 你们做一张200（元）的优惠券（要真实发券，不违规），因为今天是我们老板生日，他非要说今天给大家搞个福利。昨天还只减100（元）哦，那大家要不要感谢一下我老板，帮我在公屏说句生日快乐，我录给我老板看，这样我后面才好持续给大家加福利。
- 我看到有好多老顾客是不是？老顾客是不是都点关注了呀，这么多脸熟的老顾客都还没关注吗？那这样吧，今天给老顾客安排一波折扣，打个6折吧，好吧。那我不管你之前有没有在我们家买过东西，今天只要关注我了、给我上灯牌了，你就是我的老顾客。

4. 场景话术案例

- 姐妹们，你们有没有过这样的经历，当你早早起来化好妆，但站在柜子前选衣服的时候，却总是犹豫不知道该穿哪件？我在选衣服的时候也经常这样，挑来选去，时间都浪费了，上班都快迟到了还没选好。最后穿出门的衣服又不满意，然后上班又迟到了。
- 不知道你们有没有过这样的经历，夏天穿牛仔短裤出门在外边坐了一会儿，那个汗就直接从裤子里边透出来了。我虽然喜欢穿牛仔，但是当时特别害怕，因为逛街嘛，站起来我也不知道，被人看见很尴尬，还有人提醒你。但是我们家这款它不会，因为它做了××××。
- 你们有没有发现，上班的时候总喜欢靠在椅子上，但是你衣服在靠背那儿磨，让衣服都是褶。本来夏天就穿一件短袖，大部分男生不会在里边穿背心，那个后背的褶看着真的老邋遢了，你说挺精神的小伙子，弄得一身褶，显得我们衣服好像很便宜似的。但是我们家这款T恤做了×××面料和×××工艺，你怎么磨、怎么压都不会褶，洗完你直接一晒立马平整了。
- 天气越来越冷，你还可以穿到里面啊，当保暖衣保暖裤来穿它，就别人里三层外三层，穿得又多又臃肿又厚重，我能让你上身之后保暖还舒服，还能够显瘦十多斤，因为我们的面料里面添加了热拉丝面料，这个面料贴皮贴肉穿会更暖和。

- 我看好多冬天怕冷的姐姐,是不是已经开始里三层外三层往身上套了,就感觉我们看起来比较显臃肿了,对不对?所以说啊,冬天一个好的内搭确实重要,我们就把它穿在里边,别人真的一点儿看不出来,保暖的同时这个版型它真不显臃肿。

5. 开价话术案例

- 首先这个款式日播价开的是 99(元),今天在我直播间直降 44(元)的一个价格,一定要在左上方点好关注、领好券,所有人看好,最后支付是到手 50(元),拼手速倒计时。
- 吊牌价格是 1899(元),我们今天真的是带着诚意来的。红标在仓库存,专柜给你们发货。499(元)不开,再补贴 200(元),299(元)你去外面买个棉服都够呛,我这是品牌的羽绒服,有运费险。买回去跟专柜里面 1500(元)的去比比,我输给他你给我退,还给你们送围巾。现在是 22 点 42 分,我就送 1 分钟,43 分之前都拍好,来 1 号链接,拼手速。
- 我们今天是有 100(元)的粉丝优惠券,领到券比别人便宜 100 元。不要拍贵了宝贝,我看到有 9 个姐妹要,那先给大家发 9 张券,有 9 个姐妹到手比别人便宜 100 元。今年的新款,今天新春焕新季,700(元)、600(元)、500(元)不要,499(元)划算吧,点关注抢券,再减 100(元),到手 399(元)拍 1 发 2,准备上车。
- 其实你们知道,就像这种定制的手工旗袍,您去线下定做一件,随随便便的五六百(元),三五百(元)特别正常吧。兔兔开播福利,不给大家多说,直接一字开头,行吧,199(元)、189(元)也能上,但是没诚意。夏天您去买个普通的连衣裙,159(元)总归得要吧。开播福利,今天 159(元)我都不要,您帮兔兔点个关注,我不会让你白点。这款云南的玉石吊坠,你们喜欢吗?喜欢的扣"1"报个名,所有喜欢的姐姐,云南的玉石吊坠,每个人我给大家再送一条。听好了,我身上这款定制的手工旗袍，外加一款云南的玉石吊坠，拍1发2到手是两件，1号链接，139（元）来给宝宝们上车。

- 宝贝，你要知道像这种版型加上这种品质，人家外面什么价格（随便大几百），有图有真相。但是今天给兔兔点好关注，自家姐妹左上角先把50（元）大额优惠券领到手。我今天新品上新，我300（元）不开200（元）不炸，一字开头三位数给你带回去一整套，不是189（元）、199（元），我要炸给你炸波大的。立减50（元），139（元）带回去一整套，还额外补贴一个8元的运费。买回去觉得不好看，不显瘦，没有大几百元的品质，没有兔兔的上身效果，都可以退回来给我。8元运费补贴为你们保驾护航，并且宝贝我们家支持7天无理由退换货。你买回去，3天试版型，5天试品质，在第7天晚上寄回来给我都可以。但是你一定要拼好手速拼网速，139（元）直接上车，倒计时。

6. 逼单话术案例

- 你们知道服装的现货有多么难吗？所以大家抓紧手速，现货马上没有了，马上要改成7天预售了。
- 我跟你们讲，这件大衣你们今天一定要买，因为它是羊驼毛的，这种大衣是你买回去一次性的吗？不是，是你买这一件，你穿个10年的，你本都穿回来了，而且它一定不贵。你们去外面买的羊毛大衣，今年做得好的都得卖两三千元，但这是羊驼毛，姐妹们。你们感受一下，随便配个半裙，是不是也好看的？你们再背个像样的包包，出门的话是不是杂志封面，显时髦显精致度的，因为它是长款大版的，它能够让你足够大牌，它不会显小家子气。
- 你们如果纠结，先把黑色库存给占了，福利名额先占上，你哪怕晚上躺在家里面，不想要，你退了都来得及。而且今天这波抢到，现在不是10点43分嘛，44分之前抢到的，小哥全部备注安排围巾。然后抢到的宝宝把"已拍"打出来，我怕一会儿人多了，后台把围巾漏掉了。

- 首先，这个款式我跟大家讲一下，159元的话，我是没有办法一直放的。所以这个链接能拍的情况下，大家去拍一拍。明天如果说这个毛衣不是现在这个价格的情况下，我们今天就是说好，不要在公屏上去带我们的节奏。因为159元，我没有办法一直放，我们这个159元是不赚钱的。
- 我们今天的1号链接，姐姐不用犹豫，因为你们买到的是60多年的国民老品牌，线下都有2000多家连锁门店的，我支持你们线下门店对比品质，支持去门店验货假一罚十，而且单单我们1号链接是给大家开通了运费险。所以说我们今天想拍又薄又暖又轻的，不臃肿不厚重的，建议你去买1号链接就好了。

7. 互动话术案例

- 衬衫还有最后不到一小时的时间，我可以给你上这个价格。来吧，你要我的衬衫，要不要我的红包，要红包的姐妹来吧，要我的红包的点好关注，你来扣个"要"字。我们先统计一下人数，看一下发多少张红包。目前为止的话，这一波我可以给你发1~25张红包，所以说你把关注点好，前25个点个关注，扣个"要"的宝宝们，来，准备好一张50元的红包给大家。
- 你选颜色，要蓝色，扣"蓝色"；要粉色，扣"粉色"，要米色扣"米色"，你把颜色扣在公屏上，我们来加现货库存，现货库存是什么样子呢？48小时内给宝宝们发出去的。
- 来，这样子，拍好我的衬衫，有没有看中主播半裙的？有的宝贝你们自己选一下颜色，要深色扣"深色"，要浅色扣"浅色"。而且所有女生听好了，没有点关注的，没有在我家买过衣服的，也没有买我的衬衫的，今天只要拍裙子，全部安排腰带，拍浅色有腰带，拍深色有腰带。现在这样子，要我的深色扣"深色"，要我的浅色扣"浅色"。
- 所以兄弟姐妹们要不要现货，现货有多么可遇不可求，你们应该比我更清楚。来，绿色扣"1"，灰色扣"2"，黑色扣"3"，1、2、3，速速刷在公屏上，谁买个衣服都不想等，我也不想浪费你们的时间，哪个颜色扣得多，

- 我给你们精准上现货库存，给不给力（给力）。现货库存你出了我直播间，你真的是可遇不可求了。来过完颜色过尺码。
- 那今天直播间要不要破价，来，要破价刷"99"，来，小哥帮我统计吧。直播间的 160 个宝宝听我说，给我一分钟时间，一分钟之内如果超过 80 个宝宝扣"99"，有 80 个宝宝喜欢我身上这件三防男女同款冲锋衣。那么今天我告诉大家，什么叫全年地板价，什么叫全渠道全平台破价。宝宝，门店 499（元），门店价格就是打 9 折、打 8 折，你见过门店打 5 折吗，你见过门店打 4 折吗，那我今天让你见识一下，什么叫年货节继续，4 折往下再降，宝宝，259（元）再减钱。喜欢的直接刷"99"报名，快速过面料，讲完细节直接上了。

8. 防退款话术案例

- 姐妹们，选一件好的羽绒服，真的不只是为了保暖，更是对自己生活品质的投入。我们品牌做了 40 年，品质有保障。我们的产品不仅能给你带来温暖，还能提升你的生活品质，让你感受到时尚和舒适。
- 很多买过这款衣服的宝宝都回来给我们好评，你看我们这件衣服的好评分 5.0 的满分，他们有的甚至已经复购了。他们的满意是我们最大的动力。我相信，如果你收到货也会喜欢上我们的衣服，也会成为我们的回头客。
- 这款衣服库存有限，错过今天可能就没了。而且，我们今天的优惠只到 8 点，过了这个时间点，老板就让我们把价格调回去了。如果你真的喜欢，可以抓紧时间下单，明天看到比这高的价格，可千万不要来带价格的节奏。
- 我知道你们出了我们直播间能看到很多更便宜的同类产品，但我们家的宝贝，每一件都是精心挑选的。我们不做低价竞争，因为我们注重品质和口碑。我现场给你们剪一件，这是我们家的品质，和那些便宜货完全不一样。我们希望你能因为真的喜欢和需要而购买，而不是因为一时的冲动。
- 在准备下单之前，大家先想一下，你真的需要这件衣服吗？我们的产品都是纯手工制作的，每个师傅一天只能出 5 件，现在现货库存只有 23 件，这么多人我不保证每个人都能拍到。但是你拍到收到货了，我相信你肯定不想退的。

9. 颜色话术案例

白色

形容颜色的名字：牛奶白、米白、奶白、冰激凌白等。

白色话术案例

冰激凌白：冰激凌白这个颜色真的特别干净，像冬天雪地里奔跑的小精灵，穿上它整个人都透着轻盈感，显白又有气质，自带一种灵动的活力。

奶白：这条奶白色的裤子，布料很柔软、穿起来顺滑亲肤，颜色温柔又显气质。它的版型刚好可以柔和身形线条，还能让你的身材看起来更匀称自然，特别适合春夏的穿搭氛围。

百搭白：白色是衣橱中不可或缺的经典。无论是日常出行还是特殊场合，白色都能完美搭配，让你的风格多变且不失和谐。

青春白：白色总能让人想起青涩的初恋，是那种纯真而美好的感觉。穿上白色，仿佛回到了那个无忧无虑的青春时代。

云朵白：云朵白的衣物，轻盈而柔软，就像天空中飘浮的云朵，让人忍不住想要拥抱。

日光白：带着一丝暖意，就像阳光洒在身上，温暖而明媚。穿上它，你就像头戴光环的女神，优雅而迷人。

初恋白：这个名字本身就充满了诗意。它不仅是一种颜色，更是一种情感的寄托，让人想起那些青春时代美好的回忆。

珍珠白：比普通白色更多了一分光泽，穿上它，你就像珍珠一样高贵而典雅，无论是在职场还是聚会，都能成为焦点。

杏仁白：韩风气质，带着一丝雾面滤镜的效果，高级又不失温柔，是韩风穿搭中不可或缺的颜色，能让你展现独特气质。

黑色

形容颜色的名字：慵懒黑、高级黑、复古黑、神秘黑、大气黑、酷黑色、熊猫黑、星耀黑等。

黑色话术案例

基础黑：作为衣橱中的必备基础款，不仅实用，更因其经典而显得高级。选择一件质量上乘的黑色衣服，绝对是搭配中的点睛之笔。

魔力黑：黑色大衣总有着让人无法抗拒的魔力，当你不知道选什么颜色，你就选魔力黑，黑色经典百搭，任何场合都不会出错。

百搭黑：黑色衣物可以搭任何颜色，适合所有身材和年龄段，显瘦效果更是让每个穿上它的人焕发自信，无论年龄几何，都能完美驾驭。

职场黑：一条黑色裤子，成熟稳重，耐脏实用，上班可以穿，放假也可以穿，姨妈期都可以穿，不挑季节，不挑场合，非常实用。

四季黑：无论春夏秋冬，都是搭配的好手，显瘦又耐脏，让你在任何季节都能保持最佳状态。

神秘典雅黑：黑色系的衣物，总能带来一种夜入霍格沃茨的神秘感，让你在任何场合都显得典雅而神秘。

魅力黑：穿上黑色，你可以是邪魅的，也可以是优雅的，黑色赋予了女性双重魅力，带有一丝傲慢和性感。

酷黑：酷感十足的黑色，与机车款的结合，不仅显瘦，更展现出一种不羁的个性。

贵族黑：黑色，低调又很显贵气，自带光泽感。

五彩黑：在自然光下，黑色衣物能散发出丰盈的光泽，随意搭配都能展现摩登气质。

曜石黑：曜石黑，自带贵气感，穿上它，展现出不费力的高级感，是显瘦和撑气场的王炸选择。

红色

形容颜色的名字：珊瑚红、酒红、橘红、玫瑰红、大红、枣红、新年红、圣诞红、西柚红、枫叶红、乌龙蜜桃红、豆沙红、玛瑙红、番茄红、铁锈红、樱桃红、辣椒红、石榴红、夕阳红等。

红色话术案例

珊瑚红：穿上这件珊瑚红的连衣裙，就像海风轻拂，清新又充满活力，每个微笑都散发着夏日的热情，衬着肌肤更显白皙，真不愧是约会战袍！

酒红：这件酒红色上衣，深邃而神秘，优雅中带着成熟的魅力，就像沉醉在一杯陈年红酒中，适合追求品位的你。

橘红：活泼的橘红色，就像夏日的果汁，充满活力，让你的每一天都元气满满！又像夏日里的一抹夕阳，温暖又明亮，穿上它，仿佛拥有了无限动力。

玫瑰红：仿佛寒冬的白雪中，开出的一朵傲人玫瑰。当你穿着这件玫瑰红的衬衫出现在办公室一众的白衬衫之间，就好像白雪中的红玫瑰，醒目、浪漫又自由，瞬间吸引大家的目光。

大红：这件大红色外套，就像一团热情的火焰，照亮了周围的一切，热情奔放，气场全开，让你在人群中脱颖而出，成为焦点。

枣红：穿上这件枣红色毛衣，让你在寒冷的冬日也能感受到温暖和关怀。枣红色特别显气色，成熟又甜美，无论是妈妈还是女儿，都可以轻松驾驭。

新年红：新年一定要穿新年红，喜庆吉祥，万事如意。让你新的一年红红火火，好运连连。

西柚红：这件西柚红的裙子，就像夏日里的一杯冰镇西柚汁，清新宜人，甜美动人，非常灵动。搭配小草帽，仿佛插画中走出的高中生，青春洋溢。

枫叶红：枫叶就像秋天的诗，秋天一定要试试枫叶红，让你在秋日里也能成为一道亮丽的风景线，就像漫步在秋天的枫林中，优雅又自然，每个转身都充满了诗意。

乌龙蜜桃红：乌龙蜜桃红柔和而温馨。这件乌龙蜜桃红的上衣，让你的温柔气质自然流露。犹如少女脸上的一抹绯红，羞涩可爱。

豆沙红：豆沙红，细腻而典雅。这件豆沙红的连衣裙，让你在任何场合都能展现出女性的高贵与优雅。

玛瑙红：这件裙子看着就很贵气，就像一件珍贵的玛瑙饰品，华丽又高贵，所以它被称为玛瑙红。穿上它，你的每个动作都散发着光彩，让整个肌肤更加透亮，气质非凡。

樱桃红：穿上这件樱桃红的连衣裙，整个人就好像被新鲜的樱桃包围，可爱又诱人，不管是去户外露营，还是在室内的聚会，一定可以让你大放光彩。

辣椒红：既有辣椒的热情，又有红色的典雅，出席聚会等重要场合，一袭辣椒红的红裙，让你瞬间成为聚会的焦点。

石榴红：石榴寓意多子多福，在此佳节，送长辈、送女友，都可以入手这件石榴红衬衫，把祝福送出去，将好事带回家。

夕阳红：最美不过夕阳红，这件夕阳红的裙子，让人感觉就像夕阳的余晖洒在身上，温暖又宁静，使傍晚都变得格外动人。

粉色

形容颜色的名字：樱花粉、暗粉、西瓜粉、藕粉、奶油粉、豆沙粉、玫瑰粉、蜜桃粉、珊瑚粉、茱萸粉、水晶粉、马卡龙粉、蔷薇粉等。

粉色话术案例

樱花粉：穿上这件樱花粉的裙子，就像被春天的花瓣包围，轻盈又浪漫。走在阳光下，每一步都像在起舞，散发着青春的气息。

暗粉：暗粉色是一种成熟女性的优雅感。它不像亮粉色那样张扬，却有着自己独特的温柔和力量。

西瓜粉：这件西瓜粉的T恤，穿上它，就像拥有夏天的清凉，活泼又甜美，让你回到校园时候的青涩、阳光。

藕粉：藕粉色的毛衣就像秋日午后的暖阳，温暖而不炙热。穿上它就有一种紧紧的包裹感，感觉自己被柔和的光芒团团围住。

奶油粉：穿上这件奶油粉的外套，就像被甜蜜的奶油包裹，柔软又甜美，让你心情愉悦，美丽加分。

豆沙粉：豆沙粉的裙子，穿上它，就像走进了一幅古典的油画，优雅且有内涵，散发出一种沉静的美。

玫瑰粉：玫瑰的浪漫，少女的甜美，穿上这件玫瑰粉的衬衫，就像被爱情的芬芳包围，带一些小羞涩，又很俏皮可爱。

蜜桃粉：作为内衬非常百搭，这件蜜桃粉的小背心就像一颗成熟的蜜桃，看起来活力四射，甜美又充满生机。

珊瑚粉：珊瑚粉的连衣裙仿佛是海洋中的一抹亮色，清新又自然，自由自在，不受拘束。喜欢自由的你，一定要试试这件珊瑚粉！

茱萸粉：茱萸粉的上衣，具有复古的风情，优雅又有魅力。穿上它，像在时光里穿梭，重温美好的旧时光。

水晶粉：水晶的光泽照耀，透明又纯净。穿上水晶粉的外套，在人群里脱颖而出，却有一种与世无争的清新脱俗，惊艳又低调。

糖果粉：糖果粉的T恤，穿上它，感觉自己就像一颗甜甜的糖果，可爱又让人开心,如果最近有些不愉快,可以多试试糖果粉哦。

马卡龙粉:感受法式的浪漫,穿上这件马卡龙粉的毛衣,就像走在法国的街头,浪漫、甜蜜、与众不同。

蔷薇粉:蔷薇粉的裙子非常有个性,穿上它,感觉自己就像一朵盛开的蔷薇,既有女性的柔美,又很张扬。

灰色

形容颜色的名字:炭灰、浅花灰、浅灰、深炭灰、石墨灰、烟熏灰等。

灰色话术案例

炭灰:这件炭灰色外套深沉而稳重,上身看看,适合每一位优雅的绅士,温暖又高级,出席任何场合都自带气场。

浅灰:这件浅灰色的T恤简约又时尚,走在都市的街头,仿佛与这座城市同频共振,非常经典,很多CEO的日常休闲装,都是一件浅灰色的T恤,低调且高级。

深炭灰:深炭灰的连衣裙,穿上它,就像被深邃的夜空拥抱,神秘又优雅,让每个夜晚都变得迷人。

石墨灰:非常有艺术家气息的石墨灰上衣,深沉又充满创造力,文艺青年可以闭眼入的石墨灰,再搭配金丝框眼镜,绝配。

烟熏灰:烟熏灰的外套,让人感觉就像被朦胧的晨雾包围,神秘又充满诗意,让每个早晨都充满了新的可能。

珍珠灰:珍珠灰的衬衫,就像被珍珠的光泽照耀,低调又奢华,任何重要的场合都毫不逊色,搭配亮色的领带,还可以衬托你的优秀,瞬间成为聚会的焦点。

铁灰:铁灰色的毛衣,很像妈妈小时候为我们编织的柔软铠甲,温暖又充满力量。因为有了爱,所以我们拥有了更多的勇气直面挑战,勇往直前。

雾灰:雾灰色的T恤,就像被轻柔的雾气笼罩,朦胧又梦幻,穿上身,仿佛置身于一个梦幻的世界。

暖灰:暖灰色的上衣,暖暖的色调,非常柔和又很舒适,无论男生穿还是女生穿都很合适,给人一种亲切感。

橙色

形容颜色的名字:橘红、橘粉、香橙、爱马仕橘、奶油橘、奶橙等。

橙色话术案例

橘红:穿上这件橘红色外套,有一种魔力,就像拥有了太阳的温暖,活力满满,精神抖擞,走路带风。

橘粉:这件橘粉色的T恤,像不像我们小时候写情书的纸,带着一丝甜蜜与活力。仿佛回到无忧无虑的少女时代,被温柔的花瓣包围,甜美又清新,减龄又显肤白。

香橙:香橙色的连衣裙,和香橙味的汽水一样,让人无法拒绝。曼妙的线条,热情的色彩,清爽提神,走在街上,立马成为那个最亮眼的活力女孩。

爱马仕橘:不是每个人都敢穿橙色,只有自信、有品位的人,才敢穿爱马仕橘。这件爱马仕橘色的衬衫具有奢侈品的质感,高雅有活力,每个细节都透露着精致,处处彰显着高贵。

奶油橘:奶油橘色的毛衣,就像温暖的阳光,洒满全身,光亮但不刺眼,热情却不张扬,一切都刚刚好。

奶橙:奶橙色的小背心,就像夏日里的冰激凌,甜蜜又清凉,外面不管搭什么衣服,都很有冲突的视觉享受感,非常惊喜,耐看、经典又不过时。

珊瑚橘:穿上珊瑚橘色的裙子,感觉自己就像海底的珊瑚一样绚烂多彩,无论是海滩还是城市,都是你的时尚舞台。

夕阳橘:夕阳橘色的外套,让人感觉像被夕阳的余晖照耀,温暖而宁静,每个傍晚都变得诗意盎然。

南瓜橘:穿上南瓜橘色的卫衣,就像拥有了秋天的丰收,活泼又充满生机,非常适合户外穿,亮眼又耐看。

柑橘橙:柑橘橙的T恤,就像新鲜采摘下来的柑橘,带着水珠,被香气包围,一切都刚刚好。上身非常清爽,夏日出行,活力十足。

杧果橘:杧果橘色的衬衫,很适合在海边散步穿着,既有热带水果的热情,又有夕阳余晖的温暖,相得益彰,恰到好处。

蜜桃橘:蜜桃橘色的连衣裙,甜妹们闭眼入,你看张开的裙摆,像不像一颗甜甜的水蜜桃,充满了甜蜜的诱惑。

火焰橘:火焰橘色的上衣,色彩饱满,饱含激情,热烈奔放,上身看看,一下子就像被热情的火焰点燃,激情四射,在任何场合都可以迅速成为焦点。

日落橙:日落橙色的外套,让人感觉就像被夕阳的壮丽景色包围,温暖又浪漫,每个傍晚都变得格外动人。

橙红:橙红色的衬衫,穿上它,就像拥有了秋天的热情,活力四射,让人每一天都充满激情。

黄色

形容颜色的名字：面包黄、鹅黄、姜黄、泥黄、柠檬黄、芥末黄、奶黄、奶酪黄等。

黄色话术案例

乳黄：乳黄色穿上身，有种岁月静好的感觉，不会抢眼，但特别耐看。就像那种很会穿的女生，一眼就让人觉得舒服、有气质。

柠檬黄：柠檬黄的明艳恰到好处，清新脱俗，不显压抑。这个颜色让人心情轻松愉悦，满载着希望和生机，明亮而不压抑，甜酷感十足，活力四射。

小鸡黄：可爱的小鸡黄，亮度适中，青春减龄，在人群中自成一道光，穿上它，会显得格外鲜嫩可爱。

奶黄：这款奶黄色真的太适合春夏了，色调特别柔和，像是牛奶里加了一滴浅浅的蜂蜜，穿上立马显白，整个人都透着一种软软的元气感。

杧果黄：一件亮色系的外套，能打破冬日的沉闷，带来活力与元气。穿上这件杧果黄色的上衣，即刻拥有满满的活力和元气。精准的色彩拿捏，是秋冬季的搭配翘楚，舒适又好搭。

秋叶黄：秋天的专属色彩，低饱和度，柔美宁静，高级感十足，不挑肤色。穿上它，活力四射，阳光灿烂，朝气蓬勃，醒目耀眼，减龄又青春。

暖黄：与落叶同色系的暖色调，视觉上给人以温暖的感觉。冬天需要这样温柔的亮色，仿佛沐浴在温暖的阳光下。

麦穗黄：浅浅的黄色，亮度适中，与今年的流行风格完美搭配，给人暖洋洋的感觉。

桂花黄：秋季的专属色彩，穿上它，轻松展现温柔气质，香香的气质小姐姐就是你。

香槟金：高级感十足，适合任何正式场合，穿上它，典雅精致，带有一丝浪漫气息。

蓝色

形容颜色的名字：baby 蓝、暗蓝、复古蓝、月光蓝、深靛蓝、克莱因蓝、矿物蓝、藏蓝、蒂芙尼蓝、冰激凌蓝、牛仔蓝等。

蓝色话术案例

雾霾蓝：带有一抹灰色的神秘，低饱和度更显低调优雅，非常适合有成熟魅力的你。一秒变身冷白皮，深色调的它，提升气质的效果不言而喻。

宝石蓝：白得耀眼，穿上它，你将在街上独树一帜。明亮而显眼，如同天空与海洋的融合，带来宁静与清新，适合每个人。

月光蓝：莫兰迪色系中的温柔代表，淡雅而充满气质。

西雅图蓝：西雅图蓝这个颜色的衣服真的很少见，但是你穿上身之后，就像走进了雨后清新的西雅图天空和湖边，感觉特别舒服自然，又有点高级感，特别适合喜欢低调又有气质的朋友。

灰蓝：饱和度和明度恰到好处，减龄效果显著，搭配牛仔单品，时尚感满分。这优雅的色调是经过精心设计调试的，黄皮肤也能大胆尝试。

小湖蓝：穿上它，让你成为众人瞩目的焦点，搭配自如。

琉璃蓝：这种蓝色特别显白，也很显精神，搭配白色或米色单品特别好看，既低调又有质感，非常适合追求简约高级感的女生。

亮羽蓝：特别衬肤色，色彩丰富且易于搭配。

玛瑙蓝：高贵冷艳，冷色调更显肤色白皙，渐变效果令人着迷。

北卡蓝：让你重新定义蓝色的魅力，一见钟情，美得无法无天。

迈阿密蓝：复古神秘，提升气场，显白效果极佳。

深蓝：干净内敛，休闲随性，适合日常穿搭。

孔雀蓝：高冷且高级，适合各种肤色，轻松驾驭。

疾风蓝：带来舒适清新的感觉，淡雅的 Ins 风格。

海蓝：让人想起深邃的海洋，静谧而波澜不惊。

蓝铃色：时髦精灵的俏皮选择，显肤色，特别推荐。

冰雾色：略带渐变的灰色调，细腻如江南烟雨，美感独特。

晨雾蓝：朦胧清新，如同海盐冰激凌，清爽宜人。

浅蓝色：清爽干净，穿上它，显白又衬气质，重返青春。

克莱因蓝：克莱因蓝给人一种很有力量感和自信的感觉，穿上它，不管是上班还是日常，都能让你看起来既稳重又有气质，超级好搭配又耐看。

青丘蓝：仙气十足，高冷而不食人间烟火。

丹宁蓝：高贵优雅，自带法式风情，显白有质感。

晴空蓝：大气简约，安静清新，减龄效果显著。

绿色

形容颜色的名字：矿绿、军绿、青苔绿、丛林绿、薄荷绿、橄榄绿、牛油果绿、豆沙绿、抹茶绿、糖果绿等。

绿色话术案例

矿绿：厌倦了秋冬的沉闷，矿绿色能带来一抹自然清新，让你成为街头的焦点。

青苔绿：这款青苔绿纯度柔和，能带来一种静谧淡然的视觉效果，仿佛置身于幽静的森林之中。

丛林绿：今年大热的绿色系，大胆跳跃的色彩，让你的冬日造型焕发活力，成为人群中的亮点。

薄荷绿：清新脱俗，如同夏日里的一抹凉风，是今年大受欢迎的颜色，让人爱不释手。

橄榄绿：高冷中带着优雅，特别显肤色，黄皮肤也能穿出好气色。

牛油果绿：柔和而富有生机，今年的颜色新宠，穿上它，让你焕发青春活力。

豆沙绿：饱和度适中，带有一种温婉的小清新感，不张扬却充满魅力。

抹茶绿：低饱和度的绿色，清新文艺，如同一杯香浓的抹茶，让人心情愉悦。

糖果绿：明亮而甜美，为冬日造型增添一抹亮色，打破沉闷，带来趣味。

军绿：深沉浪漫，比想象中更好搭配，显白、显气质，高雅气质女生的必备色。

苹果绿：吸睛定染色，活泼青春，一年四季都很出彩，少女青春范儿。

森林绿：森系女孩必备，低明度，岁月静好，是一种沉淀下来的美。

嫩芽绿：春天的代表，元气少女的基础色，特别又百搭。

紫色

形容颜色的名字：雾霾紫、紫灰、复古紫、香芋紫、魔仙紫、奶油紫、葡萄紫等。

紫色话术案例

紫水晶色：紫水晶色的衣服都是带着宝石般的那种光泽，柔和而深邃，散发出神秘又优雅的气质。再搭配亮色系或金银饰品，能带来很强烈的视觉冲击感，特别地显高贵、显气质。

雾霾紫：厌倦了常规色彩？雾霾紫给人一种神秘与优雅的气息，穿上它，仿佛变身为偶像剧中的女主角,唯美动人。

紫灰色:自古是皇室尊贵的象征,紫灰色更添一份低调奢华,穿上它,彰显高贵气质。

复古紫:在自然界中稀有的紫色,带有天然的端庄与神秘,让你穿出与众不同的高贵感。

香芋紫:甜美而不过分,穿上它,女人味与内在气质自然流露。

魔仙紫:梦幻般的色彩,穿上它,浪漫唯美的气息即刻扑面而来。

奶油紫:柔和细腻,穿上它,日常穿搭也带有温柔的甜蜜味道。

葡萄紫:即便是鲜明的色彩,也足以温柔人心,让人越看越觉得甜美诱人。

深紫色:充满魅力与迷人气质,凸显高贵,提升自信。

棕色

形容颜色的名字:驼色、奶茶棕、米驼色等。

棕色话术案例

驼色:秋天的专属颜色,不必多说的百搭和气质色,穿上它就知道什么叫低调又高级,温柔气质姐妹的衣橱必备。优雅又大气,每一步都散发着成熟女性的魅力。

奶茶棕:是一种辨识度极高的色彩,它融合了蜜糖的甜美与枫叶的秋意,醇厚且深邃,值得细细品味。对亚洲肤色极其友好,穿上它,能散发出柔和且亲切的魅力,不会有任何距离感,是法式优雅的入门之选。

米驼色:介于米色与驼色之间的温柔色彩,它既有米色的纯净,又有驼色的优雅,穿上它,让你的气质更加柔和,无论是职场还是日常,都能完美驾驭,展现出你的高级品位。

咖色

形容颜色的名字:栗子色、驼色、焦糖色、奶茶色、巧克力色、陨石拿铁色、香草咖啡色、椰奶咖啡色、肉桂咖啡色、卡布奇诺色、奶油咖啡色等。

咖色话术案例

栗子色:穿上栗子色的毛衣,不仅有秋天小松鼠的俏皮感,又像秋天的暖阳,温暖而亲切,浑身上下都散发出一种成熟的魅力。

驼色:驼色,我的最爱!这件驼色大衣,就像我冬日里的依靠,有温度又有风度,绝绝子,没有哪个女人可以拒绝这件经典的驼色大衣。

焦糖色：看看这件焦糖色外套，不会太甜也不会太苦，独特的口感，一切都刚刚好，非常好搭衣服。

奶茶色：奶茶色柔和得就像每天下午的小确幸。这件奶茶色针织衫，穿上它，仿佛被温柔包围，心情都变得柔和起来。

巧克力色：巧克力色的连衣裙，让人感觉自己就像一颗丝滑的巧克力，优雅而深邃，每个转身都充满神秘感。

陨石拿铁色：陨石拿铁色的上衣，真是特别到不行！它让人感觉既时尚又独一无二，就像宇宙中唯一的那颗星。

奶油咖啡色：奶油咖啡色，听起来就很好吃，一件奶油咖啡色的小毛衣，整个人摇身一变提拉米苏，甜美又可爱。

卡其色

形容颜色的名字：卡其棕、摩卡色、大地色、橄榄卡其、奶茶卡其、沙漠卡其、岩石卡其、森林卡其、日落卡其、沙丘卡其、烟草卡其、琥珀卡其、泥土卡其、巧克力卡其等。

卡其色话术案例

卡其棕：卡其棕外套是自然的经典，就像秋日的一杯拿铁，温暖而醇厚，让整体穿搭都充满质感。

摩卡色：摩卡色毛衣深邃而优雅，穿上它，就像沉浸在一杯香浓的咖啡中，享受它带来的宁静和生活的每一个美好瞬间。

大地色：这件大地色连衣裙质朴而舒适，让人与自然融为一体，展现出最本真的美。

浅卡其：浅卡其衬衫清新且明亮，春夏秋冬怎么搭都好看。

深卡其：非常稳重、非常内敛，一穿上它，浑身上下都散放出成熟女人的独特魅力。

橄榄卡其：橄榄卡其风衣，让每一次出行都充满复古风情，又具有独特韵味，非常有特色。

奶茶卡其：奶茶卡其开衫，像冬日里的一杯热奶茶，温暖人的心房。原来你是奶茶哦，这样我就可以把你捧在手心了！

沙漠卡其：沙漠卡其色夹克，让人在都市中也能感受到一丝不羁的自由，自然野性、放荡不羁。人生就是狂野，不被任何阻拦，向前奔跑吧！

岩石卡其：岩石卡其色西装颜色很正，坚毅有力量，让人在职场中更显专业和自信。

森林卡其：森林卡其色衬衫，让穿搭如同森林一般充满未知的探索，深邃而神秘。

日落卡其：日落卡其色长裙，好像夜幕降临的那刻，天空瞬息万变的云彩，充满诗意，温暖又浪漫。

沙丘卡其：沙丘卡其，柔和而细腻，沙丘卡其色半裙，让每一步都踏出温柔的足迹。

蜂蜜卡其：蜂蜜卡其色上衣，有点儿甜，穿上它，让每一天都像被甜蜜包围。

烟草卡其：经典烟草卡其色，仿佛浑身上下都写满了故事，非常有品位、有深度。

琥珀卡其：琥珀卡其，温润有光泽，琥珀卡其色针织衫，让穿搭更加细腻且有质感。

泥土卡其：泥土卡其色休闲裤，朴实且贴近自然，穿着更加舒适和自在。

金棕卡其：金棕卡其色衬衫，让每一次亮相都彰显高贵的气质，华贵而不俗，穿上它，在哪里都要高看你一眼。

暖卡其色：低调且温暖，是亚洲肤色的日常穿搭优选，简约中透露着高级感。想要提亮肤色，选择卡其色准没错，能让你的肌肤看起来更加白皙透亮，上身效果既时尚又不失亲和力。

10. 多类服装话术案例

保暖内衣

话术时长：8分钟左右

服装：保暖内衣

形式：付费单品平播

有没有今天刚刚来到主播直播间的新粉儿，没有看到1号链接细节的？今天1号链接呢，它是我们家的招牌面料，我们的德绒面料。德绒跟大家平时买的普通保暖内衣那种厚的，那种金丝绒、黄金绒的面料是不一样的。我们1号链接呢，整个的面料厚度，来给姐妹们看一下，差不多在一块钱硬币的厚度。刚刚想看薄厚的宝

PART 7 附录：服装直播话术宝库

宝看一下，它是常规厚度，不薄也不厚，对吧，一块钱硬币的一个厚度。但是这个绒呢，我们给大家翻开看啊，它全部是给大家做的这种双面磨绒的，它是自带绒感的，是不贴绒、不粘绒、不加绒自带绒感的，这是我们里层的绒，这是我们外层的绒。那里层让我们贴肤去穿，它可以让我们感受到这种持久的升温和锁温，外层穿到身上防风和抗寒，不显臃肿也不厚重，正常当个基础打底。现在季节穿并不是很冷，对不对？你像南方的小伙伴，你就套个薄的外套，像我一般平时上下班骑电瓶车的，我就穿个冲锋衣；如果你们天气再冷一点的，你把这个穿在里面，外面套薄棉服这样过冬，都不用穿得那么厚重。

另外，在我们 1 号链接的面料里面，还有一个细节，就是它的面料给大家做了一个弹性更好的四面弹。你们可以看一下我们的弹性啊，像我这样横向拉扯、竖向拉扯都没有问题，它是给大家做到四面都是有弹的。穿到身上，没有任何的紧绷感，没有任何的束缚感，穿到身上不紧绷、不紧勒，非常舒服。而且今天，在我们 1 号链接的面料里面，我们又给姐妹们升级了 5A 级的抑菌防螨和抗静电。因为这个面料，姐妹们你想一想，冬天还很漫长，现在的话 11 月、12 月，1 月、2 月、3 月，有的甚至 4 月，你都可以穿。有些面料穿到身上，不健康的，咱们都不会去买的。穿着是闷汗的、捂汗的、刺痒的、扎乎的、毛毛躁躁的，稍微穿到身上，皮肤后面就包包点点一大堆，对不对？面料不好的，一定不要去买。

来，给姐妹们看一下我们 1 号链接的一个细节（kt 板）。我们是给姐妹们采用了一等品的技术指标，5A 级的抑菌，优异的抗静电性能，和 88 的防螨处理。这个是什么材质？是绒的，是德绒，它是绒料的。因为姐妹们知道，现在季节你穿棉的不太够了，所以说我们是给大家推荐的 1 号链接，是我们德绒的，抑菌防螨抗静电的绒。有的衣服的绒，大家都知道，那个绒穿到身上会刺痒，会扎肤、会不舒服。但是我们的德绒是又轻又暖、又薄又暖，而且这个绒给大家用的细腻的短平绒。并且这个绒毛，来，宝宝看到没有？这个绒你用手去摸，你能摸到柔柔的、软软的。但是有人手抓着去拉扯它，这种是拉扯不掉。还有我们这个衣服的绒呢，像这样跟我的头发去摩擦，跟我的身上去摩擦，是一点静电都没有的，是不起静电的绒。

那我们今天手里拿的是双面磨绒，对吧？0（摄氏）度都能去穿的打底衣保暖衣套装一整套，丝棉又加弹，里面加了 8% 的氨纶。

5A 级的，刚刚讲到抑菌的，都做了防螨的，又做抗静电的。咱们就不说我们门店价格，你正常，咱买个同等品质的，你去线上买，很多的线上直播间，像这种白牌的，没有牌子的，咱是不是都有花 100 多元的，大 100（元）的吧。但今天直播间，我们集团门店是 189.9（元），因为今天晚上是我们集团补贴最后一天，因为"双 12"的返场福利，1 号链接呢，我们 189.9（元）是给大家补贴了 60（元），到手价格是 129.9（元），衣服加裤子是一整套的。咱们算一下，一个单件是 90 多（元），一个裤子 90 多（元），然后我们今天一整套 129.9（元）拍下的。因为我们这个 1 号链接，姐妹们来得比较晚了，这个礼盒包装没剩几个了，手里拿的 1 号链接库存我们还有 64 套，这个衣服的库存还有 64 套。礼盒包装还有 32 个。想要这个礼盒包装的姐妹，这个需要我们自己拼点手速。不要等到说过两天，因为可能我们集团补贴价格结束了。如果这衣服，它万一价格没有或者礼盒包装没有了，咱不要再带节奏。今天提前先给姐妹们讲，因为这个礼盒包装是我们临时给大家加的，正常 1 号链接是没有礼盒的，但 1 号链接我们给大家升级了礼盒包装，礼盒装还有最后的 29 个，拼拼手速。

然后我们今天的 1 号链接，姐妹们不用犹豫，因为你买到的是 50 多年的国民老品牌，线下都有 1000 多家连锁门店的。我支持你们线下门店对比品质，支持去门店验货，假一罚十，而且我们 1 号链接是给大家开通了运费险。所以说我们今天想拍又薄又暖又轻的，不臃肿、不厚重的，建议你去买 1 号链接就好了。

来给姐妹们过遍颜色啊，1 号链接给大家过颜色。我手里拿的果冻粉，粉色的温柔可人，然后杏仁色的话呢，它是比较百搭显白的。今天直播间跟大家说一下，我们 1 号链接为什么便宜呢？它断码挺严重的，我身上穿的这个心跳红色，它的 170 码已经没有了，所以说断一单少一单。为什么价格便宜？因为我们 1 号链接它里面的库存断码，再加上我们今天是集团有补贴，而且今天晚上是我们"双 12"返场的最后一天了，明天要恢复到之前的 189.9（元）。

然后没有看到细节的宝宝，给大家看看细节啊，我手里拿的是我们家的招牌，德绒面料的……

冲锋衣

话术时长：8 分钟左右

服装：冲锋衣

形式：微付费憋单

来，新粉有没有？新粉有的话一定要停下，我们活动上一波好不好？左上方先

PART 7　附录：服装直播话术宝库

把关注点一下。三个点给你们讲一下，首先，第一听好，这是××××年的早春新款，是春款的一个外套薄款。你现在买回家，可以穿到夏天当防晒没问题的，而且是男生女生都能穿的男女同款。当亲子装、当情侣款都OK，能理解吧。第二是现货，现货现发不需要等待的。第三，门店专柜在售，吊牌价是599（元）。宝宝，我们冲锋衣基本是四五百元的，然后这个是正常价位，开完价，有的时候399（元）、389（元）都算便宜的。

那今天直播间要不要破价？来，要破价刷"99"，小哥帮我统计吧。在直播间的160个宝宝听我说，一分钟之内，如果超过80个宝宝扣"99"，有80个宝宝，喜欢我身上这件三防男女同款冲锋衣，那么今天我告诉大家，什么叫全年地板价，什么叫全渠道全平台破价。宝宝，门店599（元），门店基础就是打9折、打8折，你见过门店打5折吗，你见过门店打4折吗，那我今天让你见识一下，什么叫年货节继续，4折往下再降，宝宝359（元）再减钱。喜欢的直接刷"99"报名，快速讲面料，讲完细节直接上了。

首先，价格虽然降了，但品质做得贼顶，什么样听声音。耐磨防撕裂面料，穿不坏、刮不烂的面料，洗不坏的面料。如果你给孩子买，上学穿，宝宝，你不用担心起球，不用担心勾丝，不用担心掉色，不用担心变形的，能理解吧。而且整个衣服你看一下，防水性贼牛，落了水没有任何的痕迹。整个衣服让你好打理，同时能够支持机洗，没问题；而且夏天要不要防晒，里面全部带透气网口，外面抗风防水，夏天当防晒没有任何问题，37（摄氏）度、38（摄氏）度还不粘在身上。

准备好了哈，来，听好了，听好。现货现发，带运费险，最后15单，要加单的，不会选尺码，来报身高体重，根据身高体重尺码一对一推荐。主播是1米6、87斤，穿的是S码样衣。来，选颜色吧，这是黑灰配色，酷的、帅的、经典的、显瘦的、黑灰色；想要更高级极简风格，买纯黑色；然后这个是清爽洋气的宝蓝色跟粉色，很春天、夏天的颜色。

来，新朋友们，把关注点好。宝宝记得点关注，很关键的啊，关注点好，灯牌亮好，有质量问题售后问题来联系我，来。

（S码120斤，M码140斤，L码160斤，一个加180斤、两个加200斤，正码正拍，小个子卡码拍小，高个子卡码拍大，1号链接上车喽。）

准备好了（准备好了），来，现货现发，加运费险。门店599（元），今天拍下4.8折的活动，1号要试什么颜色？现在开始扣颜色，哪个颜色扣得多，就优先试穿。改价倒计时。

（5、4、3、2、1，1号链接刷新去拍，18单库存，下方小黄车1号链接。门店吊牌价599（元），今天直播间到手价格只要288（元），4.8折直接拿下。衣长68厘米到78厘米，每增加一个尺码，增加2厘米。不挑身材、不压个子，颜色等一下都会去试的，可以先去抢库存，断码是没法补单的。先买黑和灰两个颜色，不出错，而且经典，想要显白就买蓝色，正品保价假一罚四，有运费险。秒拍秒付，宝贝。）

来，所有宝，刷新购物车吧，到手价格288（元）。粉色S码已经全断了，加不了。然后绿色L码也没货了，蓝色S码还有个位数的库存。都是个位数，现货现发不用等，保证是正品给大家。拍下有运费险，有7天无理由退换货。宝，你自己想一下，我们家卫衣2号链接卖多少钱？298（元），我们家平时一件T恤都要卖到259（元）、279（元）。但今天冲锋衣，三防的外套，4.8折，288（元）拿下，这个价格，就今天晚上可遇不可求。

然后粉色你们试一下吧，好不好？然后这是蓝色，蓝色的话相对来说比较复古一点点，减龄一点点。粉色更温柔一点点，要试颜色扣颜色，没有扣的颜色一律不做试穿，好不好？然后呢，不会选尺码，直接报身高体重给我就OK了。然后这是灰粉，粉色我穿的是M码，这是M码的效果。小个子女生，比如163厘米、165厘米以内的，158厘米这种小个子女生，千万别穿大。

然后背后来感受一下，都是风衣式的挡风面，然后下摆有抽绳的。运费险都有，放心买，所有收到货全部带正品吊牌，吊牌价多少？599（元），宝宝正品哦，保证哦，假一赔四哦，支持门店专柜扫码验证。拍下有运费险，支持试穿，先试，合适留不合适退，然后运费险、7天无理由退换货，该有的售后全部保证都有。你如果觉得换货比较麻烦，也可以直接去我们的门店，直接换也是可以的，支持门店换货。

然后这个是我们家的灰粉色，来，黑色给你们试一下吧。黑色酷的、帅的，而且黑色的它很经典，如果你实在不会选颜色，你就买黑色。因为黑色相对来说，它没有那么多花里胡哨的感觉，对不对？有没有想给另一半买衣服的，或者是想给自己的孩子买一件的，这个款式都能去选择。五个颜色，有你喜欢的颜色。然后黑色来感受一下，好好看，并且你穿在身上，你会觉得嘎嘎帅，对不对？而且这个黑色我跟你讲啊，不粘灰、不粘毛，好打理的面料。整个是软冲锋衣，极简风格，但是它的黑色跟其他纯黑色冲锋衣不一样，它有设计感的。整个侧边是做织带拼接，然后全部往内收，显肩宽。而且你看这两条线，是给你们做成那种倒梯形的设计，所以你看它是宽松的，对不对？但你穿起来之后好显瘦的，并且侧边下摆两个抽绳，往上收调长度。这件衣服我给你讲，你不要害怕不好搭，什么牛仔裤啊，卫裤啊都能搭。然后拉链拉开，你自己感受一下，拉链拉开之后可以当一件小外套、小开衫，所以春夏秋冬四个季都能穿。宝宝，早晚温差大，不怕，好穿好搭。给另一半带一件，今天288（元）拿下，就去选咱们黑灰色。现货现发不用等，我们全部快递正常发货。

然后男女同款，男生女生全部都能穿的。主播穿的是 S 码，这个是我们家的黑灰配色，看一下，帅不帅，很好看。黑灰跟黑色你们对比一下，就这两个颜色，听好了，如果纠结颜色的，这两个颜色二选一不出错。然后呢，如果说想给另一半买，三十加的年纪稍微大一点儿，想要基础款买纯黑。如果是年轻的十几岁二十出头，无论是男生也好，女生也好，想要酷的、帅的、颜值高的，想要有穿搭性的，想要博主穿搭，黑灰直接冲，1 号链接拿下。

然后胸口给你们看一下，它全部是高定的、压胶工艺印花，不开胶、不开裂，支持机洗没问题。主播160厘米、87斤体重，这个是 S 码的样衣。然后呢，来，听好了哈：这件从155斤穿到男生190斤，穿到两百斤都没有问题。因为本身是偏大偏宽松版型，像这种衣服穿起来很有松弛感，懂我的意思吧。

我跟你讲什么厚度，春款的外套，你如果说是北方的，对不对，北方的零下的，你外面可以套羽绒服穿；是南方的，比如四川的、广东，然后湖南湖北江浙沪啦，你冷的话，里面搭个卫衣，冷的话外面套羽绒服。因为马上要开春了，不要买太厚，3 月、4 月这个衣服都能穿的，明白了哈。来，听好了，最后一波了哈。纠结颜色首选黑和黑灰，新粉宝关注点好，宝宝记得点关注，有质量问题售后你联系我，好不好？

纯色衬衫

话术时长：7 分钟左右

服装：女款衬衫

形式：微憋单

大家都想要我的衬衫，是吗？那我们这样吧，衬衫还有最后不到一小时的时间，我可以给你上这个价格。来吧，你要我的衬衫，要不要我的红包，新年快乐红包？要我的红包的点好关注，你来扣个"要"字。我们先统计一下人数，看一下发多少张红包。目前为止，这一波我可以给你发 1~25 张红包，所以说你把关注点好，前 25 个点个关注，扣了"要"的宝宝们，来给大家准备一张 50 元的红包。

我先把这个衬衫给大家讲一下下哈，宝宝们，没点关注不算数，没点关注识别不到你的 ID 的。

这个衬衫的话，它百搭性超强的，其实它很好搭。我给你感受一下，这个衬衫是这个样子的，我把这个给它塞进去，我外面给你们搭个外套来试一下。不管你是南方的宝还是北方的宝，你家里降温也好，升温也好，衬衫你家里都得要，就属于那种搭羽绒服也可以的。你看啊，到时候你可以搭配我们的羽绒服，是不是很有层次感。你看这边是没有领子，这边是有领子的，那有领子的话，肯定是比没领子更好看是不是，它会更加有层次。

我再给你们搭一件我们的风衣来看一下，如果说，到时候天热，你想要搭个风衣，搭个黑色风衣，搭个蓝衬衫，是不是贼有那种韩系女主穿搭的感觉。然后这个衬衫的话呢，你要是像在夏天的时候、春天的时候，当作一个开衫外套去穿，是不是也是可以的。然后你搭那种小短袖啊，小 T 恤呀，你在上班通勤的时候，你是老师、公务员，咱不能单穿吊带上班对不对？你看你到时候，就可以把它当作一个小外套去穿，遮你的拜拜肉，遮你的副乳，全部给大家遮住。哪怕说，你到时候搭个半身裙，你看，是不是都贼好看。音乐节的时候，搭个那种毛衣、马甲在外面也都是 OK 的。而且这个蓝色哈，它是属于那种清冷的一个蓝色，穿上贼显白的。

宝宝们，你们来选颜色吧，要蓝色扣"蓝色"，要粉色扣"粉色"，要白色扣"白色"，你把颜色扣在公屏上，我们来加现货库存。现货库存是什么样子呢？48 小时内给宝宝们发出去，我是 168 厘米、110 斤，身上穿的尺码是 M 码的。红包怎么领？这个衣服的话，初上市价格是 199（元），它是 100% 棉的，然后点好关注的前 20 个宝宝，等一下拍下之后是立减 50（元），到手价格就是 149（元）。如果说你明天再过来找我的话，就是我下播之后，这个价格全部恢复到 199（元），149（元）的价格就没有了。

来吧，1 号链接准备好了（准备好了啊），这是女款啊，149（元）刷新。

（助播：来，宝宝们，刷新小黄车 1 号链接，主播身上的衬衫，在我们的 1 号链接，开好价格了。初售市价 199（元），今天点好关注是立减 50（元），149（元）的价格。今天一件省 50（元），两件省 100（元）。这个款式的话，建议宝宝们多囤多入。它做的 100% 棉的一个款式，上身的话是柔软有度、挺括有型的，而且做的这个款式的话，其实它比一般的衬衫会更加抗皱，想要一件高质量高克重的衬衫的话，1 号链接一定要赶紧拍，想要显白一点点的话，就拍我们的蓝色，想温柔感的话，拍我们这个粉红色。）

这个衣服的话是 149（元）啊，我们等下准备要过掉了。然后，我们的这个衬衫，我再给你们换一下其他颜色，要看什么颜色，扣颜色吧，我觉得粉色也很好看。如果说你是黑黄皮肤，你想穿上更加显白一些，你买这个蓝色。如果说你要想穿上更显温柔、显嫩，你买这个粉色。你看这个是不是很清爽。我再给你穿一下白色和米色，白色和米色也很好看，白色和米色的话，我们白色会比较百搭一些，到时候搭一些带颜色 T 恤会更好看，搭我们这种灰色也都很漂亮的，它属于那种偏复古的款式。如果说你想买 2 件，你买一个蓝，另一件一定要买一个白，就是一定要把白色那个基础色给它拍回去，到时候你一年四个季节都能穿。这个颜色是米色，米色比较 OL 一些，如果有上班族，你就可以搭米色。

那我们踢波单吧，好吧。宝宝们，哪个颜色没拍到，来告诉我。要什么颜色扣颜色，宝宝们。把关注先点好，点好关注成为线上会员，线上买的颜色不喜欢、尺码不合适，门店是可以换颜色、换尺码的。我是 168 厘米、110 斤，我穿的是 M 码。来吧，1 号链接准备好，踢单刷新。

（助播：来，宝宝们刷新小黄车 1 号链接，主播身上这个款式已经在我们的 1 号链接了，颜色比较少的，加不了单、补不了货的，还在纠结颜色的宝宝们，不要纠结了，直接给你一个建议，小黑皮、小黄皮想要提亮显白的，直接拍我们的水蓝色；如果想温柔减龄的，你直接拍我们这个粉色；米色、白色的话，是比较适合上班通勤的一个款式颜色。衬衫在 1 号链接，正码正拍，卡码拍大。）

衬衫可能只有这一波了，明天中午你们过来买我的裤子哦，明天中午裤子是有价格的，所以今天我就不给你们上了。你们先去拍衬衫，明天就没有了。衬衫你明天再过来的话，这件就是 199（元）了，今天我不是有这个小红包吗？你看我们今天是有这个小红包，50 元到手，价格是 149（元）。而且，它是我们 ××××年的春季新款。如果说你这会儿没有拍到，春天就只能原价拍了。

要内搭的话，你来扣"内搭"，宝宝，要衬衫没拍到的话，你点关注来扣"衬衫"。

（助播：内搭衬衫选在公屏上，哪个多，我们上哪一款式。所以宝宝们，你快速选在我们公屏上。)

内搭点关注来扣"内搭",衬衫点关注来扣"衬衫"。

(助播:好多要衬衫啊。)

那我们这样宝宝们,我们讲一波衬衫给你们……

打底衫

话术时长:5分钟左右

服装:中老年保暖打底衫

形式:平播

有的小姐姐刚进来,对不对?咱们刚进来的小姐姐,也不要着急走开。衣服59(元)值不值,带你们看细节,细节能体现一切。不要急着走,也不要要急,耐心看,耐心听,姐妹们啊。

咱们1号链接近距离给你看一下,1号链接看到没有?前面的钻全部给你做的奢华奥钻,这个是满钻的,肉眼可见对不对?咱们这个钻是彩钻,280(摄氏)度高温烫压不易掉,洗衣机可以洗。看到没有,中间给你做的是一个植绒的电脑绣花工艺,做这种植绒电脑绣花工艺,几万元一台的机器是做不了的,都是几十万元一台的姐妹们。里面给你做的是一个加绒加厚,里面的绒是什么绒?是A类的宝宝绒,可以贴肉穿的。有的绒敏感肌是穿不了的,我们这个可以穿。柔软亲肤,敏感肌也是可以穿的,直接贴肉穿更舒适。还有呢,我们这个绒是双面双织在一起的,双面双织是什么呀?加绒的又分三类,一个是复合绒,一个是挂绒,一个是双面双织。我跟你说,现在大部分用双面双织的,因为复合绒的掉绒,然后挂绒的穿起来比较显臃肿,它里面还有一层内胆,不好穿也不好脱。咱们双面双织的绒,它好穿又好脱,精美又好看,不显臃肿。而且主要做的就是不掉绒,无论用手怎么去拽它,怎么去拉它,不会掉绒。还有咱们这种绒,前胸后背、左袖右袖都给你做加绒的,加满了绒的姐妹。

59(元)咱们就带回去了,你去看一下,你去比一比就知道了。是不是59(元)咱们这个衣服能真正做到经济实惠,省钱又省力,对不对?咱们今天给妈妈带一件,给婆婆带一件,是不是?送妈妈,妈妈开心,送婆婆,婆婆也高兴。咱们这个衣服从40岁穿到90岁,不光妈妈婆婆可以穿,奶奶外婆也是可以穿的,七大姑八大姨也是可以的。送人咱们也是有里子有面子的,对不对?

来,有没有纠结尺码的小姐姐?所有纠结尺码的小姐姐,身高和体重告诉我一

PART 7 附录：服装直播话术宝库

下，我按照你的身高、体重，精准给你推荐一下。没有点关注的姐姐，左上方免费的关注一定要点好。咱们拍了上衣的小姐姐，也不要默默地走开，公屏上打"已拍"告诉我，我让后台给你备注。

拍了上衣的，如果想要裤子，咱们家也有裤子，咱们家裤子是3号链接。俗话说得好，成套搭配美丽翻倍，对不对？咱们去看一看，有需要咱们裤子的，一次性都拍回去，就一起给你发出去了。

来，1号链接今天59（元）。为什么今天在我直播间，1号链接这么好的一件衣服，这么漂亮的一件衣服，要卖59（元）呢？因为我们这个账号流量层级掉了，拉账号冲销量的，咱们账号拉起来，后期这个就不是59（元）的，69（元）、79（元）、89（元），就把价格拉上去了。所以咱们1号链接，能早拍别晚拍，能多拍不要少拍，多拍多得、多拍多赚，送妈妈送婆婆都可以，送人咱们也是大气的。59（元）买不了吃亏，买不了上当，放心大胆拍，放心大胆入。有的小姐姐不要纠结犹豫，对不对？您要是今天晚上在我直播间，1号链接59（元），你还在纠结犹豫，你真的是白来的姐妹。咱们这个衣服不是吹牛，咱们出厂价是70（元）的，我给你们看进货单，这都是盖了章的进货单，59（元）是这个成本价，没有哪个厂家敢这样卖，成本价只是成本价，我们运费要钱，运费险也要钱，平台扣点也要钱，三样加起来15元，直亏15（元），姐妹。不是源头工厂，不敢这样亏，姐妹，给到你的就是源头工厂的一个福利。所以1号链接闭眼入都划得来，59（元）买不了吃亏，买不了上当。且拍且珍惜，秒拍秒付款。

衣服在我们直播间肉眼可见，你在直播间看到什么样，拿到手就是什么样的。如果你还是纠结犹豫，姐妹，你不用纠结不用犹豫。咱们家1号链接虽然是亏米的，可是该有的都给你安排上了，咱们家都有安心购运费险，为你们保驾护航。放心大胆地入，放心大胆拍。

有没有纠结尺码的小姐姐，所有纠结尺码的小姐姐，把妈妈身高、体重告诉我。我按照您给的身高、体重，我尽力给你推荐一下，好不好？没有点关注的，一定要先点好关注，咱们家源头工厂，每个礼拜都有新款。咱们点个关注，后期咱们出新款了，第一时间来通知你，对不对？我们老粉姐姐都知道，我们家上新款第一时间都喜欢炸福利的，来姐妹，咱们先点关注。

来，所有姐妹，1号链接加绒加厚的打底衫，一件59（元）咱们就带回去了。吃不了亏，上不了当，能早拍不要晚拍，能多拍不要少拍，多拍多得，多拍多赚，给到你的是源头工厂的福利价。

我们商品是无滤镜无美颜的,你在直播间看到是什么样,拿到手就是什么样的。咱们1号链接所有的重工和亮点都在前面,前面看到没有,给你做的一个奢华奥钻满钻的,280(摄氏)度高温抗压不易掉,用手怎么去抓它,不会掉的,不易掉。中间给你做的是植绒的电脑提花工艺,包括里面,给你做的是加绒加厚的,里面的绒是13万元一吨的A类的宝宝绒,柔软亲肤不扎肉……

大码短袖

话术时长:10分钟左右

服装:大码短袖

形式:付费平播

所有今天刚刚进到直播间的姐妹,零次购物的姐妹把名字飘起来。谁的钱都不是大风刮过来的啊,已经了解清楚面料跟版型的,弹窗链接先去占单。现在已经卖了2891单,2900单直接给我结单,你先去占单。所有在看直播的姐妹们,你这样子,如果零次购物的姐妹也不要着急拍,不能因为我价格便宜去买的呀,你也不要因为它发货够快去买,一定要因为它适合你,好不好?

所以你看,肩宽背厚的有没有?全部做正肩收肩又收胸,肩膀窄人就瘦嘛,对不对?袖长加长显手臂细,胸大的脖子短的,你看V领效果拉长脖颈,显脸小。有没有脸特别大的,一胖就胖脸的姐姐,你看这个衣服的话,特地是给大家做的大翻领,显得你脸都是小的,对吧?这些是重点不,这些不是重点,重点是啥呀?重点是我能够让180斤、190斤的姐姐,穿出80斤、90斤的骨骼感、线条感。你看,一边穿一边没穿,区别还是蛮大的。宝贝们,因为我家衣服背后站的是一支专业的团队。你胸大的、胃脯大的、肚子大的,只要是个胖人,200斤以内。我说了,宝贝肚脯再大、胃脯再大,你都能穿。你看一下,我这个肚子还不够大?姐姐你看,衣服来往下一盖,200斤以内的姐姐,这衣服的话全部都能穿。因为我背后站了一支专业团队,有设计师、有版师,目的就是让胖人穿起来显瘦。你看前面给你们做了工字型的捏褶,大胸显小、小胸显大,你说得多好看呀。

站远处你看一下,正面看版型啊,侧面薄薄的,背平整。近看的话,就看一下它的面料,面料全部给你们做了桃花绉,而且全部做了这种洒钻的设计,什么叫洒钻?就把这个钻,姐姐,整件衣服铺满了,点点星河穿在身上的感觉好不好看?而且每一颗扣子都是装饰扣,但是我给你们用了2元一颗的蝴蝶扣,是不是看上去更

PART 7　附录：服装直播话术宝库

加精致？你说这个衣服的话，你在实体门店也好，网络也好，人家但凡是专业做大码女装，卖到的一个价格，它就不可能低于 3 位数。你今天在我直播间，我卖 99（元）划不划算，89（元）、79（元）、69（元）都迫不及待去付款的。那我要了吗？姐姐，到手的价格我才卖 59.9（元）一条，你一条内裤也就卖这个价格。给姐妹看一下，版型又显瘦，面料又舒服，而且夏天穿在身上真的不会闷热。你看我在外面拍视频，刚刚拍回来，满头都是汗，我背后的衣服的话，你看一下我的打底都是湿的，你看得到的。这个料子穿在身上的话，真的是又舒服又软，而且一点都不会闷热。

那你看，做了这么多个颜色，哪个颜色适合你？如果你是皮肤黑的、皮肤黄的、不爱化妆，对不对？亲爱的，你去买个绿色，绿色显白又显得年轻，还显得你整个人的话，姐姐哎呀，我的妈呀，白白嫩嫩的，对不对？你看我刚刚上播姐姐，也没播多久，兔兔播了 5 小时也就卖了差不多 3000 单。我库存没有那么多，来后台，现货库存还有多少单？（8 单）8 单是吧？你说这个衣服的话，买回去，万一货不对板怎么办？往回给我退，给你管质管量，来这样子，按着体重去拍，卡码全部正码拍。来一号链接 59.9（元），最后 8 单，来加单倒计时。

（5、4、3、2、1，1 号链接，刷新去拍，到手 59.9（元），卡码正码拍。主播 1 米 7，体重 180 斤，穿 4 个加，卡码正码正拍就行了。205 斤穿 5 个加没有问题，默认京东快递，纠结颜色买绿色，绿色显白，而且绿色夏天穿又凉爽又干净，姐姐们。哇，这个腿胖的呀，真实大肚裤啊，大粗腿来的，腿胖腿粗的就买裤子，裤子的 2 号链接。现在弹窗链接是上衣哦。）

是不是？真的是好看的，按照体重拍。最后 8 单啊，2910 单直接截单，好不好？感谢所有今天在直播间的支持，你看这衣服是真的好看。买完衣服的话，可以买一下 2 号链接的裤子。其实是像这样子的上衣，你买回去的话，搭一个抖抖裤、阔腿裤，都可以去穿。如果说你们现在家里的话，衣柜没有这些的姐姐，特别显瘦又舒服又轻薄的一个裤子，你可以搭一下我 2 号链接，穿在身上成套搭配，魅力翻倍。宝贝们来这样子，你放心，我不是什么瘦子啦。今天在直播间的话，你看买了这么多件衣服，对不对？各种各样的颜色你都试过，但是这样子一个绿色是不是没有试过，你可以试一下咱们家这个绿色。你看这个绿色的话，军绿色来的，你皮肤黑、皮肤黄的话，你往那儿一站的话，姐姐，它穿起来它就显白。而且你肚腩大、胃腩大，就算是姐姐 200 斤以内，你看衣服来往下盖，它是很宽松的。这衣服你知道宽松到什么样的一个程度吧，你看撑开，300 斤能穿吗？弹出屏幕外，弹力非常大。面料叫作弹力桃花绉，300斤都能穿，但是不好看，仅限于200斤以内的姐妹能穿。59.9（元），我给你管质管量管试穿，上衣在1号，裤子在2号，两件一起带回去。宝贝们，119（元）、120（元）都不到。姐姐，你在外面，我真不开玩笑，人家吃个饭都100多（元），一顿就没了。你看今天我这一套衣服，到手的价格才119（元），你说划不划算。

要不然你看，我180斤，我穿起来好看，为啥啊？版型好呀，我是专业做大码女装的，没有腰的都能够让你穿出腰身感，对不对？那你说今天你看，版型了解清楚了，面料了解清楚了，弹窗链接到手的一个价格多少钱？59.9（元）。先去占单，你们要看的颜色都能给你们试穿。你这个时候要看啥颜色的话，你把颜色刷起来好不好？我最后再给你穿多一个颜色，我就结单过款了。因为你看一下，姐姐，已经卖了2910单，我能等你，价格能等你，库存等不了的，好不好？要看紫色是吧？紫色也好看啊。就如果说你们要是年轻一点儿的小姑娘，你都可以买一下这个紫色。紫色这件衣服，我真不开玩笑，你去外面看一看，几十块钱的衣服，谁舍得给你做弹力桃花绉，谁舍得给你们用这个面料，姐姐，你自己看一下，全部做的点点的一个闪钻的设计，机洗手洗它不易掉。但你要是说想要穿起来更持久一些姐，你一定要买回去。反洗反晒，有条件的话，家里有那个洗衣袋的，你装进洗衣袋，扔进洗衣机里面都行，好不好？你要是手洗的话，那更好呗，只要不用刷子刷它。你今天这个衣服的钻，你穿个三年，完全没问题。

尤其是今天在直播间，有没有肚子大的、胃腩大、上半身胖的，130斤以上的姐姐你给我扣个"大"字，130斤以下的小姐妹，你给我扣个"小"字。为什么有的姐姐就连买黑色的短袖都显胖？你把我的那个衣服拿过来，我给姐妹看一下，什么叫显瘦，什么叫显胖，好不好？黑色要穿一下的话，你稍微等一下哈，扣慢了等一下哈，待会儿也能穿得到，好不好？你看这就是紫色的上身效果，我给你们比一下。哇，这紫色好显年轻哦，很嫩，氛围感好强，是不是？（喜欢赶紧冲，这紫色真的温温柔柔的，显得人温柔大方、美丽动人。）

姐姐们，你看为什么大部分的短袖，包括你们家里黑色短袖它都显胖的，这就是因为版型，宝贝。你看这样的短袖，你说我们胖人不能穿吗？黄皮肤也能穿紫色哦。你看一姐姐落肩袖是不是显肩胖，包着脖子感觉喘不过气来，侧面是不是显得人很肿？看一下背面，显肩壮啊，虎背熊腰的。我就说了，为什么你们自己家里衣柜，姐姐，尤其是大体重大基数的，对不对？130斤以上黑色短袖，你穿起来的话，它都是显胖的。因为版型它不是给胖人设计的，人家是给瘦子穿的，为什么我们胖人200斤也能穿得下？因为人家做的是Oversize，对不对嘛，风格不一样。能穿是能穿，但人不好看。来姐妹，你看一下，今天我这衣服，浅色系的是不是穿在身上，它都显瘦？因为我的版型是给胖人量身定做的，所以你看肩宽背厚穿正肩袖，是不是比落肩要好看？袖长加长，是不是显手臂细？肚腩大、胃腩大，你看一下，我这个肚子还不够大？像怀孕一样，来往下一盖，宽松松有量。V领的拉长脖颈线条，显脸小，翻领的话，显得脸都是小的，你自己看一下，好不好看？你看那紫色真的是好看，正面来姐，侧面薄的，背面显腰细，好不好看？这件衣服，我们在外面的话，我不开玩笑，姐姐。你要是在实体门店，你但凡能试穿的情况下，人家那老板娘开价159（元），你还不敢还价。这是实话来的，对不对？我180斤，你不要说：哎呀，你看上去还不胖。姐，我180斤，我还不胖啊。135个人有几个人比我胖啊，你们基本上的话都是比我瘦的，对不对？宝贝们，你看我穿在身上都好看，你们放心去穿。而且你今天在直播间，你刷到我们是源头工厂来的，我没有中间商赚差价，就是很简单的结果。一件衣服的话，让你视觉显瘦20斤，你要觉得好，你就带回去试一试。好看就留，不好看你就退。

这黑色好绝啊，你看往后一站，黑色更显瘦，女明星啊，姐姐们。而且你今天不需要担心我有没有弄虚作假，你不用觉得：哎呀，研研，我买回去，万一货不对板怎么办？货不对板的话，吃亏的人是我啊，我给你管质管量管试穿，这样子全部没有了是吧？

（没有了！）

首单库存还能给我加多少单，看一下，赶紧赶紧（8单），还有8单是吧？最后给我加满它啊，1号链接，按着体重拍，纠结颜色买黑色好不好？按着体重卡码全部正码拍。1号链接改价，到手价格59.9（元），加单倒计时来。

（5、4、3、2、1，1号链接刷新去拍啊。到手价格59.9（元），布灵布灵的好闪哦，姐姐们。）

姐姐们，这个真的是最后加的库存了哦，在1号链接，大家刷新去拍。我来给姐姐们讲一下2号的裤子，来有没有新进直播间的……

大衣

话术时长：6.5分钟左右

服装：大衣

形式：高客单憋单

我给你们随便搭个大衣，你们都能感受到。这个大衣的话，也是我们家的爆款，这个我们已经卖了几百件，然后如果说你们有喜欢这个大衣的，姐妹给你们讲一下。

这个大衣，如果说你们刚来到直播间的女生哦，你们可以感受一下，集齐一整身，搭大衣是不是绝美的。裤子的话，因为我这是一整套，毛衣、裤子、大衣分别在我们的1、2、3号链接，大衣的话，现在在1号，宝宝。

我跟你们讲一下这个大衣，我讲款会比较快，你们着重地听三个点，因为你要知道你的钱到底花在哪里了。我跟大家讲，就是如果说，我的手里面预算有限的情况下，近期会把我90%的预算放在大衣上，因为大衣这种东西，就是人家打三米之外看到，就知道版型是否好的，然后人家近距离和你交谈，就能看到这个毛质，包括做工好不好，所以说，大衣的话一定要买一个好一点的。

然后我跟大家讲一下，为什么推荐这个大衣？首先它的整个面料，给你们用的是我们家的羊驼毛。羊驼毛是长在秘鲁的高海拔地区，因为这里环境恶劣，所以说人家长出来的毛更加保暖蓬松。而且，它还有一个好地方是，羊驼毛的价格是羊毛的5倍，它足够保暖亲肤。同时，它是长毛的，所以姐妹们你们上身以后，长毛比短毛更加显质感，而且它不易起球。并且我的这个颜色，你看，是不是花色的，有深有浅、有花咖。因为这是羊驼天然形成的17种颜色，而并非像羊毛后期染上去的，它更加时髦，更加精致。还有一个它是双面的羊驼毛大衣，里里外外都有羊毛质感，足够保暖，而且抗风。

有没有黄黑皮肤的女生，黄黑皮肤是一定穿不了卡其色的，对不对？驼色大衣、卡其色大衣与你无缘，但是你可以穿的颜色，就是我身上这个咖色，是美拉德色的配色，能够让黄皮肤、黑皮肤在秋冬穿出显白的，并且能让人穿出质感的。大版的大衣，你们放心穿，因为我们家给你们做了小个子，做XXS码，能够让你穿得不压身高，同时，足够像我一样显瘦的哈。来吧，360度感受下版型，非常大气，背面也显瘦，足够的时髦大牌。

准备好了哈，宝宝们，这件大衣是不扎皮肤的，羊驼毛是不可能扎的，它是滑软的，而且它不起球，了解了吧。大家准备好你的手速，今天到手价格一定要拍，先看尺码，一会给大家搭配啊。

（助播：来看一下我们的一个尺码表哦，宝贝。XS，110斤；S，130斤；M，

PART 7 附录：服装直播话术宝库

150斤；L，170斤，卡码自己报身高报体重，有小个子，1米65以下，100斤以内的宝贝穿XXS。左上方点关注，右上方成为我们的会员，入会单款立减100（元）的同时，宝贝下单还有积分，积分兑换好礼，少量库存，羊驼毛高货面料。）

准备好了哈，1号链接大衣哦，今天到手价格一定要拍，刷新。

（助播：刷新1号链接，1号链接先去拍宝贝们，羊驼毛的一个大衣，上身很舒服。而且就是原本的一个毛色的颜色，没有给大家做染色的一个工艺，所以说大家穿上身是很舒服的，点关注，等一下到手是2750（元）的一个价格。这个颜色，咖色是秋冬天百搭百配的一个颜色，你去看韩剧，基本大女主人人一件的，而且咖色黄黑皮肤也能轻松驾驭，百搭百配怎么穿都很好看，很大气、很宽松的一个版型。上身是那种慵懒风的一个感觉，随风走来，你们看一下，是不是那种慵懒的感觉啊。宝贝们，不知道怎么拍报身高、报体重哦。）

一定要买这件，宝宝。我跟你们讲啊，这个大衣的话，真的绝了，搭我身上这一套的话，比较美拉德的风格。你们还能搭配这种半裙的，半裙搭起来感觉一下，还可以搭牛仔，然后搭配到你们的小靴子，你看也比较日常通勤。还能搭配到这种感觉，就是比较韩系女主角的那种大姐姐感觉，或者是学院风格也能搭配得起来。还有搭配到这种咖色裤子，你看一下也可以的，不管是什么毛衣，还是半裙，都是可以搭配起来的。

然后我再给你们搞几身搭配，我跟你们讲，这件大衣你们今天一定要买。因为它是羊驼毛的，羊驼毛这种大衣，是你买回去一次性的吗？不是哈，是你买这1件，你穿个10年的，你本都穿回来了，而且它一定不贵。你们去外面买的羊毛大衣，今年做得好的都得卖两三千元，这是羊驼毛姐妹们，你们感受一下，随便配个半裙，是不是也好看的？你们再背个像样的包包，出门的话是不是就是杂志封面，显时髦、显精致度的。因为它是长款大版的，它能够让你足够大牌，它不会显小家子气。

而且我们还给小个子有做XXS，所有165厘米以下的女生都能穿。来看一下学院风能搭吧，干净时髦的搭配，对不对？我再给你们配个这种显身形的包包，是不是那种时尚博主的感觉，很干净，对不对？这样搭也是可以的。

所以我跟你们讲哦，这个大衣百搭百配，不用担心，它不会挑人，也不用担心，它不会挑搭配。关键它是羊驼毛，我觉得足够保暖的。都准备好了哈，你们今年随便去品牌店看，但凡加了羊驼毛的，我说的是像我们身上这种的，它的价格都得卖到四五千元,你去看看是不是?

来吧,尺码卡。

(助播:来看看我们的一个尺码表,宝贝们,XS 穿 110 斤;S 穿 130 斤;M 穿 150 斤;L 穿 170 斤,卡码拍小。有个 XXS 码,给小个子穿的,小个子 165 厘米以下、100 斤以内穿 XXS。左上方点关注,右上方成为我们的品牌会员,领券再去下单,价格更加划算。)

宝宝,大衣你们千万不要待支付哦,你相信我,你买回去就会惊艳,准备好手速,1 号链接刷新清单。

(助播:刷新 1 号链接,女孩子一定要买一个有质感的外套,因为讲实话,你外套如果买得质感差,人家会觉得你的身价比较廉价,会看轻你的。同时,宝贝你有些衣服今年穿的明年穿不了的,对不对,一年年地换,钱还是在那儿,对不对?就可能你这样年年累积出来,价格会更多。所以说今天你买到有质感的,上身一眼显贵气的一个款式。同时,它能搭配你橱窗里所有的内搭,宝贝,所以说上身效果会更加好,更加分,实穿性就会更高。领券到手价格 2750(元)的,女孩子买衣服一定要投到外套上面哦。)

它不像羽绒服,羽绒服的话,可能这里面充的什么羽绒,别人看不到的。保不保暖,只有你自己知道。但是像这种大衣,人家打三米开外,就知道是否是贵的,你们一定要买上一件好的,而且这个衣服不是一次性的,你买回去穿个五六年、七八年的,这种颜色不过时的,这种版型也耐穿。

来吧,然后就给你讲讲我们的毛衣哈,毛衣的话是在我们的 1 号链接,现在的话也是断码状态,如果说想要毛衣……

吊带背心

话术时长:7 分钟左右

服装:吊带背心

形式:平播

(1 号链接全部抢完了。)

这么快吗?全部抢光了。来,后台小哥,你帮我看一下哈,有没有姐妹在卡库存的。(我看一下后台有 13 位姐妹卡库存呢。)13 位姐妹卡库存啊?来,宝贝儿哈,今天呢主要是给大家做福利,做活动来的。光是这个价格,真的是很划算。你 79(元)带回家的不是一件,是两件,对不对?平均一件只要 39.5(元),这个价

PART 7　附录：服装直播话术宝库

格你不要犹豫，不要纠结，好不好？来，还在犹豫，还在纠结，还在卡库存卡订单的宝贝，等你们最后 10 秒钟。10 秒钟之内拍下的，给你们明天早班车发出来，今天去拍都有运费险，有 7 天无理由退换货，如果不合适、不喜欢可以直接退。

关键是，它今天给宝贝做的是遮咱们副乳的、遮小肚腩的。平时有妈妈肚、大肚腩的、有肚肚的、胃大的都能穿。而且一整个 U 形设计，拉长肩颈部线条来的，显得咱们脖子有一个更加细长的天鹅颈的感觉，更加好看，更加百搭的，对不对？

并且今天价格还很划算，79（元）带回家，不是一件，是两件，平均一件只要 39.5（元）。而且你今天在的也不是白牌、杂牌、贴牌直播间，你今天是在咱们×××品牌直播间，品质面料通通是有保障的。我们不等了啊，还在犹豫、还在纠结的不等了，后台小哥，把这 13 个宝贝直接给我踢掉吧。来后台，倒计时。

（5、4、3、2、1，上链接，宝贝们链接刷新去拍，今天来到×××品牌直播间，售前有服务售后有保障，7 天无理由退换货、运费险通通都有。一整套今天只要 79（元），两件套的吊带背心。）

拼拼手速、拼拼网速，今天这个价格真的是巨划算的，你 79（元）带回家的不是一件，是两件，它平均一件只要 39.5（元）。这个价格你在一个白牌、杂牌、贴牌直播间是不是买不到？但是你今天在咱们×××品牌直播间，香港起家的大品牌，今天直接 2 件带回家。还是带杯垫的，整个杯垫包裹性、承托力都是给大家做到位的。不管你去运动健身跑步，还是跑一跑跳一跳，胸部都是防震防抖，安安全全防走光的。不仅是日常穿，运动健身普拉提是不是也能穿？一衣多用一衣多穿，性价比给大家拉满了。而且一年四季都能穿，不是说单单穿一个夏天，一年四季都能穿的，真的性价比是给大家拉满的。秋冬直接当内搭穿，还不用穿内衣的。

来，犹豫纠结不确定拍什么尺码的，可以把身高体重发到公屏上。并且，这个杯垫它不是说给大家做两个垫子，一整个猫耳形杯垫，承托力和包裹性都是杠杠的。不管你是跑还是跳，胸部都是舒舒服服稳稳当当的。而且不会走光，前不露胸、后不露背，既好看又好穿的。喜欢的宝宝，抓紧时间抓紧手速了，1 号链接总共给大家清了 13 单的库存出来，现在还有最后 3 单库存。喜欢的宝宝抓紧时间，都有运费险，有 7 天无理由退换货，拍回去不合适、不喜欢，可以直接退。犹豫纠结颜色的，给大家过颜色喽。一个是我穿的米杏色，这个颜色，很多姐妹一进咱们直播间就会问的。这个颜色真的是很显白，不挑皮肤的，黄皮肤、黑皮肤、橄榄皮肤都能穿的颜色。还有就是咱们的石墨灰，如果说你是酷酷的风格，如果说你是想要走那种大女主感觉,既显高级又有气质的,直接去拍这个颜色,你拍回去一定会喜欢的。

1号链接还有最后3单。喜欢的宝宝,拼手速、拼网速了。然后还有咱们家咖色,也可以去拍一拍,咖色显温柔显气质的,30(岁)加、40(岁)加、50(岁)加的姐姐可以去拍它。然后4号链接给咱们做的短款,就是现在小姐姐身上穿这个,想要短款就拍4号链接。她现在穿的是咱们家的一个咖色的,喜欢的宝宝拼手速、拼网速,秒拍秒付了。1号链接还有最后1单,拼手速、拼网速,不要犹豫、不要纠结。

然后给宝贝们前面后面,360度一整个看一下,整个款式简单大气显高级。你不仅自己可以穿,给咱们小姐妹带一件、给咱姥姥、给咱奶奶、给咱妈带一件,都是没问题的。再给大家近距离看一下面料,整个面料也是一个很舒服,肉眼可见很亲肤很贴肤的面料,所见即所得的一个好品质。再生纤维加棉加氨纶的,但凡是你夏天怕热、爱出汗的,我跟你说,你都去拍。你拍回去,一定会喜欢它的,因为它真的是做得很透气。它面料是一个很透气的面料,它比普通面料透气性是乘以三倍的,什么概念呢?但凡你身上都是汗了,也不会觉得黏腻、难受、不舒服。

我知道,咱们直播间很多姐妹们,不是每个女孩子都会花很多时间、花很多钱在穿搭上面,对不对?但是偶尔出去逛街的时候,偶尔出去玩的时候,跟小姐妹逛街喝喝奶茶、喝咖啡、看电影的时候,是不是想穿得好看一点?哪怕不喝咖啡啊,哪怕不是拍照,是不是也想穿得好看一点。穿得好看了,心情也好了,更加自信了,对不对?而且宝宝,今天价格也很划算了,特别划算。你79(元)带回家的不是一件哦,是两件,平均一件只要39.5(元),还是带杯垫的。这个杯垫还给大家做了防滑条,管理大胸、小胸,管理胸下垂、胸外扩,能够很好地保护咱们的胸部,也能够很好地勾勒出咱们胸部的轮廓,更加显身材,穿上去更加好看的。而且平时有点小肚腩的,通通能遮住,平时有点副乳的,是不是也能遮呀?肚大、胃大、副乳都能遮,斜方肌也能修饰,显得肩直背薄,身材更好的。前前后后、左左右右,整个款式简单大气显高级。

1号链接还有最后1单了,喜欢的宝宝拼手速、拼网速。小哥,帮我们看一下有没有卡库存?(我看一下,后台有12位姐妹卡库存了。)12个姐姐,不要卡库存。来姐妹,咱们直播间145个宝宝……

儿童棉服

PART 7 附录：服装直播话术宝库

话术时长：8分钟左右

服装：童装棉服

形式：微憋单

如果有第一次进我直播间的姐妹，给我飘个小"1"，小哥哥给我做一波优惠升级吧。这样子吧，30（元）的优惠券给大家做一波。（好的，30个不够，200、300个姐妹，你30个做什么用。）哦，快300个了是不是，那给大家升级成50（元）的优惠券，还不够。（不够。）想不想再升级一波？（要的。）那所有姐妹们啊，那再在活动价的基础上，小哥哥去给我做一个100（元）的优惠券。（好的。）来，姐妹们把小"1"扣起来，今天进我直播间的所有姐姐们，给你们搞个大见面礼了啊。这个优惠券的话呢，是给大家做了升级的。以前30（元）、50（元）的我都不发了，直接给大家做一个100（元）的优惠券，左上角可以领取一下。把小"1"飘起来吧，小哥，录屏器打开。×××姐妹、×××姐妹、×××姐妹给她送100（元）的优惠券。（送了。）还有我们的×××姐妹，我们的×××姐妹，送一张100（元）的优惠券。（送了。）姐妹们，赶紧把小"1"扣起来啊。如果说你不扣小"1"的话，姐妹今天到我直播间，您不领券，那会比别人多花100（元），是不是啊？5秒钟时间统计啊，把小"1"扣起来。还有很多姐妹不知道怎么领取咱们家优惠券，来，小哥教一下，大家怎么领，待会儿直接上。

（好的。姐姐们，左上方有个关注点一下，点两下加入一下我们的线下会员，左上方的100元大额优惠券领取一下。）

是的，姐姐们听清楚了啊，今天都把券领到手。来，姐妹这个衣服洋不洋气，它是真正能够做到的宝宝穿在身上，人在衣中晃，越晃越时尚的。因为整件衣服都是给大家做了一个开模定制的版型，男宝女宝都能穿的，男宝穿在身上是酷的，女宝穿在身上是飒的，是不是？而且整件棉服是给大家做了一个升级的，这种品质的话呢，你们都可以自己摸一摸，感受一下的啊，姐妹们。

算了吧，这样子，今天在我直播间再给大家做一波升级吧，想不想要？所有姐妹们，刚刚飘了小"1"的领了券的姐妹，记得把咱们家宝宝身高体重跟我说一下。因为我家衣服是Oversize版，穿大了，松松垮垮，穿小了，紧紧绷绷，是不是？我要让宝宝穿出门，成为我的代言人，我要让宝宝穿出门走路带风、气势如虹。来，小哥，给大家做一波升级，刚刚是不是说给大家减100（元）？来姐妹，刚刚飘了身高体重的所有姐妹们这样子啊，是不是不够，不够再给我所有姐妹买上30（元）

的快递险,为她们保驾护航。再让我所有姐妹们,让她们带回去穿个一二三四五六天,买我直播间的衣服,当作咱们家宝宝的一个试衣间。姐妹们就这一波了啊,小哥录屏器打开。×××姐妹给大家加一个我们家的120码库存,给她减100(元)。×××给她加一个120码库存,给她减100(元)……姐妹听清楚了,我们就快点给大家过一把,好不好?小哥,30秒之内,给我做好链接。(OK没问题。)

来,姐妹听清楚了啊,我整件衣服虽然今天价格打得低,但是我品质嘎嘎好的,是不是透过屏幕都能够感受到我家衣服高级的质感。整件衣服是开模定制的版型,是真正能够做到人在衣中晃,越晃越时尚。上海时装周走秀压轴款的,大牌明星同款的一件棉服,穿在身上整个气质都不一样的,是不是?整件衣服是男宝穿在身上,有那种腹有诗书气自华的感觉,因为是衬衣的领子,很有书生气息的。女宝穿上是"又A又飒又酷"的,对不对?两个风格完全不一样的。

那这样子吧,姐妹们,你们有没有想看细节的呀,想看细节的给我飘小"1"吧,好不好?因为有些姐妹不想看,我就直接给姐妹们上了。姐妹听我说,细节就是我的品质,品质就是我的命脉,是不是?都要看细节是不是,那我就快速给大家看一下细节吧。姐妹听清楚了啊,我整件衣服全部是给大家做了一个升级雾面的,一个哑光黑色。然后呢,像袖口全部都是进口的磨毛的一个袖口,它是比较有厚度的。然后呢,里衬看到没有?姐妹们,舒美绸里衬,就是你老公2000(元)的西装,你3000(元)的风衣,用的都是这个里衬的。来,姐妹看一下,整个后面都是横格的定点定位,锁棉工艺的。它是真正能够做到久穿久洗不钻棉、不跑棉,机洗手洗不结坨、不成块的。

姐妹听声音,哇(拍打),厚不厚实啊,像不像一床小棉被?它是真正能够做到3秒发热、5秒升温,37度恒温锁温的工艺。姐妹,你看啊,我在脸上这样子贴3秒钟,它这一块是发热的。寒风进不来,暖风出不去的,是不是?南方宝宝,一件过冬没有任何问题,北方宝宝加个打底衫,都可以去漠河以北看极光了。姐妹们,而且下半年到了,要不要给咱们家宝宝带一件高品质的衣服啊,要不要给咱们家宝宝穿上不一样的衣服呢?冬天的衣服都太沉闷了,黑白灰是不是?这个衣服是拼接设计的,而且全部都是拼接磨毛的设计,宝宝穿在身上,回头率都是99加1的。而且姐妹们,走亲访友聚餐聚会带宝宝穿这个衣服,是不是走在路上都是回头率99加1的?是不是上台表演节目,人家老师都要夸夸,同学都要羡慕他,对不对?这样子吧,小哥带大家看一下尺码表,我们待会儿直接上。

PART 7　附录：服装直播话术宝库

（助播：是的，姐姐们一定要看清楚尺码表，80厘米穿到160厘米的，宝贝1岁穿到14岁。按照宝贝的身高体重去拍，身高多高我们拍多大，卡码有肉的，建议姐姐往大一码去拍，国标尺码，我们正码正拍3秒钟截屏，3、2、1。）

是的，姐姐们啊，答应我，收到手呢，感受一下我家的一个高级的品质。让宝宝穿在身上，感受一下我家Oversize的版型，然后让宝宝穿在身上，一定要去某万某达做对比啊，衣服不值399（元）的品质，您直接把衣服丢垃圾桶，我把钱退给你，现在所有商家都怕仅退款是不是，我不怕，我相信我们家的品质。姐妹，这一波的话，是给大家做了一个跌破底价的价格，跌破"双十一"，跌破"双十二"的，活动价的基础上给减了100（元）的，今天一单只赚大家3块钱，说不赚你们也不信。但3块钱真没多少，明天我得涨价的，涨20（元）、30（元）都不过分是不是？因为这个棉服在外面打完折的话，都要199（元）的。而且活动价格的话，给大家减100（元）还不够，全部买上快递险，为大家保驾护航的，来我们下方小黄车1号链接，最后13单福利库存。

（5、4、3、2、1，来1号链接，13单福利库存刷新去拍。是的，姐姐们只有这样的13单，抢完这13单，我们是加不了单，返不了场的，姐姐们。某万某达、银某泰都要卖到399（元）的衣服，打完折的100多（元），没跟你开玩笑，好不好？我们今天在活动的基础上，再给姐姐减100（元），还安排7天无理由退换货和运费险。姐姐，但凡有一点点的心动，姐姐直接拿回去给宝宝试穿，一二三四五六七天没有任何问题。但是抢完这一波，姐姐，我们是真的要涨价了，到时候您回来要带我节奏，不要问我为什么又涨价比别人贵？姐姐，其实你到时候129（元）也划算，因为我是399（元）的衣服，只不过今天我们亏得是更多，不知道身高体重怎么拍的姐姐，飘在公屏上，我尽量给姐姐们推荐一波好不好？拍到的姐姐记得回来告诉我一下，因为有些姐姐着急，有些姐姐不着急，只有最后的6单了。）

听我说啊，这件衣服呢，您收到手，我跟你说了，不要货比三家，您货比全平台看一下。这种品质的衣服啊，就是能够穿在身上，气质大变，气势如虹的衣服，是可以带一件回去的。它是真正能够做到那种既保暖又洋气，既轻盈又不会压到宝宝个子的。而且姐妹，我家大货都在仓库了，发货速度是嗖嗖的啊，今天拍下的所有姐妹们听我说（只有3单了），只有福利库存，这个衣服的话也是全部给大家做了一个免费升级的。来，姐妹们看一下我家普通的市场版本啊，普通市场版本太低下了，是不是？是不是感觉这个衣服真的是一个地摊货啊。姐妹，我家衣服全部是给大家做了一个品质的,一个柜货的,您放心啊,收到手,所见即所得。最后3单福利库存拍下之后,我下一波福利就涨价了,宝贝。(拍完了。)这就拍完了?姐妹们手速太快了吧,拍下之后记得回来跟我们说一声。

儿童羊羔绒外套

话术时长:7分钟左右

服装:童装——羊羔绒外套

形式:憋单

这个衣服有没有妈妈喜欢的,有多少妈妈喜欢我们家这个外套,喜欢的妈妈给我打个"喜欢"。这个衣服我跟你讲哈,我们平时价格是卖159(元)的,卖了800多件,没有一个差评。我想拿这个衣服冲一波人气,涨一波人气,我想交一波朋友。今天这个外套给姐妹们,159(元)不给你们开了。而且呢,我想给你们炸两位数,但是我要看一下有多少妈妈喜欢,喜欢的妈妈把"喜欢"两个字飘在屏上面。我看一下有多少人喜欢,我精准加库存。因为这个东西,我卖两位数是亏钱的,知道吗?我卖159(元)才赚钱的,所以我想要精准加库存。你们有一个妈妈喜欢飘一个"喜欢",两个妈妈喜欢飘两个"喜欢",咱们按照你们喜欢来加库存行不行?

那个××妈妈喜欢,×××妈妈喜欢,还有妈妈喜欢吗?喜欢给我打个"喜欢",你们先打"喜欢",我花个一分钟给你们讲解一下面料。因为这个东西得讲解好面料,你不能说盲目地去拍,行不行?

我们家这件衣服,是今年的一个美拉德色系,一个一体绒的外套。然后它里面的绒面,给你们做的是我们家进口的北极绒,做到高密度高克重,一秒升温三秒锁温,它不是棉服,它也不是羽绒服,但可以穿到零下5(摄氏)度到10(摄氏)度。每一件衣服,都是带商场专柜吊牌的,我们新上的已经出了800件了,都是159(元)卖出去的,是不是?但今天我问一下有多少妈妈喜欢,有喜欢的妈妈给我飘"喜欢"两个字,姐妹,我给你们两位数带回去,行不行?159(元)咱不开了,那我要给你们便宜个20(元),是不是很给力?别人的话都是便宜10元。然后我们今天的话,20(元)不便宜,30(元)也不要,40(元)也不便宜,我给你们直接两位数,让你们带回去。来小哥,你看一下多少妈妈飘了"喜欢"两个字。(有21个妈妈喜欢。)有21个妈妈飘"喜欢"是吧,就不能凑30个妈妈喜欢吗?凑30个妈妈喜欢,我给你们直接上行不行?来,再来几个妈妈喜欢,再来几个妈

PART 7　附录：服装直播话术宝库

妈给飘"喜欢"。左上角的福袋，里面有个39（元）的围巾，大家不着急，可以参与一下。

159（元）不开啦，姐妹们，159（元）不开，149（元）、139（元）、129（元）、119（元）、109（元）都不开，两位数让你们带回去。卖了800件零差评的衣服，我拿到直播间来放福利。我发福利不喜欢放那种垃圾货，我要放就放我们家好的，而且我不是便宜1块钱、2块钱、10块钱、20块钱，我要放就给你们炸狠一点。来，有多少妈妈喜欢，喜欢的妈妈给我飘"喜欢"两个字，给你们看一下买家秀。你们飘"喜欢"，我给你们看买家秀，男宝女宝都能够穿的，看到没有？有这么多妈妈喜欢是不是，小哥统计到多少个妈妈喜欢。（有32个妈妈喜欢了。）有32个妈妈喜欢呀，那我就给你们上32单喽，姐妹们99（元），要不要？亲爱的，给不给力？但是我就只上32件，你们拼好手速、拼好网速，好不好？来，小哥链接准备好了没有？（准备好了。）来，倒数3个数。

（3、2、1，刷新小黄车，置顶链接99（元）给你炸福利，炸回家。）

就给你们上了32件，我这个人也不小气，就给你们上了32件。本来我们是卖159（元）的，昨天晚上，如果你们是159（元）拍的妈妈，来找我退差价。我今天反正99（元）就上了11件，能够拍到的妈妈，抓紧时间。然后选不来尺码的话，你就报一下身高和体重，1号链接刷新去拍。它很厚，可以穿到零下5（摄氏）度到10（摄氏）度，进口北极绒，高密度、高克重的。它不是棉服，也不是羽绒服，但是它可以穿到零下5（摄氏）度到10（摄氏）度，证明我们家这个衣服就厚啊。

姐妹们，置顶链接还有最后的5个福利名额。刚刚32件已经只剩5件了，还有最后5件。上身效果就是这样的，加绒加厚很厚实这个面料，穿到零下5（摄氏）度、10（摄氏）度，没有问题。还有最后5件啊，选不来尺码，你们报身高体重。这件衣服哈，你们抱着有运费险的态度去拍，买到之后没有一个妈妈会因为面料质量不好，去退换货。你们买大了都舍不得退，因为下次我没有今天这么给力的价格，我下次给到你们是159（元）的价格，姐妹。这个的话，一个星期内按照订单付款先后顺序发，然后衣服全部给你们安排上运费险和7天无理由退换货。你可以抱着有运费险的态度去试一下，我是卖159（元）的，卖了800件，全部是好评，零差评的一件衣服。置顶链接还有最后3个福利名额，姐妹们抓紧时间去入。没有拍到的话，咱就恢复159（元）的价格，等一下就要涨价了，你们不能够带我价格节奏。

高密度、高克重的一个北极绒，咱们家做到一秒升温三秒锁温。我刚刚讲了，为什么它不是棉服，它也不是羽绒服，能够这么保暖呢？因为它是高密度、高克重的绒面北极绒，是可以一秒升温三秒锁温，足足可以穿到零下5（摄氏）度到10（摄氏）度，你看这个厚度，它的品质就不会差。而且上身效果的话，南方穿一件打底衫就行，北方你穿个毛衣就够了，男宝女宝都能够去穿的。你们自己来感受一下上身的效果，看到没有，穿上身是不是很可爱？

那我就不讲了啊，来，左上角的福袋，还有1分多钟要开奖了，姐妹赶紧去参与一下。里面是一个39（元）的围巾，中奖之后是送你们的，我们家中奖概率很高的。左上角福袋，你们参与一下，中奖概率贼高。

我们不是只有这个款，姐妹们，你们可以去小黄车里面看一下，看一下有没有喜欢的。很多款式，不是只有这个款。但是我还是想跟你们说，姐妹们，这件我们卖了800件零差评的。如果妈妈喜欢这件外套，刚刚没有拍到的，你给我打个"喜欢"……

儿童羽绒服

话术时长：9分钟左右

服装：儿童羽绒服

形式：憋单

有多少姐妹真的想买这个厚款的？想要我炸这款衣服的所有姐妹留"1"字告诉我，把小"1"先飘给主播。我说真的，姐妹们，我刚刚开播。我是可以选择一款衣服做福利的，来拉个人气。但是我不知道选择这款你们喜不喜欢，要不要去买它，你喜欢要买你就留"1"字，好不好。如果你不喜欢，我就换别的款讲。后台帮我10秒先统计一下，如果说有超过30个姐妹留"1"想要的想买的，那开播能拿这衣服做福利吗？（可以。）可以是不是？妈妈要的咱先把小"1"飘起来了，够不够厚实，高克重版本的厚款羽绒服。穿到大概是零下10多（摄氏）度的，南方北方可以过冬的。而且衣服很轻不压身，全都是免洗免打理的。比你们在门店买个普通的白牌短袖价格还划算，来，我家×××飘"1"是不是？拉到我们家厚款名单，来，我家××是不是飘"1"了呀？拉到我们家厚款名单。姐妹们很很心啊，咋回事哈。直播间100多个姐妹在线，等了半天就只有四五个姐妹飘"1"想要。别的姐妹，不打字不说话啥意思？妈妈们您不想买这个，您不喜欢吗？你们都不想进我名单吗？

PART 7　附录：服装直播话术宝库

那我这样子吧，我不啰唆，因为很多妈妈刚来的，我再等姐妹 5 秒钟时间。没报名赶紧扣"1"字报名，后台赶紧给我拉好名单，我要准备上架了。妈妈们，它都是免洗防刮耐磨型的羽绒服，您放心，很多羽绒服可能会勾丝会起皮的。我家拿到手，你看轻软同时，不压身、不压个。而且防勾丝、防拉丝、耐磨耐刮的，比正常买的衣服更加抗造。而且里面绒朵，全部给你们填充新国标 90 高嗵绒的，可过水机洗。而且我们家整个绒朵，全部都是 5A 级别的抗菌绒，防某螨、防某菌、防某臭的，宝宝穿出门是不是更加安全更卫生？我的妈呀，都在扣"1"字，来，姐妹们点好关注。

我们一起选好颜色尺码，就直接上架。赶紧告诉我，你们想要买什么颜色，先跟主播讲。姐妹们，要黑色飘"黑色"，这其实是我今天自留款。显瘦耐脏百搭不过时，你想买个耐脏的显瘦，直接选黑色。黑色是中性款式，男女宝宝都能穿的，都是免洗免打理。逢年过节想要亮一点，可以选择我们家红色系，亮红色颜色的话呢，比较洋气，不会显黑的。以及我家蓝色系，蓝色款的话是雾霾蓝调，宝宝还小可以选择这款蓝色系，又酷又飒的感觉。然后女生，如果说皮肤白的宝宝，可以选择玫红色。那姐妹们颜色没问题吧，快，姐妹们把尺码报给我，要什么尺码，你们就留什么尺码。妈妈们尺码不要选错，尺码选错没有码子换的。我这个新品上新体验的福利专场，是为了看哪个款式容易受欢迎，我们线下再去卖哪个款，每个尺码可能就一两单现货。所有尺码，身高加 10，卡码加 20，你不会选没有关系，把宝宝的身高、体重飘出来，我们今天做好推荐。然后我先讲好我能穿什么尺码，主播身高是 164 厘米，体重 118 斤左右，而且我的臂围在 29 厘米，胯宽在 94 厘米，上身的同款尺码是童装小码 160 厘米。而且姐妹看好了，我是能够把链子往上拉，包括整个手臂，不会勒、不会紧的，对我来说是合身。如果说你们能穿的，所有姐妹听好了，能给自己抢给自己抢一件，咱们家童装真的很优惠。姐妹们颜色尺码都选过了，那你去点关注，点完以后，所有姐妹冲到我下方小黄车的 2 号链接。然后每个姐妹去领个福袋，里面是 ××× 价值 86 元一瓶的羽绒服清洗液。我把这个 0 米福利，放在我小黄车的 2 号链接了，你们去领一下福袋。你们拼个手速领完福袋，所有宝宝记得点好关注，不要划走，划走是无效的。

那我就要上架了，现在是我们新品上线尝新活动，为了给线下门店测款选款的。我今天这一波呢，是拿厚款做福利，连帽的重工的泡芙羽绒服，全部是高克重加厚加长版本，穿到大概是零下 10 来（摄氏）度，南方北方可以过冬款式。而且整个衣服做的是亲暖零压，不会闷热，也不会厚重。同时您放心，我们免洗同时防刮耐磨、防污、防勾丝、防拉丝、防起皮，您说是不是很抗造呀？而且妈妈记好了，尺码很宽松，大码是能够穿到120多斤的。你们记好了，女装同款叫泡芙款，冬天打完折1000多（元），童装吊牌这个699（元），我们"双11"满减也是599（元）。我今天都不需要，粉丝价格500（元）不要，400（元）不要，还能再降，粉丝专享降价福利，你们现在所有人点好关注。我今天直播间，我连389（元）都不要，来我家门店厚款羽绒服，您就说咱今天价够不够炸？宝宝们开播福利不多，只有10单福利库存，上架先选尺码。妈妈一定要抢黑色，显瘦耐脏、百搭不过时、不易出错的颜色。但黑色妈妈先讲清楚，大码150跟160现货分别只有一单，没了就只能预售了，也可能线上买的人不多，就不做了。所以等会儿抢大码的所有姐妹，特别是开完价以后，先付款占名额。不然如果没有抢到这个现货，不要过来喷我。放心×××童装大号直播间，正品放心，而且有7天运费险，保价30天，保过"双11"，给你们质保一年。那我们是不是能试能穿能感受？

大宝宝，这10单福利库存一旦抢完之后，等一会儿第11名去抢的姐妹，这个金额会更新回多少钱？599（元）的。并且宝宝，前10名去拍的，再赠送一瓶价值86（元）的羽绒服清洗液，仅限前10单，今天拍1发2。品质高不高？福利大不大？拼好手速，1号链接5秒钟改价倒计时。

（5、4、3、2、1，1号链接刷新去拍。）

到手价格只要349（元），来、快，所有姐妹赶紧刷新，立刻冲到下方小黄车的1号链接。我不管别的妈妈抢不抢，老粉都懂的，349（元），这个价格不是买白牌、杂牌、贴牌，买的是××旗下的一线子品牌×××。连帽的做工，高克重版本的厚款羽绒服，穿到大概是零下15（摄氏）度，南方北方放心过冬。所有人快，先占订单，先抢黑色，黑色大码150尺码只有一件，黑色大码160也只有一件。大码是能够穿到120多斤的，所以能抢给自己抢一件走，女装同款厚款羽绒服，打完折1000多（元）。童装线上测产品，500（元）不要，400（元）不开，打完折只要多少钱？349（元），您说价够不够炸？而且听好了，买的宝宝是买1给你发2的，买赠活动只有10单福利库存。你今天只要拍我的厚款，给你送一瓶价值86（元）的羽绒服清洗液。快，所有姐妹，喜欢先冲1号链接，今只有10款，先抢回家。这个只有10瓶，送完就即止，只有开播才会有。我们家×××，哪怕你满500（元）、满1000（元）都没有满赠活动，只有这一波，开播上新款的时候才会有的。

PART 7　附录：服装直播话术宝库

快，所有姐姐，喜欢先冲 1 号链接，这个在 1 号链接。妈妈能抢两件抢两件，给孩子买，再给自己买一件，两件厚款价格连 800（元）都不要。你买女装，同款都要 1000 多（元）。妈妈已经秒出 6 单了，姐妹福利库存只有 10 单，已经秒出 6 单了。我这 4 单抢完，后面就直接下车了，后面过来买都要多少钱？ 599（元）一件，所以宝宝快，喜欢的先去占名单。

你如果说不会选码没有关系，留下你们的身高跟体重。我给你们今天做好推荐，你尺码一旦选错，是没有码子换的。主播身高是 164 厘米，体重在 118 斤。您看我的大粗臂，我的整个臂围在 29 厘米，胯宽在 94 厘米，身上同款是童装小码 160 的。我没有想过咱可以穿的，而且我说的真实感受，手臂真的不会勒、不会紧。而且的话，我是合身，没有说很宽松，但是不会紧绷的。所以意味着，如果说你的体重在 115 斤以内，穿着是宽松的。而且呢，我是能够把拉链往上拉的。妈妈，我已经很满足了，买这么厚的高克重版本的羽绒服，我们线下 890 家门店 ××× 童装，正品打了折，价格只要 349（元）一件。而且的话呢，是有运费险的，并且是有满增活动，送一瓶我们家护理线价值 86（元）的羽绒服清洗剂。现在买 1 给你发 2，划不划算？宝贝已经秒出 8 单了，我们的清洗剂已经秒出 8 瓶，一共就 2 个付款名额了。我再给姐妹 10 秒的付款机会，10 秒就要下车。我 10 秒就要截单，10 秒下车，活动全部结束。后面过来买，更新回多少钱？ 599（元）的。宝宝听好了，这是 ××× 新品上新测款福利，你们知道什么叫测款吗？就是我在线上测试这个款好不好卖，好卖了，我们线下的门店再铺，因为能卖得动。那如果不好卖，我们就不上这个款了，那你买到的就是独一份，明白吧。如果说今天你没有去拍，活动全部结束，可能就没有那么厚的泡芙羽绒服了，或者是恢复我们门店要上的价格了。

马上天就冷了，你买个杂牌、贴牌，可能都要 500（元）、600（元），但人家不可能跟我家去比的。而且我们家的羽绒服，里面全部都是 5A 级别的抗菌绒，整款料子全部做升级的、耐磨防刮的一个面料，轻暖的同时，防勾丝、防拉丝、防起皮的。你买个杂牌、贴牌，为什么我说不敢买？因为会开了会起皮的，往里面渗水透风，肯定没有那么保暖的。那你可以相信我家的品质。我现在吊牌这个 699（元），打完折不是 599（元），不是 499（元），是我们家的一个 349（元）。尺码是从 130 厘米穿到 160 厘米的，按照适合自己家宝宝穿的尺码拍，抓紧时间秒。（没有了。）没有了是吧，那咱不等了，没付款的我们也不踢单了，直接下车吧，过款吧。等新品活动结束,下一波没有这个价格,下一波也没有我们家羽绒服清洗剂了。所以喜欢的闭眼入,给孩子买一件,给自己买一件,两件价格真的非常划算。

没了是不是?来,恭喜宝宝抢到我们家羽绒服的福利库存。那给妈妈们来个马甲吧,马上冬天是不是要给孩子准备个马甲……

家居服

话术时长:7分钟左右

服装:家居服

形式:付费憋单

没有了吗?(没有了。)来把没付款的踢掉,没付款的5秒钟踢人。拍到的公主,回来打3个"5",好不好?拍到的、付款成功的,打3个"5",后台把惊喜拿过来(我去拿),把惊喜拿过来。宝贝,我先给个惊喜,然后我们就下播了,好不好?拍到的打3个"5",然后还有没有刚来的宝贝,刚刚刷进来的,打3个"6",好不好?就是刷进来的,不是搜索进来的。这个呢,是上半年门店的新款,我拿20套出来,行不行?我拿20套出来,后台来准备回关。

宝贝们,怎么都不是粉丝啊?左上角小关小注,姐妹们戳一下,然后后台你去挑粉丝回关,好不好?宝贝们,这个惊喜本来就不多,我肯定挑粉丝的。对我们来说,对直播来说,粉丝多重要知道吗?我们之前没粉丝,我们都去买的,对吧?

来,倒计时准备了,没点关注,先点关注啊,然后左上角再给我发一个福袋。宝贝们,左上角福袋里面是一条项链,你们刚来的,先把项链领一下好不好?来,准备开始,你们先选啊,就一轮,不加单、不返场。这个紫色,要这款的打个"5",要这款的打个"6",这是不卖的,当惊喜的,身上是吧?身上是卖的等一下,身上的是3号,要身上的,打个"3"行不行?来,要这款的打个"7",要这款的打个"8",好不好?要这款的打个"9"。你们先选好,行不行?反正睡衣每天都得穿,就算你今天不买,可能你明天也得买。

柳叶丝是植物上提取的,就你们穿着睡觉,就妥妥地裸睡一样的感觉。身上这个是蝴蝶提花的,你看到没有?很显瘦、很显白的那种,就因为颜色做的是一个奶油香槟白,你知道细节决定成败这句话吧。你看到没有,袖口的这么一丢丢小蕾丝,我们也不希望它扎到你皮肤,采用的是进口软蕾丝。因为蕾丝只有软了,它穿着才舒服,知道吧?包括你们内衣内裤,那蕾丝懂得都懂,对吧?

来,不多说了,准备开始吧,准备开始吧。宝贝,你们不要买套装了,听好

PART 7　附录：服装直播话术宝库

了，像这些套装，你没有3套，也有5套了，不信你打开衣柜看看。所以你听我的穿睡裙，因为睡裙的话，腰粗、胯宽、梨形身材，它通通都能穿，容量很大。你看到没有？孕妈妈也能穿，好多的孕妇都能穿。宝贝，柳叶丝是植物上提取的，所以它不会起静电，不会起褶皱。所以这两年，那么多品牌睡衣都采用柳叶丝。有胸垫，你可以直接穿，你这么穿，你家里来个客人来个朋友，没关系的。你们不要买这种印花的了，就这种印花的很廉价，对不对？看起来真的很廉价，而且一股油漆味，它是印上去的。真的，这个提花你没有对比，就没有伤害。给你们对比看一下吧，行不行？它这个是织上去的，这个蝴蝶栩栩如生。

后台，准备开始，就一轮哦宝贝，不加单、不返场，3号链接。你别问价格，你就看我今天给你们炸多少，行不行？你就看我今天给你们炸多少。宝贝，我们×××刚来抖音，现在直播时间不多，每周就播一场。真的如果你觉得好看，你就冲，行不行？料子这些你交给我，做工方面、细节方面你交给我。跟门店的区别呢，你们平常去门店200多（元）买的，就一张小票的区别，其他一模一样，包括吊牌我也给你，好不好？后台，准备开始，就一轮宝贝。没领福袋的，赶紧把福袋领了，不多说了，行不行？左上角没领福袋的，赶紧把福袋领了。

真的好看，宝贝，我告诉你，你今天来我直播间什么都可以不买，但这一款，你一定要多看一眼，真的太显白了。很多黑皮肤、黄皮肤、洗完澡卸完妆，穿睡衣不显白的，你就选这个颜色，奶油香槟白。今天是周末，你既然刷到我了，你就试一下，行不行？真的，听我的，不要再买套装了，这些套装你们真的很多了。今年夏天买睡裙，真的很舒服的，你洗完澡卸完妆套头就穿它，对不对？

这是1号，手上是1号，身上的3号，就一轮啊。上一轮卖99（元）你看到的，这一轮我跟你说，我89（元）也不说了。因为我知道你们等很久了，我说89（元）你们还是会骂我的，我知道你们79（元）能接受，但我79（元）不想要了，因为我想要更多人接受。听好了，27单在仓的，我开始你就冲，行不行？然后××你去换衣服，我先上了。宝贝，炸完这一款就没有了，我就炸下款了，好不好？因为还有很多款式等着卖，知道吧？就一轮27单，直接69（元）上，来倒计时。

（3、2、1，刷新小黄车1号链接，赶紧冲。）

27单，一单差10块钱，差了200多（元），我也不为难你了。喜欢就冲吧，69（元）比上一轮少了30（元）。算了，宝贝，你们都是第一次来，我希望你们记住了我们的品牌，原版正版，假一罚三。你收到，但凡不是300（元）、500（元）

的品质，你随时给我退。跟门店的区别就差了一张小票，吊牌我照样给你行不行？（没有了。）没有了是吧？来把没付款的踢掉，没有付款的，我就不等了。宝贝，总共就20多单，我不等了，真的对不起了，60多（元），你就当喝奶茶了，买水果吃了，行不行？

拍到的先别走，把惊喜带走。拍到的、还在我直播间的打个"3"，好不好？后台，来把惊喜拿过来。（我去拿。）来，这样子吧，宝贝先给你们来个惊喜，行不行？后台，就一轮啊，就一轮不加单，真的加不到……

连衣裙

话术时长：7分钟左右

服装：连衣裙

形式：微付费憋单

那这样子，恭喜所有买到的姐妹。怎么还有占单的，占单的女生我头疼。我跟你讲一下，因为今天是现货哈，如果是预售的话，你占单我肯定不说你，但是就是因为是少量的现货，加上又不多，你占着单只会导致想买的女生买不到。这样吧，没买到的话，可能有很多新粉刚进来，都喜欢是吧？这样没买到的咱不多说了，点关注亮灯牌飘小"1"吧。（飘小"1"。）把关注点了，把灯牌亮了，直接把小"1"飘出来。所有飘"1"的小哥哥帮我识别好，全部拉到我的名单里面呀，没有飘的不好意思，我统计不到你，万一等会儿没识别上没买到，就蛮可惜的。因为这个裙子库存真的不多了，给你们做的是少量的现货库存。今天拍下，全部都是今天发货的。

那这样，我来讲解，你们飘"1"啊。来，版型好看吧，夏天买裙子，甭管高矮胖瘦的女孩子，你都得先看版型，版型好你穿上才漂亮。这个裙子就很典型的，它是显高显瘦的，整个比例感做的是掐腰式的一个设计。二八分比例，胸部以下都是腿，长度是113厘米到116厘米。小个子1米45以上都能穿，完全不挑个子。1米45穿到1米75都没问题的。然后呢，你看我的腰显腰线，全部是向上提拉3厘米，它是有弧度、有造型的，拥有小蛮腰的感觉。后腰是不是有做腰带，有松紧有弹力，完全不勒腰不勒肉的，很舒服，没有任何束缚感。同时呢，直播间刚刚说有孕妈妈，这个裙子肚大胯宽，你怀孕都能穿，全部都能遮得住，包容性强的。同时裙摆设计不规则，更加有层次感。

而且宝宝，像这个裙子，你们买到很多是雪纺的对吧？但我们家这个裙子不是

PART 7 附录：服装直播话术宝库

雪纺的，给你们做的是梨花皱，更轻更薄更软的。就你们夏天去穿，像那种三伏天38（摄氏）度、39（摄氏）度的大热天，穿着冰冰凉凉、丝丝滑滑的，我可以走到镜头前给你们感受一下。看到没有，整个薄如蝉翼，全部带有细微的这种肌理感、褶皱感，它不会起褶子的，免烫免熨免打理；里面做了舒美绸的定制里衬，防走光、不起球、不勾丝、不起静电的。

3个颜色给到大家，我身上穿的这个是玫瑰紫色，紫色好看对不对？还有黄色跟灰色，这两个颜色有没有姐妹想要我试一下的，要不要我上身试？要我穿黄色飘"黄色"，要我试灰色飘"灰色"。哪个颜色你们想看的、飘得多，给你们试哪个，一定要先把颜色飘好，抓紧飘出来。这个黄色的话其实很好看，它是淡淡的浅黄色，穿在身上是那种减龄的、显年轻的，梦回少女时代，穿身上梦回18岁的感觉。然后呢，下面这个有一种高级感，有种江南烟雨诗情画意的感觉，你们穿出去就是像水墨画一样。然后我身上的紫色是玫瑰紫，它是加了粉调的，巨显白，黄皮肤、黑皮肤就买我身上的紫色。来，姐妹们选好颜色，赶紧飘出来哈，报尺码，我们上车。

（助播：来姐妹，选择自己喜欢的颜色，看下尺码表，准备上车了。S码穿到100斤，M码穿到115斤，L码穿到130斤，一个加150斤，卡码记得往大拍，衣长113厘米到116厘米的黄金比例长，拼好手速准备上车。）

对，来姐妹，因为这个是新款嘛，门店的新鲜爆款，你去任何一家专柜随便逛，899（元）是没有折扣的。但是今天，在我线上499（元）、399（元）都不要。品牌直播间售前有服务售后有保障，运费险、保价险、7天无理由退换货全部备好了。收到货，你不喜欢不想留可以退哈。而且一分钟之内，这样，秒拍秒付的抢到前40单，全部今天发货。再减100（元），299（元），拼手速开单捡漏倒计时。

（助播：5、4、3、2、1，价格已开，放心去拍，专柜现货只有40单，秒拍、秒发货。来姐妹，看一下我们浅黄色，非常减龄、非常亲肤的颜色，青春有活力就买浅黄色。出去玩，去大理、去丽江，看夕阳西下、落日余晖，浅黄色是不是都好看？灰色这个颜色，显高级的颜色就是白灰色，能穿出烟雨江南，喜欢江南的，颜色首选就拍它，是有诗情画意的美啊，很多姐妹也是爱不释手的，对不对？白灰色显高级的，哇，穿起来是不是有一种仙气飘飘的感觉啊。这叫玫瑰紫色，也是很多姐妹心心念念的颜色，想跟老公、男朋友来场美丽邂逅，这颜色好不好看？出去玩拍照打卡，这颜色仙不仙气？买玫瑰紫色不会错的。实在纠结颜色，可不可以把3

个颜色同时下单呢？可以。×××品牌直播间，运费险有没有？有的。保价险有没有？有的。7天无理由退换货有没有？也有的。不喜欢不满意了，都能退能换，而且今天给大家安排了少量的现货名额，谁拍到就是谁的。还剩18单。)

来姐妹，紫色真的太好看了，一定要先去买紫色啊。在我直播间的所有女生，现在要做的事情是，点开小黄车1号链接先买。先把现货的名额给占住，一定要先买现货。因为我给你们上的就那么几十单，这个现货一旦抢完就没有了哈。(最后13单。)直播间400多个姐妹就几十单，你能抢到就是你的，抢不到就是别人的。裙长是113厘米到116厘米，小个子1米45都能穿。颜色如果说你们纠结，就买紫色，紫色真的很好看。这个颜色很温柔很浪漫的，给你们做的是玫瑰紫的颜色，巨显白。黄皮肤、黑皮肤的小姐姐，你买紫色肯定不会出错，这个颜色是自然而然提亮皮肤的，自然而然去衬肤色的。所有的黄皮肤、黑皮肤小姐姐，你相信主播买紫色就完事了。

然后有纠结尺码的，这样，不会买的，把身高体重扣出来，我给你们做推荐。卡码记得往大拍，不卡码的正常去入。我是162厘米、95斤，主播试穿的是S码。我们面料做的是梨花皱，它薄如蝉翼，夏天穿特别舒服，轻薄透气，完全不会闷热的。直播间来回退，有没有运费险？(有的。)有没有保障险？(有的。)买回去能不能试？(可以。)能不能穿？(可以。)你就算都买回去试穿都没问题，你喜欢哪个颜色，你就留哪个，你不喜欢给我退回来，正品保证。

怎么还有占库存的呀？(还有占单的。)来，姐们今天真不能占单，你们占着的是现货哟，占着单不付款人家买不到。这个款，因为我说了，你有占单，肯定是有没买过的。而且咱家毕竟是现货现发的，很多现在卖女装的直播间，要不等个15天，要不让你等个20天，你着不着急？谁都不想等那么久，夏天买裙子都是要早买早穿的嘛……

马面裙

话术时长：6分钟左右

服装：新中式马面裙

形式：憋单

来，所有女生，刚进来的有没有啊？第一次刷到我的，留个小"1"吧。没买过我家任何一件裙子，没买过任何一件上衣的，把小"1"飘起来。我告诉大家，我家的裙子颜色那么多，如果你第一次来你不知道怎么选，扣"1"我带你选。我们今年不是特别流行国风、流行马面裙嘛。那么，留了"1"的都是第一次来对吧。

那所有女生，你看过来了，我购物车里面红的、绿的、蓝的，我别的五颜六色我不推荐，你人生中第一条马面裙我更加推荐买什么？买黑色，为什么？经典百搭不挑人，想穿就能穿，18岁你能穿，68岁也能穿。它不像红色那么张扬，说只有节日氛围感才能穿，我这个黑色上班通勤搭个衬衫，你就可以直接出门了。

想要上衣啊？那我问大家，我给你们发优惠券，一分钟我就上链接。如果只想单买上衣，单买裙子，你只留"1"，留"1"的只发单买第一张券。你觉得主播这么搭不错，你就留"2"，我再给新粉来波福利价，上衣裙子都要，留了"2"的，发套装第一张券。一整身上衣我给你们感受一下啊，它是有暗纹的，我们不是纯绿色的，高织高密的提花缎的料子。上身这个暗纹，就跟你们在博物馆看到的那种浮雕一样，所以说上身非常显贵气。黄皮肤小姐姐，你参考兔兔主播。我们这个绿色其实比较难做，比较难染，绿色做深了显老，做浅了显老气，侧条垫的祖母绿，18岁穿到68岁。

来，我们对比一下上身效果，4.5米大裙摆，里面全部带到织巾的。裙子重工艺，我家走秀款，而且是当家二代，698（元）没开，上衣288（元），一整套要900多（元）对吧，我一整套，给新款来波专场价。来左上角把关注点上，今天不管是单买还是买套装，只要你愿意支持我，我拿这条裙子邀请所有新粉丝来波体验价，从雀笙让新粉丝来认识我家，变成我家老粉。所有点完关注的姐妹们准备好了，把"666"飘起来。公屏留了"666"的ID，小哥识别统计好，从3:50把录屏打开，所有留了"666"的，今天不管是单买还是买套装，都再给新宝来波福利价。两个颜色，来，各帮我加10单进来，公主们听我说怎么选，低调百搭日常、黄黑皮肤首选买杏色。但是如果你要张扬了，要显贵气的，你买我身上这款绿色。来20单，后台优惠券准备了没有？（准备好了。）倒计时。

（5、4、3、2、1。）

裙子打完折，上衣就是白给。这个裙子，宝宝你打开包裹一定有惊喜，看给你对标的是外面4位数，1500+（元）做工，我给你一整套。499（元）都没开，套装到手价488（元），来上链接，刷新一下。

主播163厘米、85斤，我穿S码。我给你配个红外套吧，好不好？因为有一些小姐姐不知道外面搭什么颜色比较好看。来，这一整套搭，是不是也很显白，不挑年纪。如果说你是学生党，你是上班族，没有尝试过汉服的，你就搭我这一整身，杏色比较日常。

裙子我给你们感受下细节，底下全部做的凤穿牡丹图，凤为鸟中之王，牡丹为花中之王，是不是富且贵，它也寓意着美好和幸福。来，看一下，内里带有我们家的防伪标码。裙子单买到手价 368（元），上衣单买到手价 168（元）。

如果说，宝宝你家里有羽绒的，有皮有小草草你也能搭。这么多人还想要红色，你们是有多想见到红色的。来，想要红色福利的，把"红色"飘起来，喜欢红色的人多，我们红色来波体验价。要红色是吧，要加，那你把占单踢出来，我们来红色，好吗？两件套最后的 8 单，这 8 单没抢到，一分钟，我要来红色了，你是不是要等半小时后再来，来两件套装清库存。

（5、4、3、2、1。）

488（元）不是单裙子，是两件套。单买裙子，单买裙子 368（元），上衣到手价 168（元），我刚才的呢子大衣在 16 号链接，早拍早排单。来，给她报一下我们套装尺码，来，红色的哦。

（是的，来看一下套装尺码表，S 码穿到 100 斤，M 码穿到 120 斤，L 码穿到 160 斤的。身高 1 米 45 穿到 1 米 80，正码正拍，看身高，高个子往大码去拍，小个子卡码小码去拍。）

我先把红色给大家上了，给你们拿红色，好看是不是，谢谢大家。头像下面福袋是给大家安排的包包，而且新粉老粉有没有订单都能参与领取。不是说一定要在我直播间花钱，你才能领取到哦。裙子如果觉得长，后面是绑带的，高腰低腰自己做调节。

然后红色裙子来了，下一个马上来红色。刚才那一款的话呢，30 个太阳，你们有没有不想等的？（不想。）比较着急。想要看我家品质女生有吗？如果着急，女生你扣个"着急"，有比较着急的，待会儿主播推荐一些比较快的款式。我就推荐买 1 号跟 3 号，这两个工期会比较快一点，大概是下周大家已经能穿上了，但是别的有一些款式，毕竟是新品要等一等哦。着急就买 1 号跟 3 号，工期比较快，来裙子，小哥帮我准备链接，给你们报一下尺码，给你们来波裙子福利喽。

毛衣

话术时长：8 分钟左右

服装：西装西服

形式：微付费憋单

PART 7　附录：服装直播话术宝库

身上的毛衣呢，是我们家今天的一个福利款给到你们的，纯纯是安排福利的一个价格。这个款式跟大家讲一下，我等会儿只开一分钟，一分钟之后，我们是直接下架的，到手价 59（元）的价格都不需要，就等于说大家真的是买一件 T 恤的价格都买不到，对不对？一杯咖啡的价格，买到的是我们家今天 379（元）的一件毛衣，带标、带防伪码、商标齐全。福利款式的话呢，就是说大家没有拍到，我希望大家也不要在公屏上去带一些不好的评论，好不好？因为 59（元）都不需要的，我没有办法做到直播间人手带一件回去，也没有办法一直放在小黄车，让大家陆陆续续地去拍。

这个款是男生女生都能穿的，微宽松的版型。你们可以看一下，这个毛衣它真的很厚实，像这一件的话呢，胸前做的是一个 3D 立体刺绣的工艺。

那南方现在这个季节是不是可以单穿毛衣啊，穿起来的话呢，保暖的同时，会更加有格调一点。然后如果说北方的话呢，可以搭配一些外套，当作内搭去穿的。领子的话呢，全部都是给你们做到这种 12 针加厚的领口设计，久穿久扯，它是不容易变形的。而且我们家这一件，它不是只有单纯的锦纶和氨纶，做的是六零棉的针织棉，精选纱线面料，面料非常厚实，你看一下很绵密的质量。单穿的话呢，不会有任何的不舒适感。因为这一件的话呢，比较扎实，没有缝隙，冷风是钻不进来的。北方的话呢，就是说穿到十几（摄氏）度啊，包括你春夏秋冬四个季节，你除了夏天不能穿，另外三个季节都可以穿。做的是 10 级的抗起球成分，可以机洗，可以手洗，不容易起球、不容易勾丝、不容易变形。这一款是福利款，我就不讲太久，两个颜色，咱们不纠结颜色的问题，上一分钟直接下架，看好尺码表。

（助播：看了细节、看了颜色的宝宝们想入手，先看这边尺码表了。S 码的话可以穿到 100 斤；M 码 120 斤；L 码 140 斤；XL 码 160 斤；2X 可以穿到 180 斤。卡码的话，正码正拍。新粉宝宝们拍之前，一定要记得先在左上角给它点一下关注，领了优惠券再回来下单会更优惠，这优惠券的话是全场可用的。）

首先，这个款式日播价开的是 99（元）啊，今天在我直播间直降 44（元）的一个价格，一定要在左上方点好关注、领好券，一分钟的时间到手 55（元），拼手速，倒计时。

（助播：5、4、3、2、1，1 号链接刷新去拍，拼好手速，秒拍秒付。）

（助播：一定要记得点好关注，领个券再去下单，1 号链接到手价是 55 元，少量的一个福利款式，宝子们，断色断码都是补不了的。）

带货主播必修课：服装话术大全

1号链接一定要在左上方点好关注、领好券，到手只要55（元），就可以带回去的，真的是一个福利款式。所以说我们就没有办法一直放，你们现在有什么疑问，可以直接问一下我们，好不好？

55（元）你看一下，一杯咖啡的价格，买到的是我们家吊牌价379（元）的一个毛衣。带标带防伪码，拍到你们放心，我们48小时可以发货的，有7天无理由退换货、有运费险。纠结尺码，大家可以把身高、体重扣在公屏上。我是身高162（厘米）、体重90斤，穿的是杏色中码。然后如果说大家纠结颜色的话，我们就去拍杏色，杏色的话呢，会比较温柔，有质感一点点，男生女生都能穿的。然后如果说大家想要显瘦耐脏，去拍我们的一个黑色。

首先这个款式，我教一下大家，今天我们入两件不入一件。你拍两件，然后左上方点一下关注，入会领券，今天是更加划算，拍两件性价比会比较高。像这一件的话，你看一下就属于这种男生、女生都能穿的，对不对？（助播：1号链接10单现货，现在还有5单，赶紧拼好手速，断码断色一律加不了、补不了。）你看一下整个款式，胸前呢，全部都是给你们做到这种3D立体刺绣设计。就是比如说，现在南方穿去穿的话呢，是没有问题的，会比较的有格调一点点，不会说太过单调。那北方的话呢，搭配一些外套啊、羽绒服当作内搭去穿，是不是也好看呀？所以说这个款式，你不管是说怎么穿它，都没有问题。第二个的话呢，大家可以看一下细节，领子的话呢，全部都是给你们做到这种12针加厚的领口设计。平时的话久穿久扯，它不容易变形。而且整一件的话，它不是简单的氨纶和锦纶的一个毛衣。这一件的话呢，我们做的是一个六零棉针织棉精选纱线的棉料，含棉量会比较高。整个款式你看一下它是非常厚实的，而且很扎实哦。（1号链接还有最后两单哦。）可能就是说，有些直播间给你们做到一些福利款式，虽然说是毛衣，但它是那种稀稀拉拉的，是不是？但是我们家这件，你看一下，到手的话呢，是非常扎实、非常紧实的一个款给到你们的，整个款式密不透风。就说春夏秋冬，你除了说是夏天不能穿，你可以穿到三个季节都是没有问题的。

（助播：1号链接，还有最后10秒钟结单，后台没有付款的宝子，我们准备踢单了。有疑问赶紧飘，宝子，55元带你去感受，有运费险、有7天无理由退换货。）

这一件的话呢，全部都是给你们做到这种10级的抗起球成分，可以机洗、可以手洗，不容易起球、不容易勾丝、不容易变形。就是它会比较耐造耐穿一点点的，我觉得你拿回去穿个两三年是没有什么问题的。非常厚实，非常扎实的。

PART 7　附录：服装直播话术宝库

（助播：1号链接已经没有了。）

没有了是不是？

（对的，后台的话，有7个宝子占库存没有付款。）

那如果说是没有付款，我们就不等大家了，直接踢，好不好？反正这个款式最后两个颜色，也开不了多少波了，两个颜色咱们不纠结颜色，可能有些断色断码了。我们给大家报一下尺码表，直接踢掉了。

（助播：没拍到的宝宝们，一定要看一下这边尺码表，后台要踢单上车了。S码可以穿到100斤；M码120斤；L码140斤；XL码160斤；XXL可以穿到180斤。卡码的话，正码正拍，内穿外穿都可以。新粉宝宝们，拍下之前一定要记得先左上角点一下关注，领了这个优惠券，然后再回来下单会更优惠，而且这优惠券的话也是全场可用的哦。）

咱们这个款式的话呢，99（元）是日播价，今天在我直播间直降44（元）的一个价格来的。然后大家一定要在左上方点好关注、领好券，好不好？到手价，我们不需要太多，只要55（元），拍完6单，我们就直接下架了，拼手速、拼网速，准备好倒计时。

（助播：5、4、3、2、1，1号链接刷新去拍，现货库存不多，拼好手速。犹豫颜色，入手杏色就可以了。担心尺码的话，报一下身高、体重，我们会推荐一个合身的尺码。赶紧刷新去拍了，也可以搭配我们2号链接的一个棉服款式，给到大家。）

记得在左上方点好关注、领好券，到手价我们只需要55（元），就可以带回去。我是162厘米、90斤，穿的是我们家这个杏色中码的一个上身效果。首先，这个款式我跟大家讲一下，55（元）的话呢，我没有办法一直放，所以这个链接能拍的情况下，大家去拍一拍。明天如果说这个毛衣，不是拍这个价格的情况下，我们今天就是要说好，大家不要在公屏上去带我们的节奏。因为55（元）我没有办法一直放，我们这个55（元）是不赚钱的。两个颜色拍到都有现货，48小时可以发货，有7天无理由退换货、有运费险。（我们1号链接还有最后3单，大家先要拼好手速，不要占库存，有疑问，赶紧飘，可以搭配2号链接的棉服，一起带回去都是没有问题的。）纠结尺码，可以扣身高、体重。两个颜色的，纠结颜色拍我们的杏色。杏色的话呢，是今年非常流行的美拉德系。杏色的话呢，会更加有质感，会比较温柔一点点，男女都能去穿，然后如果说，大家平时想要更加显瘦的话呢，耐脏的话,去拍我们黑色是没有问题的。

然后这一款,刚刚有宝子们问我说,能不能外穿,对不对?这一款它是属于这种简单,但是比较有格调的一个毛衣。整个款式胸前全部都是给你们做到这种3D立体刺绣的设计,像这一款就很适合现在南方的宝子们单穿。单穿的话呢,就是说它保暖同时,会更加帅气一点点。(1号链接,还有一分钟就要截单哦。)然后我们家这一件的话呢,比如说像哈尔滨啊,北方啊,你可以搭配一件羽绒服,搭配到我们家2号链接的棉服款,对不对?今天在我直播间,1号、2号一起去拍,就是才160多(元)的一个价格来的。所以说性价比的话呢,相对来说会比较高一点点。

(助播:1号链接还有10秒钟给大家,秒拍秒付,宝子。喜欢的赶紧入手,明天再来,可能没有这个价格给到大家。)

像这一款,给大家看一下,我们整个款式毛衣,全部都是给你们做到这种12针加厚的领口设计。平时的话呢,久穿久洗它是不容易变形的,而且我们家这一件的话呢,全部都是给你们做到六零棉针织棉精选纱线的面料。(1号链接没有了。)那没有了,大家就拍不到了,大家可以先点个关注。还有没有新进……

男士 Polo 衫

话术时长:10分钟左右

服装:男士 Polo 衫

形式:微付费憋单

今天听好了,我们是官方旗舰店的账号,我们支持专柜门店验货。听好了,平时你要是觉得咱家贵的、舍不得买的,这两天真的可以带带,某某活动5月7日就截止了,最后的两天活动时间了。大家甚至能够享受到优惠价格之后的再折上折的一个优惠。所以说今天能买的真的不要错过了,好吧?而且今天这一件是咱家新款,门店都上新了,你们到时候可以去门店对比验货一下,我们支持专柜门店验货,假一赔四。而且给到大家有运费险的、有7天无理由退换货的,你们都不用担心。你收到货一周时间,完全足够你上身去感受,也足够你去对比验货了,好不好?

然后今天这一件吊牌正价是1280(元)的,今天不是买3件享受折上折8折的一个优惠吗?对吧?你说,1000多(元),×××家的 Polo 衫,你不管说是给爸爸带一件,给岳父带一件,都是非常有排面的啊。

今天这一件先看一下它的面料,你们夏天哦,这种贴身穿的衣服肯定要舒服

PART 7　附录：服装直播话术宝库

为准。那夏天什么样的衣服舒服呢？首先它得透气，对吧？它得吸汗，它得散热。你如果说有一些衣服穿起来特别闷，外面30（摄氏）度的天，40（摄氏）度的天，哇，你出去一下，你整个人都跟虾干一样了。但这件衣服能够做到散热透气，因为它这个面料是速干定制的面料。首先是做到锦纶加氨纶的面料。锦纶、氨纶啊，它一般做在一些户外运动装备里面会比较多一点。因为你们到时候出去玩啊，出去健身运动，你肯定要散热，对吧？它整体的吸汗效果更好，所以说是做到这个面料。而且这个面料呢，耐磨耐穿性会更好一点，它是不用担心缩水变紧的那种料子，看到了吗？我随便拉扯，不用怕的。里面还加了冰丝，做到30%的植物凉感冰丝，竹木浆里面提取出来冰丝。所以说这件衣服你们收到货啊，宝宝，你用手摸也好，上身套也好，你能够感受到它的这种冰凉触感的。并且我们还专门加了一点桑蚕丝哦，我跟你讲哦，你们平时有时候那个胳肢窝、背后容易出汗的，它加了桑蚕丝之后，整体的除螨抑菌效果会更好。所以说它出汗之后就防止黏腻，懂吧，这件衣服就是上身又冰、上身又爽啊。而且弹力很大，你不管说是200斤还是100多斤，随便穿，很舒服。

马上要上车了，今天听好了，买两件别买一件，因为两件享受折上折的。这个领子你看一下，一定要看领子啊，这个领子做的是无缝一体压胶的，看到了吗？这个领子笔挺度更好，它不是这种领，宝宝，你们看一下，不是这种领子。这种领子你可能穿久了，是容易担心变形的。但我身上这种领子，你穿两三年都没有问题的，我拉都拉不开，看到了吗？你们要的话先报一下身高、体重，后台库存加好跟我讲。（可以的。）要的先报身高、体重，准备上车了啊，最后给你们过一下。来，看一下这个袖子地方，它也不是普通的那种针线式拼接。因为有的时候呢，你们不是说胳膊粗的担心会紧嘛，你看一看这件哦，我拉这么大，还能再拉大一点，你不用担心说它开线啊炸线啊，或者说束缚胳膊。给你们看，松手之后，没有任何变形现象。

今天听好喽，这件是1280（元）一件的，我们某某活动最后的两天折扣了。看好了啊。单件的话这件在别的平台708（元）一件，你们到时候自己都可以看。我今天直播间单件569（元），单件569（元）。但是今天一起加购到购物车享受折上折8折，两件1号链接到手是910（元），你到时候自己做换洗啊，或者说你给爸爸，或者说岳父带一件都可以的。送人送礼1000（元）的Polo衫，送人都还算有面子的。好吧，今天到手569（元）一件、910（元）两件，五秒钟时间上库存。

（助播：5、4、3、2、1，小黄车1号链接。）

1号链接，然后我教你们一下怎么去两件合并付款，选择不同的颜色啊，我先教你们怎么去加购两件啊。来，看到这里，有个加号嘛，选择一下，然后我身上是亚麻色啊，我身上叫作亚麻色，优先选择亚麻色，然后加入购物车。来，第二件，再选择我们藏青色啊。第二件选择藏青，因为一个上班穿、一个下班穿，这样买两件都不会闲置，懂吗？然后再加入购物车，一起到购物车里面合并去付款，来购物车点开啊。我给你们只教一遍，好吧，那然后刚刚选了两个颜色，一起加一下，看到了吗？两件加好之后，它是活动直接立减的，910（元）两件，相当于455（元）一件，结算就可以了。然后今天这一件，宝宝你随便小黄车里面翻一下，我但凡里面加了桑蚕丝，都是700多（元）的。但是今天你买两件，只要4开头的一个价格的。

然后袖口你看一看，你们是不是有些人肱二头肌大的、胳膊粗的，对吧？担心你这个袖口，担心它收口紧绷的。来看好了，今天这个袖口弹力很大，弹性非常大。因为这件衣服它就是高弹的。其实你看好袖口的地方，袖口是给你们做无缝一体压胶，跟领子一样的，它是做无缝一体的。不会说有那种走线缝线，担心开线炸线的问题，我哪怕拉这么大，哪怕再拉大一点，看到了吗？它不会有那种噼里啪啦断线的时候，而且秒回弹不会变形的，这件衣服不会变形。因为它是这种户外运动的速干材质，它本身就是耐磨耐穿耐变形，再加上冰丝和桑蚕丝的面料，所以它上身自带了桑蚕丝和冰丝的一个光泽感，以及爽滑感和细腻感，好不好？穿在身上冰冰凉凉的。

然后这件衣服正常的机洗就可以了。你再看一看，我们×××，你说为什么能做得那么好，又做得那么久，对不对？因为我们家本身衣服做得好，这件衣服做到桑蚕丝，正常来说都得手洗的。因为像桑蚕丝，如果机洗的话，它那个衣服的色感会洗掉。但是我们今天这一件做到可以机洗的工艺，你放到洗衣里面去洗就可以了，很省心。洗完之后，这件衣服依旧是光泽亮丽的，知道吗？

我们家是有7天无理由退换货、有运费险的，这不用担心。但是呢，这个折上折的优惠是最后两天了啊，是最后两天了。所以说你们现在能带两件，尽量不要带一件。不然到时候，这个你要是只买了一件，觉得好的，你想来买第二件就没这个优惠了，那不是得不偿失了吗，对不对？因为你到时候不喜欢两件都可以退呀，但是这个活动肯定到时候没有了呀，对不对？因为我们这个活动就是到5月7日，

PART 7　附录：服装直播话术宝库

这儿写着呢，是不是，哪怕你 4 月 30 日之前来看，我之前要卖 700 多（元），760（元）我当时在卖啊。一定要一起加购到购物车，一单付款啊，会立减的，一单付款会立减。你如果说，单独拍两件是没有那个折扣的，一定要一起加到购物车啊，一定要一起加到购物车。这样子加号点一下，点两遍，选择自己要的颜色，然后到购物车里面合并付款。因为你一单一单拍就是 569（元）啊，一单一单拍，就 569（元）一件，你把它放到一个单子里面，到购物车里面去付，看到吗？它会立减的啊，会立减的到手就是 455（元）一件，你就正常地放到购物车里面，一起去加购就可以了。不要一单一单，一单一单它那个活动识别不了的，好不好？

颜色给你们过一下啊，宝宝，颜色给你们过一下。有 6 个颜色，我身上是亚麻色。听好了，因为它颜色比较多，很多人会纠结，我先给你们一个推荐。因为×××毕竟是很多商务男士的选择，我相信其实很多人都是有商务需求，才会选择 Polo，或者说选择 ××× 这个品牌，是不是？你如果说日常上班，你要穿得正式的一些，你先把这个藏青色优先带一件，你到时候不喜欢穿衬衫的时候，你觉得衬衫穿起来太束缚的时候，你就可以搭这个藏青色啊。就这个藏青色，然后下面搭个小西裤，穿小皮鞋就可以了。然后呢，你下了班，你再去带个浅色，这样子你带回家两件，它都不会闲置，不会太同类，懂吗？你带一深一浅，你搭什么衣服裤子，什么风格都可以。然后我身上的是亚麻色，你们如果说真的很纠结颜色的，首先把藏青和我身上的亚麻两件一起加购到购物车里面，好不好？然后别的颜色给你看一下，这是灰色啊，你如果是皮肤比较黑，但又喜欢穿浅色系的，那你可以买这个灰色啊，这个颜色皮肤黑都能穿，这是灰啊。然后呢，这个是黑色、浅绿色，然后呢这个是灰蓝色，6 个颜色都在这里啊。你们呢，纠结颜色先把亚麻和藏青买了，然后其他看你们自己喜欢。因为有些人可能心里想好了要买啥颜色的，对吧？那你没想好的，你就买藏青和亚麻色就可以了。

牛仔裤

话术时长：7 分钟左右

服装：牛仔裤

形式：微付费憋单

直播间今天路过的朋友，你今天不管是想买的还是不想买，你今天刷到我的这条牛仔裤，你都别错过，因为你错过这一次，就没有第二次了。这条牛仔裤呢，是我们日常卖到 500 大几的牛仔裤。平时线下，我贴个牌子能卖 700（元）、800（元）

的牛仔。你可以看这个裤子的一个颜色,看我的上身。这个版型是直筒的,但不是市面上那种直筒,不是很肥很臃肿的直筒。它这个是高矮胖瘦都可以轻松驾驭的直筒裤,它的面料做得非常紧实,且摸起来软糯细腻的纯棉面料,克重将近有400克。黄泥色配上青蓝色,整体做旧风格直接拉满。中高腰的一个设计,拉链是YKK的定制拉链,顺滑不卡壳。

新朋友听清楚,最后一波的现货,运费险都安排好,点好关注、买好运险费,身高、体重扣出来,报名给你们准备安排了,马上要上车了。让你无法拒绝的一个价格。今天我说宠路人的价格,一定是让你拒绝不了的。

菱形的口袋设计,单独做的一个拼接,一针一线、不跑针、不跳针,工整干净。从它的一些细节,你能不能看得到它的一个品质,做得是一点不差的。而且我用的拉链全是YKK,YKK大家都听说过,品牌才会做的拉链。看一下,这个是我们的一个整体款式,纯棉面料,400克重,上身硬挺有型,显腿直、显腿长的。主播身高1米76,体重147斤,穿的是一个L码。看我的上身,腿粗屁股大的看过来,我就是属于腿粗屁股大的,看我的一个整体的修饰腿型的效果。如果你一直买不到适合自己的牛仔裤,经常买了退、退了买的,那你一定要试试我家这款。今天你刷到的是自产自销的牛仔裤工厂直播间,今天我们这条裤子日常500多(元),我真的是临时给你们放了这么便宜的价格,让你无法拒绝的价格。我们日常卖牛仔裤都是500大几的一个价格,那这个裤子也就是说它成本非常高,且你今天只需要花成本价就可以到手,买回去不会掉色、缩水、变形、起球。

现在后台正在给大家统计库存,1分钟之内上车,不知道自己拍多大的,把身高、体重扣在公屏上。现在统计一下,马上直接上车了。我现在给大家把内里的做工再看一下,全部买好了运险费,不用担心买回去了之后有售后的问题。我们的直播间不是卖几十块钱的直播间,不是卖清仓尾货的直播间,你买到的是新鲜出炉的牛仔裤,新款牛仔刚上新的新款,今天才是第一天上新的裤子。盖布非常厚实,你们看一下这个盖布很厚实的,你平时放个钥匙、放个打火机都不容易扎破它。门襟单独去做的,只有商场的品质,才能做到这种工艺,一针一线不跑针、不跳针。腰线处的细节,给你们直接拉满,属于顶顶的一个级别的牛仔裤了。

今天这条裤子,我们给大家安排的是现货在仓,点好关注,运费险都给你买好了,7天无理由退换货全部都有。到手价格让你无法拒绝,准备好了没有?30秒内直接倒计时准备上车了啊。现货在仓的,不用去等的。顶顶的一个级别的纯棉牛仔裤，400克重纯棉的。版型硬挺上身有型，腿粗屁股大的都可以直接穿的。看清楚我的一个上身效果，侧面、背面还有正面，不卡裆、不磨裆、不勒裆的，很有型的颜色，高不高级？非常有高级感的一款颜色复古做旧，自带雾面亚光质感的。不会缩水、掉色、起球啊，兄弟们，这个大家放心，拉链都是顺滑的YKK的定制拉链。后面是菱形口袋，一针一线不跑针、不跳针、免熨、免烫、免打理。腿粗的、屁股大的、个子高的、个子矮的，这条裤子都可以驾驭。来，今天工厂价格直接给到大家，准备上车。

（在我们的1号链接，1号链接闭眼去冲。今天拍的全是现货在仓的，明天可以安排的，不让你们久等啊，1号链接刷新去拍一下，运费险都买好了。）

1号链接给你们已经开价了，现货在仓，尺码有限，且拍且珍惜。错过了今天这个价格，明天就没有这个价了。这个价格是咱们临时给你们做的，不要再跟我说，为什么涨价了。因为我们本来就不卖这么便宜的，今天第一天上新，给兄弟们、路人朋友们做一波尝鲜。明天没有这么便宜了，好不好？所以点好关注，直接下单直接去拍啊，运险费都买好，放心，售后无忧，1分钟以内后台帮我结单。现货在仓的，没有冲赶紧冲啊，没有入赶紧入啊。1号链接还有30秒时间就要结单了。那这条裤子的话呢，我们今天马上就结束了。因为这个质量、这个品质，我们日常呢，也不是卖这个价格的，就是真的希望，今天第一次来的朋友有一个好的体验感。

然后直筒的版型啊，穿上去之后不显臃肿的，腿粗屁股大都可以穿的，不卡裆、不磨裆、不勒裆。兄弟们，这个大家放心，穿起来很舒服的。这种裤子，如果说你买回去了还要退，那真的你买不到好裤子了啊。但是，基本上我说了这个裤子你买回去，你是舍不得退的，因为我的这个质量是对比同行那些600（元）、700（元）裤子去做的。因为我从来没有想过，我会把我们做的这个品质卖得这么便宜。因为我们对标的是六七百（元）的裤子，我卖得再便宜，我只能说它卖700（元），我卖650（元），我卖640（元），是不是，我不可能说卖这么便宜的，好不好？所以大家呢没有冲的，赶紧去冲，赶紧去入。

牛仔外套

话术时长：5分钟左右

服装：牛仔外套（男女同款）

形式：微憋单·中付费

带货主播必修课：服装话术大全

姐妹们，我们的1号链接马上要给大家过款了，这款没有拍的姐妹去试一试我们家的品质，真的不会让你们失望的。几万个小姐妹，95%的好评率，一定是靠品质。你今天买的不就是一个性价比高的外套嘛，是不是？在外面就是要你花300（元）、400（元）的，我今天给你们两位数去体验一下，宝宝，我真的没有给你开玩笑啊，来1号链接：5、4、3、2、1，来姐妹们，1号链接过款了啊，好不好？

给你们来一个"高货"的，好不好嘞？所有在直播间的宝贝，我们给大家把这个某某家的新款来一波福利价格好不好？直播间里面有没有刚刚新来的朋友？来，姐妹们，哪怕你是刚刚刷到我直播间的宝贝，有新来的朋友打一个"新"，告诉我一下宝贝，我跟您说哈，不管你多重，这件能穿到150斤、155斤，可以穿到1米72的宝宝。身上的这件某某的新品，在外面找不到同款的姐妹，你能刷的价格全是300多（元）、500多（元）。并且，我们给你做了全方位质检报告的，宝贝们，不是口说无凭的，是口说有凭的。在链接里面，全部去看，宝宝，这是我身上3号链接全方位的质检报告，含棉量很高，确确实实不掉色，可以点进去看详情。

这样吧，我来给你们炸一波高货，行吗？宝贝们，好不好？来，看到没有？姐妹们，这是我们家的品质，在别人直播间300（元）、400（元）的品质，我来给你炸普通简单衬衣的价格，给不给力？宝贝，原厂家自产的货，给你们做了4个标准，正规尺码，能穿到150斤、155斤，能从80多斤穿到155斤，并且身高的话，从1米5穿到1米72都可以。因为尺码做得比较多。

看衣服，这个颜色很漂亮，它是那种比较清新淡雅的，淡淡的那种淡蓝色。颜色的话，是那种有点牛奶质地、奶乎乎的淡蓝色。颜色很漂亮，不挑你的皮肤，而且你看姐妹，整个人穿起来它的肩很漂亮，立体感特别强。姐妹看一下啊，整个给你们做的双边4条线，你看这一块的这个立体感，全部给你做了，包括口袋，是真的口袋好不好？你看中间还做的古金，再点缀出来这种金色的小圆口，定制了10个太阳不掉色的扣子，给你做的双排。整个感觉姐妹你看，高不高级？又显瘦又高级又好看，是不是？

来姐妹，这个品质标准色的尺码，咱们如果有喜欢的宝宝，这一批货啊，可能个别尺码需要等1~2个太阳，大部分仓库有货，咱们想要快货炸一波的姐妹，来扣个"3"给我好不好？来扣"3"统计名额，后台帮我统计有几个3，我们就准备好给它上一下，好吗？

所有扣"3"的宝贝听一下，姐妹们，这款外套是没有弹力的，因为做的全都是棉的，特别柔软，你们感受一下。不清楚的宝宝，可以点开链接来看我们的那个质检，全方位的质检，含棉量是很高的。就这个含棉量，姐妹们，你就不可能买到这个价格。所有姐妹，169（元）我今天没办法给你们，这个含棉量这个品质你就买不到。但是，我既然当新款福利上新，所有扣"3"的姐妹帮我点了一波关注，是不是？我给你再优惠 50（元），您收到货，觉得咱家不错，以后宝宝继续来复购，好吧。因为我在两三天之后，给你们开始要上大量的牛仔马甲了，都是我家自产的货，并且是现货。所有宝宝来了就不要错过它，因为你错过之后，你哪怕在外面买一个复刻版本，姐妹，你得花个 800 多（元），而且你一搜全是 300 多（元）、500 多（元）的。我今天 119（元）都不开了，值不值？含棉量这么高的，做了 4 个尺码，姐妹们，卡码往小拍，高个子、骨架较大的姐妹，咱们才往大拍，好不好？来，109（元）的价格，不废话了，就上这一波，好不好？来某某家的新品，在 3 号链接，倒计时：3、2、1，3 号链接刷新去拍。

我是 163 厘米、105 斤，穿的是 S 码，宝宝啊，S 码是 54 厘米的衣长，我穿的是实物，是大货，姐妹们，都是在仓库存的货。

它是一个清新淡雅的淡蓝色，非常温柔，非常治愈。这款主打立体感，很高级的，它的面料非常柔软，你们回去试一下，真的是特别舒适。你一摸，你能感受到是那种精梳棉的质感，软乎乎的。但是你穿起来，姐妹们，又显瘦，立体感又强，又特别地好看，而且不挑搭配。你去搭深色的裤子、深色的裙子或者彩色系的、碎花的，你都可以搭配的。因为整个立体感真的是特别强啊，宝宝。

你如果到外面，这个价格很难买得到的。你们再看一下整体的感觉，我再来给你们搭配一下裙子的感觉，好不好？好看吧，姐妹们，真的非常高级啊。

（助播：1 号链接尺码没有了哦。）

3 号链接还有多少姐妹是没有拍到的？如果是刚刚进我们直播间的小姐妹，点一下关注。这个是某某家的新品，宝贝，我们给你做的专柜尺码、专柜品质，全方位带质检报告的，一个小外套，在我们的 3 号链接。刚刚上了一波库存已经拍没了，如果有新进直播间的宝贝，给我飘个"新"呗，我看看还能不能给你们再加一波库存，我看一下有多少新进直播间的……

皮衣

话术时长：8 分钟左右

服装：皮衣

带货主播必修课：服装话术大全

形式：微付费憋单

欢迎所有新进到直播间的大哥们，新粉大哥没有点关注的，给妹妹点点免费的关注，把你的热情度留在公屏上。所有哥哥听好，我今天源头工厂是来炸福利的，我没有说拿正价去给你们开哦，我没有说今天卖你 1000（元），没有说今天两件卖你 2000（元），我今天就是来赚波回头客的。

看好主播身上这款，棒球夹克一个款式的皮衣。这个款式跟刚才那个款有什么不一样呢？它这款是稍微偏休闲一点，休闲中带点时尚，既休闲又时尚，休闲时尚款真的档次感蛮高的。看好这个款式，真的不挑。现在这个季节，春天秋天冬天都能穿，一年 365 天，穿个 300 天也是没有任何问题，×××年春秋的一个新品。进口的 CP40 绵羊皮，格莱美的进口绵羊皮，等级越高的皮料，它不仅手感轻软舒服，而且整个衣服是耐磨抗造的，整个质感是非常好的。今天价格超级给力，我让你花一件短袖价格，带走一件真的皮外套。想不想要，哥哥们心动不心动？

我说实话，哥哥们，你今天来到我的直播间，你不用担心主播今天讲的衣服怎么样，是不是假皮，是不是 PU 皮，是不是二层皮。哥，认准我兔兔这个人，咱们家人在石家庄，货在石家庄，坐标河北石家庄辛集皮革城。你要知道一点，辛集皮革城是中国皮革皮衣之都，北方 90% 的皮草这边，是这个的（竖大拇指），对不对？全国各地的经销商好多拿货是在辛集拿的，为什么呢？哥哥，咱们家这边是专注于这种系列的，而且我们家是专做高端品质男装系列。像我身上这个款式，哥看清楚了啊，线下店是卖得非常好的一个系列。先看版型，喜欢的话，哥您吱一声，喜欢的扣 "1" 来报名。看好这个版型，前身和后背 360 度无死角。整个衣服整张整版大开张，没有做新肩，没有做打断，看好，谁穿谁好看、谁穿谁帅气。不用担心将军肚、啤酒肚能不能穿，看好哥哥们，好的版型它是可以遮肉，可以显瘦的。

来，哥哥们喜不喜欢，要不要上车啊，要不要开炸？我告诉你大哥，别人家直播间这个款卖到 1380（元），卖到 1280（元），卖到 1000（元）以上的。我直播间平常日售 899（元），我今天不要了，不开了，我送福利来了啊，我请你去穿，穿格莱美进口的绵羊皮。今天价格打折，品质不打折，始于颜值终于品质。哥们儿看清楚，巴掌大小真皮包边，口袋里边看得到。看不到的地方，我全部是给您做真皮包边，口袋里边做工够不够精致？拉链全部是给您做 YKK 的品牌定制链，这个拉链一条都要 80 多（元）。听声音看品质，我一场直播拉了个无数次，衣服穿多久，拉链拉多久。口袋的话，外边是两个斜插口袋，里边左边一个竖插口袋相对应，里里外外一共是4个口袋，出门在外不喜欢拎包的，咱装钱包、装打火机、装香烟、装车钥匙，是不是没有任何问题？

哥哥们，要不要上车啊？哥哥们要不要炸一波啊？我这款衣服啊，哥哥版型不用去贪大，正码正拍就可以。因为它比较休闲一点，正码正拍就可以了。听好哥哥，今年的一个高货价格，我给你炸到底，福利我给你拉满，我就要你一个回头客，我就找你一个回头客，我就让大哥们去感受一下，到底怎么样，喜欢合适留，不喜欢、不合适退就可以了，好不好？把妹子直播间当成你免费试衣间，现在咱把尺码扣在公屏上，看清楚。

（M码穿到105斤，L码穿到120斤，一个加穿到135斤，两个加穿到150斤，三个加穿到165斤，四个加穿到175斤，五个加穿到190斤，六个加穿到200斤。正码正拍就可以了。）

来哥哥们，你们穿什么尺码，扣什么尺码吧，不知道怎么去拍的，把身高、体重告诉我。这款版型正，按码正拍，不要贪大，所有保障全部为您保驾护航。听好了，进口CP40绵羊皮，格莱美的进口绵羊皮。哥，格莱美的进口绵羊皮，整张整版的不需要你去打理，不需要你去保养，整张整版越穿越软，穿3年、穿5年不炸皮、不裂、不起皮。你今天愿意给我们一份信任，我不让你失望的行不行？价格今天790（元）也不开了，来后台，给我拿出来20单现货，就20单，直播间在线167个大哥听好，我让你开心而来，满意而退。我今天890（元）不开，799（元）我也不要，来，20单直接给我炸到699（元），倒计时3秒。

（3、2、1，4号链接价格已开，抓紧去拍，右下角已经弹窗加库存，喜欢的大哥一定要秒拍秒付。）

哥哥们，右下角小黄车4号链接，秒拍秒付，不要占单。今天到手价格是699（元），699（元）入手一款格莱美进口的绵羊皮，进口CP40绵羊皮，普通绵羊皮的3～5倍，等级越高的皮料，不仅手感舒服，而且它整个衣服的厚度达到0.4厘米、0.5厘米的厚度，看到没有，耐磨抗造。今天是拍1发2，腰带是送给您的，不要钱，价值189（元）的真牛皮腰带。今天一步到位，给你安排发货了，全部是现货。拍完的大哥回到公屏上，告诉我一声，不要拍完就走，拍完之后啥也没有，你要拍完就走，那个福利品是没有的，今天这个福利只有在我直播间才有。但凡下播之后，如果说没有看到你的订单，哥哥没有福利品的。没有的话，你不要来我直播间带节奏，不要问我为什么没有我的福利。哥哥拍完就走了，我不知道谁拍的啊。

699（元）全网低价到货价，抖爸爸平台给到我的权利，不然没人敢说自己是全网最低价。并且腰带是不要钱的，收到货之后，你衣服喜欢，合适帅气，咱们把衣服留下来，衣服不喜欢不合适，达不到你的满意度，没有关系，给我退回来多少钱买的多少钱退给你，腰带你留下来。这个东西就是为了感谢大哥对我的支持、对我的信任，来20秒钟结单哦。大哥们，现在拍下，我们今天还来得及发货，都是现货，20秒钟我就结单了，哥哥手速一定要快，姿势一定要帅。

哥哥们，记住一句话，皮衣反季买，别墅靠大海，反季不买当季被宰，秋天冬天是旺季，你那个时候去买，不宰你宰谁啊？我告诉你，那个时候，但凡你让我开这个价格不可能，那个时候谁不想挣钱呀？我现在这个时候没有办法，我们家只做皮衣，专门做皮衣的，一年四季都在卖皮衣，虽然这个季节卖得不多，我只是养养工人、养养号。所以说价格我给你炸到底，豁出去了，明白不？最后15秒钟结单，结单我就直接过款啊，哥抢不到，不怪我啊。

所有新进到直播间的哥哥们，你们有没有喜欢皮衣的？哥哥们，你们有没有对皮衣感兴趣的？我告诉你，真皮皮衣格莱美进口的绵羊皮，男人行走的荷尔蒙，走在大街上回头率超高的，整个质感真的是全部给你拉满了。

来吧，刚刚新进来的哥哥，没抢到的哥哥，你飘个小"1"跟我说一下，我看看还能不能给你加现货库存……

旗袍

话术时长：9分钟左右

服装：旗袍

形式：微付费憋单

欣欣姐，您刚来吗？因为有人还在问我旗袍是啥面料呢？亲爱的，我再统一问一下你们吧，有几个新来的新人呀（有没有新粉刚来的呀）？我身上这款旗袍的面料，如果您是新来的，没有听清面料，欣欣姐，你给兔兔扣个"新"，好不，我看一下有多少新来的。如果新人多的话，我再统一讲解一下旗袍的面料；新人不多，兔兔就准备过款咯，因为它是开播福利，好吗？辛苦大家了，来新人扣个"新"。

（对，先把"新"扣起来，姐妹啊。）

亲爱的××姐姐、×××姐，兔兔先答应你们，只要您是新来的，开播福利哈，我一定不让您失望的，您给兔兔一分钟，先听我介绍一下旗袍。觉得确实还不错，挺喜欢的，咱再去拍，咱不冲动消费，行吧。

PART 7　附录：服装直播话术宝库

这款旗袍的衣长呢，是一个标准的 118 厘米的衣长，身高 1 米 45 以上的，都可以穿它。我先给大家看一下版型吧，姐姐，来咱先看一下侧面，立体的手工盘扣，很显腰身哦。看背面（背后的隐形拉链很方便），版型正不正？我再来给你看一下面料和工艺，姐妹们，你感受下立体的质感。面料我是给你定制的锦禾皱，又称为富贵皱，它是免熨免烫、不起球、不勾丝的。而且夏天你去穿啊，轻薄透气不闷汗。你感受这立体的花型，我把普通的一字扣给你改成了立体的蝴蝶盘扣，寓意幸福美满，福禄双全（寓意很好啊），还不错吧。如果你有点儿小肚子也不用担心，看好了，亲爱的，有空间有弹力。有肚子咱也不怕（不用担心）。

亲爱的，这样子，如果你们喜欢，你给兔兔扣个小"1"（对，小"1"扣起来啊）。我看一下多少人想炸掉的，人多的话呢，兔兔再给大家上一波现货库存，给大家当成开播王炸，再炸一波，行吧。来，辛苦大家，喜欢的扣个小"1"（待会儿人越多炸得越狠）。

亲爱的，其实你们知道哈，就像这种定制的手工旗袍，您去线下，您定做一件，随随便便的 500（元）、600（元），300（元）、500（元）特别正常吧？兔兔开播福利哈，亲爱的，不多说，直接一字开头，行吧，199（元）、189（元）也能上，但是没有诚意。夏天您去买个普通的连衣裙，159（元）总归得要吧（那肯定得要的啊）。开播福利，今天 159（元），我都不要，您帮兔兔点个关注，行吧？我不会让你白点，来这款云南的玉石吊坠，你们喜欢吗？喜欢的扣"1"报个名。所有喜欢的姐姐，云南的玉石吊坠，每个人我给大家再送一条。听好了啊，我身上这款定制的手工旗袍，外加一款云南的玉石吊坠，拍 1 发 2 到手是两件，1 号链接啊，139（元）来改价上车。

（助播：来姐妹们，我们的这款青山翠呢，给大家放在了我们的 1 号链接，价格已经开了。姐妹看一下，很大气、很端庄、很有韵味啊，喜欢的姐妹们一定要回去穿上试一试，感受一下啊。）

所有没有感受过旗袍魅力的一定要感受感受，没有体验过手工工艺的姐姐，您去体验一下。开播福利，手工的定制旗袍 139（元）。亲爱的，只要您能拍到，兔兔保证，您一定不会失望。而且亲爱的，兔兔答应你们哈，只要你今天拍到了，我身上这款云南的玉石吊坠，每个人我都给大家送一条。但是我先说好亲爱的，最后送一波（最后 5 单啊），后面我就不送了，行不行？因为这款旗袍的成本确实太高了，兔兔也想送，但真心送不了，最后一波行吗，亲爱的？而且我播的是现货，我没有

带货主播必修课：服装话术大全

上特别多，因为现货明天发走的，确实很难出货。亲爱的，139（元）啊，因为确实货不多，可能会有人拍不到了（不多了）。如果你没有拍到，兔兔跟你讲声抱歉，这样子行不行？亲爱的，139（元）您拍到了哈，这款云南的玉石吊坠，我送给你（加送的啊），你回来跟兔兔讲一声，行吧，证明一下我们的福利确实上车了。谢谢你们，亲爱的啊。

姐姐，你感受一下弹力，你看一下空间。都是明天一早发货的，您去问一下别人直播间卖旗袍的，不管是旗袍还是连衣裙，有几个能做到今晚拍明早发走的。能做明天发的现货，亲爱的，兔兔够不够诚意？你完全可以感受出来，行不行？姐妹们，兔兔就不多说了（咱就过了）。因为我上的是旗袍，亲爱的，我不是连衣裙。而且我是手工定制哈，不是机器做的衣服，139（元）我还给你送个吊坠，够不够诚意你们自己感受。而且我不喜欢多说，说太好听没用。

姐姐们，我给你凑近来看。亲爱的，你们自己感受一下面料的质感，这是我给你定制的锦禾皱面料，锦禾皱是定制面料，又称为富贵皱。它是免熨免烫，不会起球和勾丝的。而且夏天你去穿哦，轻薄透气，不会闷汗。你感受它立体的花型，5D的数码印花工艺，不褪色、不掉色，是我对你的基本保证。而且我把普通的一字扣改成了立体的蝴蝶盘扣。穿过定制的都知道，像这种定制的蝴蝶扣子成本更高更难做，但是我也做了。因为蝴蝶寓意着幸福美满、福禄双全，寓意很好。来，剩几件了？（最后两件啊，不多了姐妹们。）

姐妹们，我再强调一下哈，我播的是现货，明天发走（明天就能发）。我答应你亲爱的，只要你今天拍到了，这款云南的玉石吊坠，我给你送了（加送的啊）。我不仅送你吊坠，只要你能拍到，每一个人，我再请您去试穿（对，咱得回去试啊），行吗？亲爱的，试穿完以后，您觉得不喜欢，不合适，跟我说的有一点点的不一样，比不过线下门店300（元）、500（元）的定制工艺，您直接退掉，我给你补贴邮费，行吧（售后无忧了姐妹们）。我把诚意给足你了，你去感受一下。说句真心话啊，亲爱的，如果品质不好，我不可能安排运费补贴（不可能的啊），你想想你都给我退了，我还得给你补贴邮费，你说兔兔图啥呀？姐妹们，我不就图你第二次来吗？姐姐，您放心去感受，运费补贴，是我给你的诚意和安全感（最后一件），好吧，我就不说了，来给大家转一圈，我就过掉了哈，360度看仔细了。

（对，抓紧时间姐妹们啊，这个青山翠真的很美啊。你看一下很大气、很温柔、很有韵味的啊，喜欢的姐姐回去试一试。）

亲爱的，我给你讲一下哈，这款旗袍收到以后，你先对着镜子感受一下版型，感受一下质感跟光泽度。亲爱的，我跟你保证，你会第二次来的。但是第二次来的时候，我就不送吊坠了。我先说好，只是福利好不好？如果你担心想要春游的时候穿，早上晚上有温差，天气比较凉，不知道穿什么衣服，对不对？姐妹们看仔细了，我给大家随便搭一个外套，随便搭的，这是我自己线下买的衣服哈，我给大家搭配看一下。

（可以，姐妹们啊，抓紧时间，我们的旗袍还有一件啊，现货明天发，姐妹们不多说了啊。再搭配一下披肩，给大家看一下啊，很美很高级啊，姐妹们。）

我哪怕搭一个颜色有点像撞的黑色，亲爱的，我就问你好不好看？姐妹们，这种气质连衣裙它能做到吗？短裤它能做到吗？只有旗袍能给你带来的气质，拍个照片是不是，咱出去约个会是不是？真好看。

姐妹们还在问，有没有弹力，还有没拍到的吗？有几个新来的新人，有没有新粉呀？姐妹们，我再统一问一下，如果有新来的，你给我……

裙裤上衣组品

话术时长：7分钟左右

服装：裙裤

形式：憋单

这样子，有多少宝贝是刚刚才来到我直播间，没有拍到我身上这条裤子的，裤子还要吗？裤子还要的宝贝，你们扣个小"1"，主播身上1号链接香槟色这条裙裤还要的宝贝，飘个小"1"。因为老粉都知道，这条裤子我今天才上新的，这条裤子的话现货不是很多。如果说大家你们都是刚来的新粉，你们都要的话，我就从线下门店、从实体店去调货，所有报名成功的，是安排今明两天都能飞出去。但是没有报名，不着急穿的，那就只能安排15天库存了啊。20条后台统计好，我们直接上了啊。

拿回家放心试、放心穿，因为是源头工厂店，今天别看价格做得低，但是保证质量做工品质全部是一样的，拿回家所见即所得，一条裤子都可以做两条裙子出来的，做工细节做到位了。今天来到线上的话呢，是新品首发价格。明天来后天来，如果不是这个价，你不能带节奏。来，先把牌子给大家看一下，这一条裙裤的话，有两个裤长，能够从80斤穿到145斤，1米63以下拍80厘米长度，1米63以上去拍85厘米长度。主播身高是1米6，穿的是我们家80厘米长度，按身高推荐拍，长短大小能退能换，有运费险，它是现货最后一波。来，直接给你们上了啊。

（5、4、3、2、1，右下方小黄车1号链接，后台直接这一波香槟色，给他们加一个30单的现货上去，直播间300多个宝贝，拼手速抢了。它是有两个长度的，一个是80厘米的裤长，一个是85厘米的裤长。按你的身高去拍它的长度，就能穿出主播这个感觉。80斤穿到145斤，是一个均码的腰围。全部今天发，2～3天到货，有运费险，拍回家不喜欢、不满意，也是可以退的。现货不多就30单，待会儿如果抢光了，后台直接改15天链接了啊。）

拿回家都可以去试一下。如果你们夏天怕热的，6月、7月30多（摄氏）度天热的时候，都可以去穿。肚子大的也能穿，版型的包容性非常好。像下半身胖，有肚子大的，有胯宽、屁股大、腰粗的，全部都给你们遮进去。主打就是遮肉，主打就是显瘦。穿起来呢，会更加实穿。如果说在纠结颜色的宝贝，实在不知道怎么拍，20岁、30岁去拍我身上这个颜色，叫杏色。30岁、40岁、50岁、60岁，就去拍香槟色，黄黑皮肤、素颜不爱化妆的，就拍香槟色。这两个颜色带回家换着穿都可以。

（裤子四个颜色都没了。）

四个颜色都没有了，好多人没抢到。如果说你们还有人卡库存，有拍了没有付款的宝贝，不能怪我了。因为我现在只能踢单了，加货肯定是加不了多少单。现在还在纠结犹豫的，你就干脆带一条香槟色回家先试一下，20岁、30岁的就带杏色，其他年龄的宝贝儿，都去带我们家的香槟色，香槟色更显白、更显年轻。30岁、40岁、50岁、60岁都能穿，质量做工品质全部做到位。还有运费险的，可退可换的。来，准备踢单。

（占库存不付款的宝贝们，我就不好意思了，把你们的订单先清出来。然后没有拍到我们裤子的，右下方小黄车1号链接，赶紧刷新去抢啊，没有抢到的宝贝刷新。1米63以下的，拍80厘米裤长，1米63以上的拍我们85厘米的裤长。从80斤可以穿到145斤，均码的腰围，按身高选长度，就能穿出主播身上这个效果。带运费险给你们发货。如果说你们是纠结颜色，不知道拍哪条的，可以拍一条我们家的香槟色。然后第二个选择，那就选择我们家的杏色，也好看，带两条回家也划算。）

喜欢都可以拍回去试一下。版型做工给你们做到位了，穿上身的话呢，既好看又洋气，而且方便又日常。穿浅色的衣服的话呢，也不透，也不漏。大家喜欢的话

PART 7　附录：服装直播话术宝库

呢，都可以放心去尝试。包括大家拍了裤子，宝贝也不要走，上衣记得一定要带一件。新款上衣搭起来会更好看，会更实穿的。它给大家做的是一个冰丝的面料，立体式六片式剪裁，前后都是三面色，没腰都给你掐个腰出来。肩头做的是一个小娃娃领，双层的。面料用的是我们家牛皮金丝和裤子同款面料，扣子是饰品级的一个扣子，但是它是假扣子哈，不是真扣子，不能够打开的。右侧边是带拉链的，穿脱换很方便，不绷扣的。但是弹力较小，所以胸大肚子大，记得一定要往大一码拍。上衣的话呢，平时我们线下在售的价格，是一个159（元）。今天作为我们裤子搭配福利，上衣上新价格79（元）不开，49.9（元）带运费险，卡码拍大。来，直接上了。

（那我们的4号链接啊，后台现在直接把它弹到最上面去。然后你们点开小黄车，最上面那个链接，就是主播现在身上穿的这个上衣，喜欢的宝贝直接去下单，带运费险发货。卡码的话，建议拍大。衣长是50厘米，它有杏色和香槟色，现在身上穿的是杏色。）

喜欢的话呢，都可以带回家去试一下。纠结颜色首选拍香槟色，40多岁纠结香槟色和杏色拍香槟色。因为香槟色它其实更加不挑人。上衣和裙裤都有运费险，所以不担心穿回家，有任何问题，不喜欢、不合适，都是能退能换，有运费险有保障的。我穿的是80厘米长度，我是1米6的个子，所以你们拿回家都可以放心去试哈。

如果说你们裙子和裤子不知道怎么选的话，你就首选拍我们家裙裤，因为裙裤真是上新价格，明天来后天来可能是要卖79（元）的，一条裤子是要用两条裙子的用料才能够做出来的。大家喜欢的话呢，都可以直接去带的。

那我问一下，有没有宝贝，你们是要看裙子的，有要看裙子的宝贝扣"3"……

塑身衣

话术时长：10分钟左右

服装：女士塑身衣

形式：憋单

来，直播间姐妹听好了，如果说你是新粉姐妹，第一次刷到我、见到我的，在公屏上给我扣一个新人的"新"字。想要尝试不敢尝试的，是新粉的姐妹啊，全部在公屏上给我扣一个新人的"新"字。你怕买回去之后踩雷了，怕买回去之后跟主播讲的不一样了，你说万一我穿上之后不好看，万一我穿上之后勒了怎么办？是新

带货主播必修课：服装话术大全

粉姐妹，没穿过、没试过，想要尝试不敢尝试的，全部在公屏上给我扣一个新人的"新"字。就那两个姐妹是新粉吗？

直播间姐妹听好了，今天新粉姐妹我邀请你去试，在我直播间你听10遍、听20遍，不如你自己去试。后台，你帮我加好单啊，我这边最后再追加6个不花钱试穿，6个运费险。后面再来姐妹，运费险不是我买是你买，希望你们自己去带啊。想要试、想要体验的姐妹，你到直播间你看一个星期，你身材没变化，但是你可以先买回去体验一个星期，从周一穿到周天。哪怕你撑到第5天、第6天，你不喜欢不满意不想要，能退货、能换货、能调货，这是我给到大家有售后、有保障，最后6个运费险，最后6个不花钱试穿。

姐妹，你上身之后，它是紧但不是勒啊，你回去感受一下。分段式加压，科学塑形、健康塑形，像这块它很紧，但是胸口这一块，弹力又很大，所以说非常非常舒服，你睡觉穿它都没问题。全身管理，全身塑形，保暖加塑形，冬天让姐妹更暖和，你身材还更好看，还能够把你身材管理住。它不像你穿宽松衣服、大码女装，你的肉只往后面长，你的腰只会越来越粗，肚子越来越大。这是每天在这儿压着，让你使劲拽，你都拽不出来那么粗的腰，使劲扯你都扯不出来那么大的肚子，肉往哪儿长，肉都没法在外面长。穿了塑身衣，你想长胖都难，你会发现你常年体重会很稳定，你的体重不容易忽上忽下，身材不容易发福，不用再穿文胸，不用再穿内裤了。

姐妹们先去试，没穿过、没试过的姐妹，最后6个，最后6个运费险啊，最后6个试穿。想要试的姐妹，现在收到货之后，你觉得跟主播讲的一样的，你再留。你觉得跟我讲的不一样了，能退货、能发货、能调货，这是我给到大家有售后保障的。我的1号链接，姐妹你随便对比啊，你看看人家直播间，你看看这种连体版本，人家连文胸都不给做，我杯垫用的都是乳胶，品质更高。下面还有个四指宽的托胸带，防止胸外扩，防止胸下垂，连背部都是隐形无痕的。你穿过文胸，后背还容易勒出一层痕迹，穿个三角内裤，屁股还勒出印。我的1号链接让你上身，360度全身无痕，隐形无痕，只留美丽不留痕迹。

你像咱直播间，10个姐妹有9个姐妹胖腰、胖肚子，肚子上肉很多，每天肚子大像怀孕。你肉肉松垮没有型，肉还往下垂、往下掉，整个人还显老，30多岁，看起来像40多岁，那你一定去试试我的1号链接。我们在腹部这块做的是全包裹，是全封闭式管理，边提边拉边固定，拎着你的肉肉给你往上做提拉，往里做收紧。

PART 7　附录：服装直播话术宝库

大肚的显小，小肚显平，腰围能够小一圈，小1号，穿前穿后有反差对比。你看我，穿之前我的腰围是71厘米，穿完之后我的腰围是67厘米，你的肉越膨胀越松软，反而穿上之后收紧腹部效果会越明显。

直播间姐妹，我要结单了啊。拍过姐妹在公屏上给我扣"已拍"，今天下单2件的，我再给你升级成咱们家塑封礼盒包装，更加干净，更加卫生。拿回去之后，你送妈妈、送朋友、送姐妹、送闺密，你要送个好身材，快递途中连灰尘都进不去。这个季节，姐妹你穿上身之后会很暖和，因为它的面料里面添加了热拉丝面料，这个面料穿上之后更暖和。担心副乳搂不住的姐妹，你给它调得紧一点，肩带可以调长短，你再给它调得紧一点就行了啊。肩膀可以调长短，高个子矮个子都能穿。前面要做到强效收腹，后面要做到强效提臀，全身管理、全身塑形，非常非常舒服。让你上身之后，它是紧而不勒的。

我的1号链接，我们在臀部后面做了一个5D吸膜工艺，它能够把肉给你圈起来。臀外阔往中间收，臀下塌往上提拉，让你上身之后，臀线能够抬高两厘米，腿还显得修长，穿牛仔裤、穿小裙子就更好看了。你每天练深蹲，练好几个月都不一定能练出蜜桃臀，1号链接让你练不出来的身材穿出来，每天身材都凹凸有致。

你想想姐妹，你早上扣内衣那段时间，我塑身衣就穿好了，不费时间不费精力，打造出来你想要的凹凸有致好身材，就选我的1号链接。你想要这种非常非常舒服的、紧而不勒的、全身管理、全身塑形的塑身衣，你买我的1号链接，更简单、更方便、更省事啊，就这一件。

今天参与我的拼团活动，买一件优惠20（元），买两件优惠100多（元）。这个活动这个价格只有拼团时间有，过了这个拼团活动啊，后期再来我直播间，咱的确卖得就贵啊，就的确会贵一点点。而且现在拍下之后，有7天无理由退换货、有运费险。先去试，你光听光看，你的身材啥时候都没有改变。姐妹，你先去试，如果说好穿了，你再留，如果说不好穿，跟主播讲的不一样了，能退货、能换货。

来，直播间姐妹们拿不准尺码的，把你的身高加体重一块报给我，我给你做一个精准的尺码推荐，早拍早发货，早拍早享受。还有多少要带的，最后4个运费险，最后4个试穿。后面再来的姐妹，运费险不是我买是你买啊，想要试的姐妹现在拍下，明天一早发货，24小时之内让你看到物流信息。

我这杯垫用的是乳胶，小胸穿它不空杯，大胸穿它不压胸，不勒胸，下面还有个四指宽的托胸带，防止胸外扩，防止胸下垂。底裆用的就是悬浮底裆，通风透气

带货主播必修课：服装话术大全

洁面，而且做的是一个抗菌型底裆，抗菌、不发黄、不发硬。它不像你之前买那棉质裆，你穿了一个月整件塑身衣就报废了，我这个品质要更高啊。它针对咱直播间，特别是身材容易发福，生过宝宝的啊，肚子上肉多、肉软、肉松，腹直肌发生分离，屁股扁、屁股塌、虎背熊腰，有腹有胸外扩的姐们，你去穿我的1号链接。全身管理、全身塑形，从肩膀到脚踝，不用再穿文胸，不用再穿内裤了，它就是替代的内衣内裤。穿上它，让你立刻拥有一个好身材，显瘦10多斤是完全没问题的。上面能够托胸，中间能够收腹，背部开肩美背，后面能够帮助你做到提臀。1号链接全身管理、全身塑形，非常非常舒服，紧而不勒。而且我们是把裤长直接给你做到脚踝，让你上身之后腿更显细，腿更显长。黑色能够直接外穿，当瑜伽裤，当骑行裤，当芭比裤来穿，都可以。天气越来越冷，你还可以把它穿到里面啊，当你的保暖衣保暖裤来穿，就别人里三层外三层，穿得又多又臃肿又厚重。我能让你上身之后保暖还舒服，还能够显瘦10多斤，因为我们的面料里面添加了热拉丝面料，这个面料贴皮贴肉穿会更暖和。谁不穿内衣内裤、谁不穿保暖衣保暖裤，你买上一套内衣内裤200（元）、300（元），买一套保暖衣保暖裤也要200（元）、300（元），穿了10多年，穿了20年，身材没有管理住。我们这1号链接让你上身之后全身管理、全身塑形，今年冬天能穿，明年冬天也能穿，这一整个冬天你身材都是凹凸有致的，这就我的1号链接。

所有人听好，我今天的团购活动，这个价格只有团购期间有，过了团购期间你再来我直播间，不再享受这个活动。我要提前讲好啊，后期再来买的确实贵，每个ID只能参与一次拼团活动。所以说哪怕你后期来回购也好，咱都不能再参与拼团了。你后期再来买，你会比其他姐妹贵个40（元），今天买一件优惠20（元），买两件优惠100多（元），一定要加两件，两件更划算。全身管理、全身塑形，既保暖又能够塑形的塑身衣。而且非常非常舒服，紧而不勒，姐妹们。穿上身上之后还暖和，你想想，你不用像以前一样，里三层外三层，穿得那么多、那么厚重了。就这一件啊，让你整个冬天都可以。一定要带两件，拍下之后有7天无理由退换货，有运费险，这个是我给到大家有售后保障，现在下单，明天一早发货，24小时，让你看到物流信息。

这样子姐妹们，有没有不知道怎么穿的，要看主播教你们怎么穿的，在公屏上给我扣小"1"，主播现场教一下你们怎么穿脱、怎么上洗手间。我给你穿个浅色，因为黑色看得不太清楚啊。要看我试穿的，在公屏上给我扣小"1"，有人要看的话

PART 7　附录：服装直播话术宝库

给大家穿一波，没人要看的话我就不再穿了啊。就这两个姐妹要看吗？不用再穿文胸，不用再穿内裤了。这就跟你穿背带裤一样穿法，从领口开穿，先把两条腿伸进去。生完宝宝之后，产后宝妈你一定要穿我的 1 号链接。生过宝宝之后，你肉都是松的，皮都是松的，就感觉自己整个人松松垮垮，没有形。穿了塑身衣之后，它是能够把整个内裤给你提起来。你提到这个地方有点儿紧，它是刮着你大腿根的肉，包裹住你屁股往下掉的肉，调整你的脂肪分布，让你肉长在该长的地方。到这个地方有点儿紧很正常，你就左右扭扭胯，扭扭胯往上提。能够拉着你臀部的肉往上走，让你上身之后，臀线能够抬高 2 厘米，腿还显得修长，穿牛仔裤、穿小裙子能够更好看。屁股的肉肉能够一下提起来，每天穿三角内裤，屁股能往上提吗？屁股只会往下掉，我们让你穿上去之后，每天给你提起来。上厕所在这儿，我们做的是后脱啊，卡住后面弹力带，就一蹲，先蹲啊，再脱，起来的话直接原路返回，没有你想的那么麻烦。假胯宽的，让你上身之后整个人更显窄更显瘦了。小肚这块儿还有个增压网盘，压得更加紧实，肚子不会像以前一样鼓出去，然后你再把两边肩膀给它穿上。

直播间姐妹听好了，如果说你是 1 米 4 多、1 米 5 多的小个子，包括说你是 1 米 7 多的高个子，就咱平时很难买到合适的衣服。买大了，溜肩掉肩；买小了，勒肩卡肩不舒服。我的 1 号链接肩膀可以调长短，高个子矮个子都能穿，不用再穿你的文胸了，反而能够让你胸部越穿越挺。我们下面是有个四指宽的托胸带，侧面包裹住副乳，下面能够承托一整天。A、B、C、D 同杯，大胸小胸都可以穿，小胸穿它不空杯，大胸穿它不压胸、不勒胸。出了我直播间，你随便对比人家直播间，人家直播间连体版本的，连文胸都不带做，我们杯垫用的是乳胶，品质要更高。然后下面还有个托胸带，大胸小胸都可以穿，穿上之后防止你的胸外扩，防你的胸下垂。全身管理、全身塑形，非常非常舒服。让你上身之后是紧而不勒的，马上显瘦 10 多斤，你这得练多久？上两节私教课，你花个小 1000 块钱，你都不一定能达到这样的效果。我们真让你上身之后，马上显瘦 10 多斤。上面能够托胸，中间能够收腹，背部开肩美背，后面能够帮助你做到提臀。而且我们呢，是把裤长直接给你做到脚踝啊，让你上身之后腿更显细，腿更显长，黑色能够直接外穿，当瑜伽裤、当骑行裤、当芭比裤来穿，那都可以。

天气越来越冷，你还可以把它穿到里面，当保暖衣保暖裤来穿。就别人里三层外三层，穿得又多又臃肿又厚重，我能让你上身之后既保暖又舒服，还能显瘦 10

多斤。因为我们的面料里面添加了热拉丝面料,这个面料贴皮贴肉穿更暖和。谁不穿内衣内裤,你买一套内衣内裤咱不说特别贵的啊,其他大牌卖500(元)、600(元)、700(元)、800(元),你就买个普通的也得200(元)、300(元),但是我的1号链接,保暖加塑形,更简单、更方便、更省事。

听好,我今天的团购活动啊,这个价格只有团购期间有,过了团购期间咱就不再享受这个活动了。过了团购期间,咱一律是日常价格,就的确会贵一点点。今天1号链接买一件优惠20(元),但是买两件我给你优惠100多(元),一定要带两件,两件更划算,两件能减钱啊,姐妹们。新粉姐妹先去试,先去体验,我们家姐妹们早拍早发货,早拍早享受,现在下单,明天一早发货,手洗机洗都可以,机洗我建议套洗衣袋。内里面料做的是生物面料,贴了人体皮肤穿,还能够促进人体的某代某谢,如果说你是久坐办公室,代谢循环慢,肚子这块容易囤积脂肪的,你都去穿我的1号链接。

卫裤

话术时长:8分钟左右

服装:卫裤

形式:付费平播

那如果刚刚进来的,确实手速太慢的,没有拍到兔兔身上同款这条卫裤的,你要真心喜欢,你给我扣个小"1"。如果确实扣的人比较多,想要的人比较多的话,我给你们来最后一波。宝贝,真的是最后一波,卖完之后不加单不补单啊,大家一定要珍惜好不好?这么多人给我扣呢。

各位哥哥姐姐,给大家看一下这条裤子,这个裤子呢,给大家做的是一个夏季薄款啊,30多(摄氏)度的三伏天穿,都OK。我们这个裤子呢,线下门店是有3200多家店同步在售。门店的一个售卖价格呢,是300多(元)。那今天在我直播间,确实因为是新款上新给到大家哈,因为新款上新,马上"618"的一个福利活动要到了,所以提前给大家一个"618"活动福利价,今天300(元)不要,1字打头让大家拿回家感受一下。那如果这一波完了之后,我恢复到日播价300多(元),不要到我直播间带我节奏好吗?然后呢,统计一下上福利。

(没问题,来直播间的姐姐们,咱们这边手速慢的、没拍到咱家1号夏季薄款卫裤的,公屏上飘一个小"1"啊。这样一个福利名额,我这边统计一下,再给大家上最后一波现货啊。)

PART 7　附录：服装直播话术宝库

来，各位哥哥姐姐，刚刚进来的，担心品质、担心面料，听清楚，听完咱们直接上车。这个裤子是给大家做这种微宽松的一个版型，它可以更好地修饰大腿腿型，拉长咱们的一个小腿比例，视觉效果上是可以增高2~3厘米的。包括肚子大的、啤酒肚的宝贝一样的，能遮能藏。您拉拽扯不变形，拉得出去、弹得回来。这个裤子呢，最高是可以穿到200斤的。另外呢，这个裤子的面料，宝贝，用的都是这种一等品的新疆长绒棉啊，都是达到一个国标级别的，而且含棉量高达85%。这种棉呢，它因为生长的周期会比较长，日照的阳光比较久，所以出来的绒线比普通的杂棉短棉会更加结实，细腻一些。再加上出厂的时候，也全部都是给大家做了一个植物定色地染，32道抗起球的一个处理。所以拿回家，机洗手洗，你随便怎么去洗，它不掉色、不起球、不缩水，不会出现任何质量方面的问题。而且您久穿久坐久开车，膝盖这一块儿不顶包、不鼓包，屁股不磨白的。中腰设计不勒裆、卡裆，就连裤子口袋，都是做的非常独特的这种A字型的一个立体裁剪，比那种斜插式呀，拉的口袋更加便捷、安全一些。加大加深口袋啊，安全系数也是相当高，放钥匙啊、矿泉水啊，不存在任何掉落遗漏的毛病啊。

再给大家看一下裤子的内里，裤子的内里呢，也全部给大家用的是非常高端的这种精梳小毛圈。这种成千上万的透气网眼啊，圈圈棉它本身的透气性呢，就是普通棉的5~10倍。过风即凉，清清爽爽，风一吹，体感温度是可以立减3（摄氏）度到6（摄氏）度的一个样子。而且夏天来了，在流下汗水的情况下，宝贝，不存在任何黏腻扎肉的顾虑。所以大家都是可以安心买，大胆去拍的啊。来，后台帮我看一下，今天能放的现货还有多少单？

（下午能发的现货，只能5单了。）

来，各位哥哥姐姐，听好啊。总共就统计出来5单，多的没有啊，这5单能拍的，今天马上发，不会超过明天的，差不多也就两三天可以到您家。而且拿回家之后，不管是我的几号链接，都是给了大家三大售后保障。第一，买贵了，给您全额包退；第二，买到假货给您赔4倍；第三，拿回家不满意、不喜欢，咱们都支持7天无理由退换货，退换都有10块钱的运费险，到时候直接打到您的账户上面，不会让大家吃亏的好不好？所以大家一定要拼个手速、拼网速。

（5、4、3、2、1，下方小黄车1号链接，给大家上了5单现货库存，咱们尺码从80斤穿到200斤，正码正拍、卡码往大一码拍。男女同款情侣同穿，夏季同款的卫裤，1号链接刷新去拍。）

来，所有宝贝，下方小黄车 1 号链接啊，刷新去拍。男女都可以穿的啊，身高只要在 1 米 5 以上，不分男女、不分年纪，随便穿都很好看啊。来纠结尺码的，可以把你的身高和体重飘给我，我来推荐。裤子呢，一共给大家做的是两个裤脚，一个是咱们这种直筒的平脚裤啊，一个是咱们这种束脚裤，这样的面料材质颜色价格都一样，就是裤脚上的一个区别而已。如果想要穿得稍微偏休闲风一点，或者想要穿这种直筒裤的，拍 3 号链接，3 号链接就是咱们这个直筒的平脚裤。如果想要穿得偏休闲运动风一点的宝贝，就拍 1 号链接的束脚裤，好不好？都只要 109（元），1 号、3 号链接，你们任选其一都 OK 的。

那另外呢，裤子给到大家是三个颜色，来给大家过一下颜色看一下。第一个是咱们这种灰色啊，灰色是非常显年轻、时髦又时尚的颜色。宝贝，如果您是在纠结颜色的情况下，您拍灰色，因为夏天来了穿浅色系，可能大家会觉得更凉快一点，所以灰色是咱们直播间目前卖得最好的颜色，不管是十几岁穿，还是六七十岁穿，这个颜色都不会踩雷，都很好看。再来一个黑色，肚子大腿粗，想显瘦耐脏的拍黑色，黑色不粘毛、不粘灰，家里面就是有宠物的哥哥姐姐们，穿黑色也没任何毛病的啊。再来一个藏青色，成熟稳重又大气，成功男人的标配颜色，家里面黑色多，去拍这个藏青色就可以了啊。这个样子，藏青色它配的是一个红色 Logo 标，宝贝，红配蓝给人感觉很有品位，穿在身上感觉格调都提升一大截，喜欢蓝色，拍蓝色就可以了。三个颜色都是日常百搭，随时可以穿出门的颜色，只要身高在 1 米 5 以上，您随便去穿。反面给大家做的是一个净色净版，宝贝啊，这个轻奢的一个类型，都是后面没有做口袋的。后面如果做口袋，容易显屁股大啊。来所有宝贝，喜欢哪个颜色，直接去拍（现货最后 3 单了啊），只有 3 单了是吧？（没错）来，各位哥哥姐姐抓紧时间，最后 3 单了，能拍的今天发，如果拍不了这 3 单，可能就要等个四五天预售，完全没必要，好不好？

拍了 1 号的各位哥哥姐姐，短袖 2 号链接带一件，它跟裤子是一个套装。今天一整套呢，是一个包裹合并在一起发，今天一整套才 100 多（元）。平时 100 多（元），连我一个卫裤都买不了，真的。所以拿回家真的偷着乐吧，而且拿回家不管哪件衣服，退换货都有 10 块钱的运费险，不会让大家吃亏，没有啥试错的一个成本啊。

那另外呢，这条裤子全部采用的是一等品的新疆长绒棉，含棉量高达 85%。它不是什么普通的纯网棉、杂棉、白棉，杂棉、白棉是非常容易起球变形的。宝贝，这种棉拿回家，您机洗手洗，您随便怎么去洗。它不掉色，不起球，不缩水，穿个

PART 7　附录：服装直播话术宝库

两年三年始终如新，没有任何褶皱，真正做到免熨免烫免打理的。而且裤子拿回家，您今天从我的直播间拍了之后，拿到手之后，您觉得没有像主播讲的这么好，您觉得不值200多（元）、300多（元）的品质，您来找我，退换货算我们的，我给大家出10块钱的运费险，我不会让大家吃亏的。

另外呢，整个裤子的内里，都是给大家选了非常高端的精梳小毛圈。这种圈圈棉，它的透气性呢，是普通棉的 5～10 倍。风一吹，体感温度可以立减 3（摄氏）度到 6（摄氏）度的一个样子。而且，就这条裤子穿身上，不管有再多的汗水，也不会有任何贴身黏腻的情况。

（1号的夏季薄款已经拍完，没有了。）

没有了吗？宝贝，这条裤子拿回家，不管是爬山运动锻炼啥的都很好看。十几岁穿到六七十岁，没有任何的问题啊，如果是在纠正尺码的，可以身高加体重扣给我，我来推荐更精准一些。现在已经没有了，这条卫裤啊，真心喜欢的宝贝，刚刚手速慢的、没拍到的，给我扣个小"1"，我看一下有多少人，如果想要的人比较多的话，我给你们再详细地过一下，给你们加波库存……

卫衣

话术时长：7分钟左右

服装：卫衣

形式：微付费憋单起号

1号链接又没了，我这里有很多新粉还在问我问题，是不是才刷到我直播间，没有看到卫衣的细节和品质。来给我 30 秒的时间讲完细节，讲完面料马上上车。

宝贝儿，主播身高是 168 厘米、90 斤，穿的 L 码，衣服在 1 号链接两个版本，男生女生都能穿。460 克的重磅美潮卫衣，是穿起来有美式复古的那种感觉，在国外很多明星，如倪爷、比伯都在穿这种美潮卫衣，穿起来是很高级有格调，你穿出去不撞衫、不撞款。哪怕是正面侧面背面，我的帽子、我的衣服它都是挺括，都是有型的。不是什么软趴趴，皱巴巴没有质感的卫衣。所以宝宝，你认准咱们家品质，看好咱们家面料，1号链接准备上车。

是不是担心卫衣会起球、会勾丝？咱们家面料全部做的是 460 克重磅、高织高密的卫衣面料，机洗手洗不起球、不勾丝、不掉色。我们一个月卖到了 5 万多单，没有 1 单反馈会起球会勾丝，我才有底气跟你们讲这个话。然后两个版本——加厚跟加绒，我身上穿的是加厚不加绒的，里面全部做的是双层布空气层的一个里衬。你们在很多直播间看到的买到的,是不是都是普通的牛奶丝,我全部做升级,好的面料配好里衬,整件衣服穿起来才会挺括、才会有质感,加绒2斤的一个重量。

来兄弟姐妹们,看好了,这是咱们家一个加绒的。加绒全部做的是双层布奥粒绒,奥粒绒是越洗越蓬松、越穿越保暖。买过baby绒,是不是觉得,哇,baby绒很舒服,很厉害啦。兄弟姐妹,你看好了,这是咱们家加绒的奥粒绒,整件衣服3斤的一个重量,线下门店你买个加绒2斤重、2斤半,还要花200(元)、多299(元)、300(元)。点好关注,今天我也让你不要觉得两位数带回去,我的衣服只值两位数。我让你们了解到咱们家衣服是什么样的品质,线下或淘淘买一件,我哪怕你加绒也要299(元)。今天我新号开播第二场,我格局打开,我想要做大做强,点好关注,我源头工厂给你们减去中间商差价,我让你们两位数带回去设计师款,给不给力?

来,过完颜色马上上车了,三个颜色。所以兄弟姐妹们要不要现货,现货有多么可遇不可求,你们应该比我更清楚。来绿色扣"1",灰色扣"2",黑色扣"3",1、2、3速速刷在公屏上。谁买个衣服都不想等,我也不想浪费咱们彼此的时间。哪个颜色扣得多,我给你们精准上现货库存,给不给力?现货库存,你出了我直播间,你真的是可遇不可求了。来,过完颜色过尺码。

(助播:尺码报好,马上上车的兄弟们,对应自己的体重去拍就可以了。M码是穿到100斤,L码穿到120斤,XL码穿到140斤,两个加是穿到200斤啊,衣长是70厘米到76厘米,每加一个码数,加2厘米,对应自己体重去拍。男生卡码往大拍,女生卡码往小拍,主播168厘米穿到L码。)

来宝贝,点好关注,后台1号链接再给我准备20单现货库存,给不给力?宝贝听好了啊,今天我让你们两位数带回去设计师款,我在直播间不跟你们吹牛,不跟你们画饼。收到货去做对比,我的衣服不值三位数,你直接给我退。点个关注,看一下,明天过来没有这个价格了。来1号链接,加单倒计时。

(助播:3、2、1,1号链接,刷新去拍,秒拍秒付款,家人都在1号链接。根据你的需求去拍,然后男女同款,男生女生都可以穿,宽松、OV、大版型,不挑穿搭。现货库存不多,快500单了,兄弟们,拼好手速啊。)

整件衣服,它就是有调性的设计师款。你要明白什么叫设计师款,抖爸爸这个平台9.9(元)、19.9(元)、59(元),甚至是到999(元)的卫衣,都是参差不齐

PART 7　附录：服装直播话术宝库

的一个价格。我们要买，我们要买得值，咱们今天两位数带回去的是三位数品质，就是来给你们省钱的。你去看一下咱们家这个衣服，明天过来，没有这个价，明天来不要怪主播就可以。人与人的信任也毕竟是那么一次，收到货亲自感受我的版型，亲自感受我的面料，我不会让你们吃亏。点好关注，然后两个版本，我穿的就是不加绒的，加厚不加绒，小哥哥穿的是加绒的，一共两个版本，根据你自己的需求去拍，是不是好看的。

来，宝贝，看到没有，现货库存已经不多。我给你看一下，看看两个版本有什么区别。然后两个版本加厚跟加绒都有，我现在穿的是加厚不加绒的，内里全部做的是双层布和空气层的一个里衬。不懂的，你们去某度科普一下，就空气层穿起来，它才会挺括，才会有型。拿好的面料配好的里衬，穿起来是不是整个衣服就有格调、高级的，加厚的是2斤那个重量。北方的建议拍加绒的，长款不是很厚，而且帽子很大。宝贝看到没有，来，这是咱们家加绒的。我说了就北方的、比较怕冷的，一定要去拍加绒。我是不是每次跟你们强调，加绒的双层布奥利绒，奥利绒是越洗越蓬松，越穿越保暖。就你们之前买的baby绒，是觉得很舒服，很厉害了。但是咱们家这个衣服，给你们做的是奥利绒，整件衣服3斤的一个重量。线下门店的话，你买个加绒，至少也是200（元）、399（元）往上走的一个价格。我们线下买、某宝买，到手哪怕它里衬是加绒，也是299（元）。今天新号开播第二场，点好关注，我让你们两位数带回去设计师款。明天过来，点个关注看一下，明天过来是109（元），所以你们一定要且拍且珍惜。今天每个人只能拍2单，你就当作一个情侣装来穿，是不是都OK的，是不是好看、有调性的？

然后再看一下咱们家整件衣服，无论是正面侧面背面，它都是挺括有型的，就像你们平时买卫衣，是不是这种立领的。你看好了，我立领可以拆开，两种穿搭方式。你可以把它拆开来穿，是不是慵懒又随意。而且你脖子短，你脖子比较粗，跟我一样的，它不会勒你的脖子。我的衣服它不是贴在你的脖子上面，它是挺括、是有型的，看到没有？你这样卡脖子，是不是很难受，我的衣服完全不会。看到没有，哪怕连侧面，我的衣服都是挺括、都是有型的。整件衣服全部给你们做的是3D立体压线的一个效果，肚子有肉穿起来就是遮肉显瘦，穿起来就是扬长避短。所以宝贝，要买就买设计师款，毕竟卫衣是年年都流行，我们秋冬必备的款式。不可能今年穿的明年不能穿，我们把钱也要花得值。这一波拍起来全部都是现货现发，所以你们有喜欢的，跟我讲一下。你们是第一次来没有买过我家衣服的，是会担心我品质问题。然后一直在问有没有运费险,我们是有运费险的。收到货,如果我的衣服你觉得不喜欢、你觉得不值得,直接联系客服,自己退就完事了,买个衣服没有那么复杂。

1号链接又没了啊……(循环)

西装西服

话术时长:8分钟左右

服装:西装西服

形式:微付费组品循环

今天我们再来一个破价福利,已经7点整了。咱们7点钟刚进来的姐妹扣个"1",我们有个新人价格,而且是7点整的一个福利。有多少个1,我给你炸多少套。真的,你相信我的实力,我别的款不说啊,但是这个衣服的话呢,我是真的拿出我底价。来,不扣"1"全部399(元)。

(助播:抓紧时间直接飘屏,后台开始统计库存喽。)

你们先把小"1"刷起来,我不管大家买不买,扣"1"精准发券,领了券呢,都立减100(元)。然后,衣服加裤子我给你们直接感受一下,高不高级?肩型啊、长度呀、腰围都恰到好处的。大腿粗的有没有,大腿粗的、小腿不直的穿这个,只有裤型,没有腿型的,并且还是显高显瘦显腿长,膝盖不顶包的,深蹲没有任何压力。

拿咱们家这个料子来说,是加厚款的,料子是我觉得比较骄傲的一点。它是含了棉的,它是厚的欧棉绒面料,加厚款欧棉绒的一个材质。您先看细节,后台统计现在有多少扣"1"的。(现在统计有8个扣"1"的朋友。)这个料子真的很厚,你看一下,好软好糯,料子是软糯有质感的,上面全部是坑条绒的一个比例感,能达到不倒绒、不反白、又保暖、又不显臃肿的。来,那给我加个15单吧,(可以。)点关注啊。

咱们再看看里面的小惊喜,里面我给你全部做夹棉的,看到了吗?菱形的定格,菱形格夹棉,能穿零下八九(摄氏)度,都是可以的。来,3秒点关注,2秒点关注,1秒点关注。我给你同样品质300(元)、299(元)都不要,而且保证正品,直播间正品发货。来,先看尺码表啊,不掉色、不起球、不缩水,你要买就买一套,因为我觉得一套才是有灵魂,对吧。

来,S码95斤,M码105斤,L码115斤,一个加125斤,两个加150斤以内，卡码就拍小。准备链接，单件帮我开179（元）、两件开279（元），上车，倒计时。

（助播：5、4、3、2、1，1号链接，刷新去拍，库存不足，抓紧手速，秒拍秒付。）

在1号链接，直接下单1号，全部原版原单，1号链接去捡漏。看一下裤长比例，高不高级、显不显瘦呀，可以直接去买。咱们刚报名的姐姐，都能享受今天直播间地板价。

衣服的背面再看一下啊，有做一个小单开衩，整个腰身，包括衣服的肩型，都做得很漂亮，有做一个双C的收腰，还能遮胯宽。衣服的前面全部做包边的，全部正品发，在1号链接，现在下单要比8点钟之后下单发货更快。

腰的地方做得比较瘦，里面全部带包边的。裤子长度是100到105厘米，裤子长度是盖过脚脖子的，能穿到身高175厘米的。衣服加厚的重量是600多克，口袋呀，肩型啊，包括这个位置全部做个点缀，这衣服的绒质感，你看一下很厚实的，我穿的也是大货出的，你们收到是和我们直播间一样的质感。不要买单件呀，很多粉丝之前买了单件的都后悔了，要买套装，姐妹是不是？

里面的细节给我姐姐看一下，您看细节。定格定棉菱形夹棉加厚款，防风又保暖。外面我给你再看一下，绒面感超强的，绒绒、糯糯的，感觉很细腻。不了解尺码，赶紧报体重。我们家所有粉丝们，抢到这个价的，跟我说一下啊。

这些都是我大货大板，而且你在后期穿，包括咱们打理的话，也是不跑棉、不成坨。我把衣服再往上给它套上，看一下感觉。裤子版型是加长版那种，就是你大腿偏粗的，包括你们腿偏长的，都能盖住脚脖子，或者说咱们这里显瘦。（我们家还有5单。）我刚上了15单，还有5单名额。这是我的裤长，裤子下摆的一个裤脚地方，全部做包边的，膝盖地方不顶包，防风保暖又显瘦，而且的话呢，不会说变形的。

能去拍的，不要去纠结，明白不。我们家这款不挑年纪的，30岁、40岁、50岁、60岁、70岁都能穿，只要你觉得好看的，都可以去买。这衣服的背面给我姐姐好好看一下，有做个单开衩，你会发现咱们衣服的背面做得很精致，有做一个收腰线的，很显瘦的一个套装。

像咱们在裤子里面，有做双层复合的，不是单层的，有做复合的两层。你放心带，有品质保障，包括衣服的面料都不差，直播间镜头里什么样子，你收到就是什么样子。口袋都是真的啊，这些都是细节，细节出品质，这句话你从来不会说出假，姐妹们。（只有3单喽。）背面侧面前面都很OK，像咱们裤子的长度也是做得拿捏到位，显腿长、显得会很瘦。就包括你们肚子容易长肉的那种，它不勒，它有做松紧腰的，而且咱们膝盖不顶包。我搭这个靴子，你可以搭运动鞋，随便搭。

里面给你再看一下吧，定格定棉的加厚款，不是轻薄款。它是夹棉加厚款，有重量，是有包容性的，姐妹。衣服的背部给我姐姐看一下，厚实度很强，就单单这衣服，你提在手上都是沉甸甸的，很厚实，有200克到300克的一个重量，你一整套起来将近600多克。反正你怕冷就买这个吧，能穿到零下几（摄氏）度。或者说咱们家，穿常规的一个打底衫就可以穿到五六（摄氏）度。

我把衣服再套一下，看全身效果，给我姐姐看一下，高不高级，高级显瘦呀，大方呀，姐姐。落落大方，显瘦高档，而且不卡裆。我走近再看一下，很唯美的一个颜色，这颜色也非常提亮肤色。侧边呀侧面呀，不管怎么看，没有一点瑕疵感，像我们整个肩的地方，有做个笔直的直角肩垫棉，腰间是往下收的。

新中式羽绒外套

话术时长：10分钟左右

服装：新中式羽绒外套

形式：微付费憋单

如果是第一次来的，在我直播间从来没有买过衣服的新粉丝，把"新"字打在我的公屏上方。我们看一下新粉丝多不多，新粉丝人数多，花钱给新粉丝购买个保障。这边呢，我们全部都是可以试、可以穿，可以退、可以换的，是能退能换的衣服，拿回家我请你试，我请你穿了。设计师高定版本，定制款式的衣服，这个衣服上身效果包你们喜欢，包你们满意。有没有新粉丝是着急穿不想等的姐妹，新标原标不剪标，带标给她发货，保证正版，保证原版，保证设计师同款的衣服，而且保证是一模一样的。不一样假一件罚十件，不一样假一件罚5000（元），给不给力的？可以放心，这是有牌子有标的衣服给到你的。那么大家准备好了没有？（准备好了。）你们要上车把"上车"两个字飘给我，给我个上车信号，我这边要上车了啊。

这个颜色相对来说更加雅致，更加显得气质些，如果你想走气质路线，想穿得大方端庄一点，想穿得得体点，选择这个杏色，它是完全可以的。家里有没有是小姑娘、小女孩的姐姐，有没有十几岁、二十几岁、三十岁的小妹妹？如果有的，小

PART 7　附录：服装直播话术宝库

妹妹你可以选择这个粉色，粉色它是非常减龄的，公主梦、少女梦过来，想减龄的姐妹你就选择这个粉色。你们想选择温柔一点的姐妹，选择这个紫色系列都可以的，版型是一模一样的，就是颜色不一样。喜欢什么颜色，你们自主下单就可以了。裙子是拉链的，外套这边有个扣子，都是可以合起来的，手工打造的刺绣绣花工艺。

还有很多姐姐说，我要买2件、我要买3件，那么你们都支持我，我也支持你们。那你们要不要优惠价格，如果想要、如果需要，你们把"优惠"两个字飘给我吧，我听你们的。这个优惠价格只能安排这一波，我能力有限。下一波459（元），不要来直播间刷价格，过年的时候459（元），你们下次再来不要带价格节奏行不行？行的话你们再参加进来，随便买个草草的衣服不止这个价格了吧，随便买个羽绒服不止这个价格了吧，对不对？我们还有打底裙、连衣裙去给你们补贴的，补贴的都是C位橱窗同款式，商场专柜新款，手工刺绣、精工刺绣。无论哪件衣服，上面都做的是万针手工的，精美金色的刺绣、绣花给到你们的，上身效果非常显高级，很显档次。裙子是加了绒子的啊，裙子里面是加了绒子，打底衫里面都加了绒子，袖子里面都是加了绒子。你的整个袖子里面，整个上衣外套里面，包括袖口里面加的是羽绒服的。零下10（摄氏）度，零下15（摄氏）度，大家都能穿。

大家都要优惠，那么这波优惠力度做大一点。你们准备好了没有？（准备好了）准备好了，你们刷个"6"字，要上车要改价，给个上车信号行吗，来报完尺码我们马上上链接。

（所有姐姐，点击下方链接，此时咱们尺码表只过一遍，大家可以截图。并且我们家的6号链接，里面都有尺码推荐的哟。）

尺码很标准，标准尺码标准拍，卡码往大拍，按照咱家的尺码推荐来。这边都有保障，能试能穿，能退能换。你可以给姑娘、给自己买一件，带两套回去。好看合适两个人都留下，不合适不好看，两个人一并打包给我退回来，都可以的。来6号链接，有多少件库存（6号链接我们这波只能做22单），22件，前面22个姐姐抢到手，金标原标带标直飞直邮的库存给不给力（给力），来改价上车。

（好，5、4、3、2、1链接，6号链接××品牌，全部都有保障，就在我们家的6号链接，限时只有一分钟。喜欢的姐姐们你们自己去拼拼手速，拼拼网速。）

姐姐们，主播上个新款同款，下方小黄车的6号链接，弹窗的地方已经给你们改好价格了，359（元）两件套。有里面的裙子，有外面的羽绒服给到你们的，一起给到你们,一起的价格359(元)。全国包邮,全部都有售后保障给到你的。能试能穿能退能换的衣服,这个颜色是一个杏色,20岁的小妹妹去选择5号,5号是粉色,20岁的小妹妹去选择粉色,因为你是比较年轻,它会比较显得少女一点。这个颜色比较显雅致,比较显高级些的。就是颜色不一样,它的版型面料款式都是一模一样的,可以放心。

花型非常漂亮,是竹子加上喜鹊,雅致的花型。颜色是非常温柔、清新淡雅。面料都是雪花绒的材质,柔的、软的、糯的、亲肤的,是非常非常的轻盈。我们的外套里面加的是羽绒服,全部是大朵大朵90白鸭羽绒服。大家冬天穿羽绒服就要穿这件,领子上面既保暖,同时它更加显漂亮。我们做的是精工刺绣,万针刺绣,手工刺绣绣花的料子给到你的。如果是很年轻的,年纪很小的美女,你选择粉色色系,这边没有任何问题。如果是年纪稍长的,超过了32岁往上走,"90后"往上走的人,"80后"往上走的美女,你选择这种杏色,它更加端庄、更加雅致。杏色加上金色,整个颜色更加显高级,你相信主播的啊,年纪小的人选择粉色没有关系。

长度是到你的小腿肚子这个距离的,完全不压个子,下摆全部是有支撑给到你们的啊。面料这边是柔的、软的、糯的,是非常细腻的,而且非常亲肤的。裙子里面都是加了绒感给到我们的,水晶 baby 绒,亲肤养肤很细腻,你们的打底衫里面都有绒感,放心。它是两件衣服,里面是条裙子,外面全部做的是我们家 90 羽绒服,冬天穿起来是保暖的,恒温锁温的。面料是 360 织,质量非常好,你怎么去勾、怎么去刮它,料子是不易勾丝、不易起球的。我们敢做精工刺绣、手工刺绣,面料是不得擦的?放心,衣服扣起来合起来都有空间、都有余量,我们做的是自然修身不紧身,塞进一个拳头都绰绰有余的。肚子大、胃包大都能穿,它是立体版型剪裁给到你的。它看起来更加显瘦,看起来显得你是瘦高瘦高的。

抢到的姐姐,我们这边都有售后的,管试管穿管退管换,所以大家放心。外面是羽绒服,裙子里面不是的,裙子里面是绒子,绒子跟羽绒服不一样。外套是羽绒服的,裙子有绒子它会柔软一些,外套羽绒服它会更加恒温锁温一些。来,我们背后再看一眼。(6号链接都已经断码了呀。)啊,断尺码了吗?(是的。)衣服长度105厘米,我是1米58,我是个小个子,你参考一下。断尺码我就不加单了,我说了,下一波459(元),你们不要刷价格的。下一波涨价了,你也不要怪主播好不好,我们这边不支持占单的啊。你们过年都是可以这样打扮起来的,没有点关注没有付款的,我们直接踢单。

（好，想要的姐姐们不要纠结，不要犹豫，现场我们这边只踢出来了3单库存，拼手速、拼网速我们10秒钟，拍完关单了。）

来6号链接，还有3件库存，3件库存踢出来咯。肯定有人会问：粉色和杏色哪个好看？对不对，首先你是什么年纪？不是说粉色和杏色是哪个好看，是你什么年纪适合什么衣服，这两个颜色都是非常好看的，大家都可以放心。如果你是30岁以下，你可以选择粉色；30岁以上要选择这个杏色，端庄点、大方点、优雅点、得体点。30岁以下的小妹妹，选择粉色是肯定没有错的，可以放心，咱们家的衣服都有保障。

我给你们讲下细节、讲下材质，我们这边就马上下车了啊，因为现在是2点7分，我们马上截单了。面料全部做的是雪花绒的，这种衣服是360织，织法密度是非常高的。你怎么去勾，怎么去刮它，料子这边是不易勾丝、不易起球的。我们的花型，做的是金色的刺绣绣花的衣服给到您的。

你们喜欢什么颜色，你们都可以到购物车里面，自主挑选一下，我们的6号链接（还最后1件），最后1件抢完我就下链接，我就要结单了啊。美女占单的姐姐，我们马上要结单了。你们喜欢想要都可以带走，我有售后保障，你们去试，你们自己去穿。实在纠结颜色你们就买两件，两套回去，留一套退一套都可以，或者直接两套都可退回来这边，都没有关系。

羽绒服

话术时长：9分钟左右

服装：羽绒服

形式：微付费憋单

有没有新粉刚来的，我统计一波吧，如果是新粉给主播扣个"新"字，点好关注，我们今天是冲粉丝量的。因为是品宣日嘛，直接拿我们家新款——时装的羽绒服给你们炸价格。首先听好了，如果说超过80个，我们5折不开，超过100个新粉，我们直接3折不要了吧，这个来波大的。

我先转个圈，你们看一下版型啊，给大家看一下。你去看一下今年的某时某尚，还有网红博主主播都在穿肯豆风，这就是肯豆风。这是短款的，今年的短款太流行了。你不怕穿短，你肚子有肉、胯宽都能遮的，并且它特别显腿长。它的长度60厘米到62厘米，是不挑身高的，你140厘米到178厘米都能穿。重点是它的神奇之处就是，我163厘米，我同事173厘米，我俩差10厘米，上身感觉一样的。

它不仅能让你显高,它还能让你更显瘦。你看一下网红款,好多衣服是"抛起来"的。羽绒服记住了,一定要去找服帖款。我们家这款新款的设计,是给你们做茧型版型。什么叫茧型版型啊?就这款衣服的腰部,你长胖的地方,它是这种廓形,廓形往外扩,所以它不贴。下摆做两个滚边往内收,所以视觉效果是不是更显瘦?尤其你们看一下后背啊,背后的是非常挺括有型的下摆,往内收的,风灌不进去,既保暖又显瘦哦。

我跟你讲,这个衣服,你下面搭牛仔裤、搭阔腿裤,你会发现比那些长款的羽绒服,来得更有精气神、更百搭,简单又不拖沓呀。而且像你们肚子有肉肉的,像好多刚生完孩子的妈妈,她们身材还没有恢复,买不好羽绒服的,全部选这种版型,这版型上身会更加简单、简约、显瘦、显腿长。重点是百搭,因为我们家衣服不花哨,你搭牛仔裤、搭阔腿裤、搭高领毛衣、搭卫衣都行。买回去又好搭、又显瘦、又显腿,并且细节好。因为我们家不是网红品牌,我们品牌都做49年了。我们领子里面充的全都是羽绒,所以这个领子的话,就让整个衣服更加吸睛、更加简约。而且细节做得足,我们连拉链都是给你们做双头的金属拉链。谁家短款给你做双头拉链,而且两边有个隐藏式口袋,品牌衣服不仅让你们穿得好看,还要让你们实用是吧?出门能够解放双手吧。袖口都是升级的高弹力防风袖,不钻风、不跑风。下摆也有抽绳,可以根据你的身体去调节,而且上不钻风,下不漏风。姐妹们,这些细节代表什么,我不指望你们买回家跟几万块钱衣服去比啊,但去跟商场里面1000元、2000元的去比,有半点输给它,都给我退,我们都配运费险了。

最后给大家讲一下面料,我们上车了。都在问面料是不是,新粉有没有,我强烈安利你们,一定要去试一下这款面料,看一下软不软,每个人冬天都不想穿硬邦邦的面料,所见即所得。而且好的面料它一定是有好的回弹性,因为它密度高,比市面上大部分的密度高很多。所以防风不说还软糯。并且重点,它能够做到过水无痕,就很耐脏,谁也不想在冬天洗衣服吧?你平时爱喝可乐、爱喝咖啡,不小心蹭上去,直接一擦就干净了。而且它还支持机洗,你想想有多少品牌羽绒服能机洗啊。我们家做了49年,有49年沉淀的品牌,看看我们家品质好的。

人家主播都是拿牌子给宝贝看一下绒,在我直播间看到什么样(现场割开),你收到货就是什么样的,没有任何杂质。绒子含量高达90%,是媲美95绒品质的,穿到零下10(摄氏)度、零下15(摄氏)度一点问题都没有,很轻盈,两包纸巾的重量。又保暖、又轻,穿上又舒服还百搭。我跟你说,就我们家这个版型

PART 7　附录：服装直播话术宝库

谁试穿谁好看。要不要折扣价，真心喜欢想要的女生扣"要"字给我，我给你看后背，充绒非常非常均匀。我们今天是把所有的在仓库存都调到直播间来了。也就是说，过了今天你们就看不到了，都拿到总部来了，很多下架了啊。所以做品宣活动，我们也是拿出力度来了，3折不开，而且所有真心喜欢的想要的，给你们安排一条围巾吧。

真心喜欢跟我说啊，扣"要"字。然后我把颜色迅速给大家过一下，咱们就上车。你们纠结颜色，我建议大家黑色一定要拍。你要问我哪个好看，我一定推荐大家先去选黑色。这是咖色，美拉德式穿搭，你要是家里有太多黑，你不想选，你就选咖色。这个颜色特别有氛围感，下面搭格子裤、牛仔裤、喇叭裤都很漂亮，你也能够穿出跟那种网红图一样的感觉，而且围巾我都给你配好了。再给你们试搭浅色的啊，浅色也漂亮。我家这个是米白色，特别地显温柔，而且的话面料是好打理的。你看一下啊，真正能够做到过水无痕，现在三防免洗要300（元）、400（元），我现在300（元）是给你们试穿五防，到哪儿都要1000多（元）的。我再给大家试下我们的粉色啊，粉色我只试一遍，很温柔，侧面再给大家看一下，特别显可爱，娇滴滴的感觉。

来，最后给大家试黑色吧，我跟你说，都要黑色，这个黑色还能加多少单？（只能30单了。）黑色还有最后30单，就30单。我不多说啊，我只是把丑话讲到前面，如果你们加库存黑色，我是一定会踢掉的。而且这波黑色是最后一波，能够给你们发在仓的库存。上身百搭显瘦而且有质感，这是黑曜石的黑。哪怕在一群黑色里面，它都是脱颖而出的。准备好了没有？（准备好了。）准备开炸。

（助播：是的，来所有姐妹尺码看好，S码120斤，M码160斤，卡码拍大，主播身高163厘米、100斤，穿S码。衣长60.5厘米到62厘米，145厘米到175厘米都是可以穿的。下摆有抽绳，可以自由调节，颜色看好了，黄黑皮肤选黑色，实在怕出错，就选黑色。）

你们记住，纠结颜色先去炸黑色库存，我们要开炸了。这款过了，今天看不到了，要下架了。吊牌价格是1899（元），我们真的是拿着诚意价的。黑标在仓库存，专柜给你们发货。499（元）不开，再补贴200（元），299（元）。你去外面买个棉服都够呛，我这是品牌的羽绒服，有运费。姐妹们，买回去跟专柜里面1500（元）的去比比，我输给他，你给我退，还给你们送围巾啊。现在是22点43分，我就送1分钟，44分之前都拍好。来1号链接，拼手速，改价倒计时。

（5、4、3、2、1，1号链接已开价，拼好手速。不知道拍啥颜色，直接拍黑色，卡码往大拍就可以了。1号链接刷新去拍，到手价格299元，拍下围巾羽绒服一整套带回家。黑色只有×××库存，拼手速拼网速。拍下5天直接飞走，有运费险，有7天无理由退换货。实在不知道拍什么颜色，拍两件回去，喜欢哪件留哪件。299元的价格，只有这一波。）

袖子里面全部带防风袖套啊，我跟你说特别保暖。细节，所有的版型，所有的面料、品质，你可以对标专柜1000（元）、2000（元），3000（元）、4000（元）都可以。品质半点低于1500（元）的都给我退。299（元），姐妹，你去外面买个棉服都够呛，我是品牌新款羽绒服，你看它的蓬松度。所有人想要试颜色，我等一下给你们试，你们如果纠结，先把黑色库存给占了，知道吧？福利名额先占上，你哪怕晚上躺在家里面，不想要，你退了都来得及。而且今天这波抢到，现在不是22点43分嘛，44分之前抢到的小哥全部备注安排围巾。然后抢到女生把"已拍"打起来，我怕一会儿人多了，他把围巾漏掉了。

然后颜色给你们过一下。我丑话说在前面，黑色3秒钟不付，小哥全部踢掉。因为你不抢，别人会去抢，你不要占别人的库存啊。然后再给大家去试一下我们咖啡色。能抢到，都是5天之内从仓库给你们发。姐妹，你去其他直播间看看，哪家不是15天、25天的预售。真的不是吹牛，但凡没点时限都是发不出去货的。虽然我所有的羽绒服，货架上全部满了，我们能保证你们在5天之内一个不落，全部发走。到底是4天还是3天还是2天，你们下单时间决定的。你晚1秒钟，往后排40名、50名的，100名都有可能。因为现在人比较多。然后你们先拍，我把颜色给你们过一下，全部给你们安排运费险，买回家试试，体验一下，女孩子要多尝试新的风格。我敢说，200多（元）到哪儿都买不到这个品质，你现在去买了三防免洗刷至少400（元）、500（元），我软三防。你看我这个面料，水洒上去轻轻一抖，没有任何的水渍。其他品牌，这种面料都要卖到1000多（元），我给你299（元），姐妹，别说你明天来了，别说你晚点来了，明天来刷下来，都没有。现在这款式的有在仓库存的，都在我们直播间，今天卖完之后全部下架，明白吗？黑色给你们试一下吧，我再给你们15秒，我就直接下链接了。抢到的女生全部有围巾，抢到的女生全部5天内给你们发走。下一波都开始预售25天。

（抢完了没有咯。）

还没抢到，还没有抢到是吧？来这样子吧……

羽绒马甲

话术时长：8 分钟左右

服装：羽绒服

形式：憋单

那有多少姐妹是没拍到的呀？没拍到的新粉宝贝，飘"新"字吧，新人的新、新粉的新。所有新人新粉飘"新"字，我们先帮大家留好现货。飘"新"字，我们再给大家升级一个新人的福利保障，就是从我们线下专柜发出。因为下半年会有很多的节日，现在已经 12 月，马上元旦、新年了、元宵了，送人穿送礼穿，是不是可以的，等于升级一个包装礼袋。然后呢，拆这样的一个快递，是不是仪式感满满的。×××和×××，给她升级一个包装礼袋。

衣长是 56.5 厘米，我将近 1 米 7 的大高个，我穿都没问题。1 米 6 以下的小个子不压身高，不会显矮，做事情很方便，没有负重感，没有累赘感啊。身上的羽绒马甲在我们的 1 号链接，1 号链接现在不要去拍，还没有开价。然后，所有刚进直播间的女生，我们先给大家看一下我们羽绒的材质，然后我们过颜色马上就上车了。

我相信，来我们直播间的女生，她也不可能是说就为了买一个样式而来的吧。你买一个样式的话，你就不用买品牌了。品牌是更注重细节的，更注重品质的。我们品牌做 50 多年羽绒服了，我们这一件羽绒服做的是什么品质，看好了啊。第一点，600 的蓬松度；第二点，600 的清洁度；第三点呢，是有 RDS 的羽绒标准认证的。你去买一件鹅绒服，对吧，很好听啊这个名字，鹅绒的。但是它那个蓬松度只有 480，对吧，那你就没有用啦。我们这一件做的是 90 的绒子，90 绒子在鸭绒届已经达到天上的板的。好的鸭绒跟不好的鸭绒、好的鸭绒跟一般的鹅绒，它们价格差得很多很多的。它有 10 来万元 1 吨的，有 50 万元 1 吨的，有 60 万元 1 吨，有 80 万元 1 吨的，成本都不一样的，一分价格一分品质啊。

总共四个颜色，里里外外都是做同色，四个颜色全部配色。这一层不是内胆，是面料，里外同面料，抽绳猪鼻扣全部同色，包括我们的拉链全部做到同色系。四个颜色全部配色，来给大家看一下都有什么颜色啊，这个是我们的深咖色，颜色比较浓郁，比较大气。然后这个是我们的香槟色，这俩颜色都是今年比较流行的美拉德色系，然后给大家对比一下。你们有没有买过这样的一个颜色，这个颜色它可能会显老，这个颜色就是没有到位，还没成熟。然后我们这一个颜色就是属于已经做到位了,就一步到位了。颜色虽然深,但它不显老。你要是做得不深不浅,倒反而不尴不尬的,有点儿显老气了。我们这个颜色不显老啊,18岁都能穿,这个是我们的一个香槟色。面料是不是足够软,你要想拿它当内搭都是没问题的,给小孩子买了当校服内搭都可以。来,还有我们的黑白两色,白色的话不是纯白,这个叫陶瓷白,比纯白色好看得多,比米白色清爽得多啊。然后还有我们的黑色,黑色的话不是亮面的,它不发光、不发亮,这个黑色的话,做到了不粘毛、不沾灰,做到了洗完以后不泛白。这个黑色就很少见了,你别看它是黑色,市面上很多,但越是黑色越是难做,黑白两色都是很难做的。因为很多黑色都容易粘毛的,包括很多黑色都有点儿发光发亮的,有点儿显廉价的,这个不会啊。

来,1号链接都准备好了是吧?(是的。)准备好我们准备上车了啊,后台录屏功能打开。所有准备好了的女生,全屏飘"要"字,所有飘了"要"字的女生,吊牌价格1299(元)、线下专柜卖969(元)一件的,我们直播间969(元)不需要,包括有我们品牌的粉丝,你去刷一下我们的直播间,有没有一家直播间在卖这个款,没有。因为这个就不是电商款,电商款卖来卖去,就这么两款,对吧?烂大街的款式,我们这个款式是线下专柜同步款。我拿到直播间来给大家做一个宠粉福利,我"双11"都没有卖过这个价格,"双11"都没有送过打底裤的。今天来给我们的×××、×××姐妹,给大家送一条打底裤,我直播间163位姐妹,我送不了163条,但是尽我们所能,所有要的女生,我们给大家人手安排一条,买一送一的,拍一发二的一个名额。这一条打底裤咱直接赠送了,价值299元的,我们直接送。里面是加绒加厚的,要的女生你告诉我,不然我们看不到你的名字,我们送给谁呀?对吧?我随便送一个女生,那也不现实啊,告诉我呀。宝贝们两件套,有运费险,有7天无理由退换货,有正品保障,有保价险,保价到年底,有运费险可以回家试穿。在仓现货,两天之内全部发走,报尺码上车。

(是的,来姐妹,咱们看一下尺码表吧,155斤以内的,咱们都是能穿的啊,均码的,衣长在56.5厘米啊。小个子咱们就不用担心,直接去拍;高个子也不用犹豫,咱们主播身高168.5厘米,170厘米以下都是没问题的。肩宽在4厘米6、胸围在120厘米、155斤以内的姐妹,准备好手速,咱们要上车了。姐妹准备好了啊。咱们家是有运费险的啊,是有售后保障的。)

准备上车了啊,收到手三标齐全的正品,吊牌上有防伪鉴别码,支持验货。到手价格569(元)送打底裤,1号链接倒计时。

PART 7　附录：服装直播话术宝库

（5、4、3、2、1、1号链接，刷新去拍。姐妹四个颜色啊，纠结颜色，咱们首选黑色，想要再洋气点儿，再高级一点儿的，可以拍主播现在穿的深咖色。咱们今天569（元）买一送一，亲爱的，线下专柜同步在做的一个新款，一个短款啊。姐妹不要犹豫，加绒加厚打底裤，直接给大家一起发。充绒克数达到85克啊，里面克重是很多的，是一个小厚款。）

你看我将近1米7的身高，我穿这衣服都不短，1米7都不用担心短的女生们，所以你们就可以放心穿。1米7都不短，你别说1米5、1米6了，1米5、1米6穿着更好看。因为它不压身高的，它不会说压身高、不显矮，不然的话，你衣服太长，会显矮的。亲爱的，我们只卖羽绒服的，没有做其他东西的啊。不然的话，你像我们这羽绒服同样的品质，我换一个品牌要卖大几千（元）的，为什么我们这样一个高货品质可以卖到这个价？因为咱专业呀，我们做的量大呀，量产的呀。宝贝们，我们做了50多年的一个品牌，而且我们是一年四季都卖羽绒服。咱不是说，我们夏天就卖短袖、T恤的，是吧，冬天卖雪地靴的。我们就是羽绒服。（黑色就剩3单了。）黑色就剩3单了，所以你要看是什么品牌，我们卖这个价，你就不用担心品质。你要是随便换一个四季时装品牌，短袖都要卖300（元）、500（元）的，一件羽绒马甲卖569（元）你敢买吗？根本不敢买啊，是不是，我们家你可以放心穿。

这个是白色，白色好看不，白色是那种软软糯糯的陶瓷白，比米白色好看得多。面料是不是很软糯的，可舒服、可舒服的。香槟色试一下哈，黑色是给大家试一下。我的香槟色，比较的气质，但是它不显老，因为好多女生担心深咖色驾驭不了，你就可以试试香槟色。我相信所有女生都能驾驭香槟色，超过25岁全能穿。我觉得23岁都能穿，香槟色随便穿啊，它比较有气场的，比较有气质的。特别是我们已经上班了，通勤穿的，我平时在办公室里穿的，我里面套个西装，我外面套一件马甲是不是也可以。我里面套一件毛衣，我外面套个马甲，我平时在办公室里面，我办公穿的是不是也很舒服的，对吧？包括我们平时在家带娃穿，是不是可舒服。哎，我平时爱打麻将的，我就买了，我就放在麻将室里，我打麻将也舒服吧，是不是啊？重点是它很轻很软，它很厚，它穿的是85克，它穿的不是20克。咖色看一下，好嘞，咖色再给大家看一下，打底裤还有几单？（现在还有两单了。）两单打底裤送完，直接下车了，准备下链接了啊。然后这个是我们的咖啡色，咖啡色的话比较浓郁，是今年流行的美拉德色系。就是这一个咖色的话，因为这个咖色颜色做得正,像很多咖色,你会发现今年不是有很多美拉德色系嘛,各种各样就是都做咖色。很多羽绒服都有做咖色,但是有的咖色颜色做得不正的话,就有点儿不好看。比方说就这一件咖色,这个咖色呢,就是有一点点黄,有点儿黄咖黄咖的感觉,这个咖色是不是就没这么大气了。我们这个咖色的颜色很浓郁、很高级、很精致的。所以这个咖色您可以放心穿。您如果说想买一件咖色,担心显老的,这个咖色颜色,不可能显老,不会显老,你放心穿。18岁想要尝试美拉德色系的,都能试一下。

来,10秒钟时间准备下链接,马上就下车了啊。有没有买过这种的,而且它是里外不同料的,我随便拿一个另一款的链接给你看啊。这个是内胆,这个是面料,色差还有点儿大,(好的,已经没有了。)但是我们这一款是里外同面料的,没有色差的。你衣服给它摊在地上,你都能看得到,它没有色差。因为用的面料、里料是一致,它不是说这个是内胆单独色,重点是我这个深咖色的,比普通的咖色好看得多啊。

然后1号链接是不是都拍到了?是的,没拍到的女生左上角参与福袋,马上开奖宝贝。然后身上这一件羽绒马甲喜不喜欢,好看吧? ××××年新款,不撞衫不撞款的。因为这个款式你会发现,在我们线下专柜你看得到,但是在直播间很少能看到。因为直播间卖的是电商款,电商款跑量的呀,跑量的话买的人多了,不就容易撞衫撞款吗?跑量的话,价格肯定会低一点,但品质相对应地可能也要往下走一点。但是,我们这一款是门店专柜同步款,有多少女生是没有拍到的,来没拍到女生飘"新"字吧……

T恤

话术时长:7分钟左右

服装:T恤

形式:微付费憋单

大家买到了吗?哥哥们,我们直播间119个哥哥,夏天已经到了,你想一下哥哥们,你们夏天随便去买个短袖,怎么也得要100多(元)。但今天我身上这件T恤99(元)都不需要,我们家很多宝宝都是整了两件啊。没有买到的,这个样子,因为我们这边最后还有48单就没有了。1号链接没有买到的,咱们把身高、体重给我报一下。身高、体重报一下,好吧,我来给大家做一下尺码的推荐。兔兔的身高是168厘米,体重是108斤,我穿的是我们家M码。然后这个衣服马上准备下

PART 7 附录：服装直播话术宝库

链接了，没有拍到的哥哥姐姐们，最后再给大家来一波，好吧，我们这边就准备下播咯。

为什么要给你们推荐尺码？首先所有的老板，你去任何的直播间，很少是有主播愿意一对一给你推荐尺码的。但是我们是×××品牌，我们注重的是什么？我们老板给我们讲的是，注重的是服务。说实话，你到直播间买个好看的衣服，到时候尺码买不对了，回去不喜欢了，到时候是不是还要花三四天退换货（麻烦了），浪费你的时间，对不对？今天我们这件衣服给大家做活动，给大家发的是现货，我不希望别人收到手都在穿了，你还要花三四天退换货，所以要买的，咱们现在可以报一下身高、体重。然后我用1分钟时间给你们讲解一下这个衣服。

首先这个衣服版型很大，胖一点的老板，夏天不好买衣服的，可以买我这件，好吧。它可以穿到280斤都没问题的，今天是给大家新出了一个三个加的尺码，XXXL码。三个加的尺码不多，所以胖哥哥待会儿要拼手速抢。然后第二点宝宝，这个面料给大家做的是纯棉的，百分之百优质的棉花。而且我们这款衣服，它是克重高达255克，重磅高克重的纯棉，优质的新疆长绒棉，没有任何杂质。而且它是我们线下的一个黑标系列，版型真的偏大，纯棉的穿身上是不是更加亲肤、更加柔软？像你们去外面买的白色的，上身穿了之后透肉。我们这款是做到255克重，完全不透肉，男生女生都能穿。

然后是做了四个颜色，你们在外面买的穿上身的颜色，有些时候穿了皮肤痒，我们这件衣服给大家做的是植物染色工艺。绿色好不好看，这个是薄荷曼波哟，这个是今年很流行的颜色。粉色好不好看？卖得最好的颜色是我们家白色，已经出现断货断码情况了。这个是×××同款颜色，这个是灰色。所以你今天要买的，可以买两件，当作情侣装穿它，完全没问题。灰色和白色可以当情侣装，粉色和这个绿色可以当情侣装。所有要买的宝贝儿，咱们把关注点好，准备上车。

宝宝这个样子，刚刚来买一直都是99（元），今天直播间89（元）给你们炸一波。但是这一波抢到了，不要之后来直播间带节奏，好吧？89（元）给你们发现货，好好看尺码表，我们先准备上车了，宝贝儿。

（助播：来宝宝们看一下标准的尺码表，S码120斤、M码140斤、L码160斤、XL码180斤，最大可以穿到210斤，都是没问题的。如果有拿不准尺码的宝宝，飘身高、体重，主播给你们做精准推荐。可以抓紧手速啊，宝宝们。）

1号链接，小哥，最后给他们加个12单吧。（没问题。）113个人抢12单哦，

89（元）来拼手速，开价倒计时。

（助播：5、4、3、2、1，1号链接刷新去拍。）

我身上的白色还有最后6单就没有了，要买白色的拼手速。我们真的没必要骗大家，直播间113位宝贝，这个衣服我先给大家讲一下，你们纠结尺码的，可以热情一下报一下身高和体重。现在这个衣服是966单，你们问一下这个小哥哥，这个小哥哥是很老实的一个人，你问他，我闭着眼睛不说，老板说今天只能卖多少单？（老板说今天只能卖1000单。）真的只能卖1000单。

我给你们讲一下啊，刚刚小哥哥身上穿的那个灰色是×××同款颜色。我给你们再看一下颜色，你们没有付钱的，抓紧时间付一下钱，现在拍到手是现货。1000单，还有最后的29单，这个衣服就没有了。这个是我们家的一个薄荷曼波的颜色，然后这个是我们家的粉色。粉色真的好看，很好看，男生穿这个粉色也很好看的。

（助播：主播1号链接全部抢完了，还有3个宝子占单。）

不等你们了啊，你们要买的，抓紧时间了，我们这边要准备过款了。卖到6点半，不管卖不卖到1000单，我们都要把这个下链接了。共但是我们是算过的宝宝，差不多6点半，还有最后8分钟时间，卖29单，随随便便的事情。所以你们要买的，这29单卖完过后，卖到1000单，它的价格是自动恢复到119（元）。所以你们现在不下单的，可以，但是不要待会儿改到119（元）了，再来找我们要89（元）的活动价格，今天89（元）是可以给你保价"618"的，"618"当天的价格都不可能有今天价格低的，所以你们要买的自己拼手速了好吗？

来看尺码表，准备踢单哦。

（助播：来宝宝们看一下标准尺码表，S码120斤、M码140斤、L码160斤、XL码180斤，最大可以穿到210斤，都是没问题的。如果有纠结尺码的宝宝们，身高、体重可以飘，主播给你们做精准推荐。）

来，踢单倒计时。

（助播：5、4、3、2、1，踢单补库存，刷新去拍宝子们，最后踢单，现货别纠结了，马上准备过款啊。）

然后这个衣服现在还有最后的28单，现在是已卖到972单。跟大家再讲一下宝宝啊，白色拿回去完全不带透肉的。真的，今天拍到手，首先有7天无理由退换货（有的），而且有运费险，你可以放心大胆拿回去试。这件衣服，今天给到大家是地板价格。我们有很多妈妈们、哥哥姐姐们，买回给自己上高中生的儿子穿、给

PART 7　附录：服装直播话术宝库

自己弟弟妹妹买都有的。首先它是纯棉的，没有任何的杂质，优选的新疆棉花，男女老少都能穿，皮肤敏感的也能穿。再加上这件衣服给大家做的是 255 克，重磅高克重的，高克重白色，它都不透肉的。我们是把细节全部拿捏到位的，左边中前做的是刺绣，后面做的是高温的印压工艺。这是正版的小樱桃，我们家的镇店之宝。今天拍到手都是现货，有 7 天无理由退换货、有运费险，89（元）的价格，我给你安排这些东西，我们质量差的话，不可能搬起石头砸自己的脚，对不对？1 号链接全抢完了，没有了是吧……

结语：开启你的服装直播新征程

首先，恭喜你解锁了全新的角色体验——带货主播，并且顺利地读完了这本书。在这个直播电商风起云涌的时代，众多平台都在积极布局这一领域。我个人深感，对于普通人而言，抖音、视频号、小红书这三个平台，依然有着宝贵的参与机会。当然，也有人会抱怨平台的种种限制，觉得困难重重。然而，这些限制实际上是市场在经历了无序扩张后逐步走向规范化的结果。人们常说的起号困难，主要是直播间和竞争者数量激增，导致竞争环境日益激烈。但直播带货的核心在于获取线上流量，而线上的流量和需求广阔无垠，因此，每个人只要把握机会，依然有可能在直播带货领域取得优异的收益。

对于初入直播带货行业的新人而言，实现快速成长的关键途径有两个：一是加入精悍的小型团队，与他人共同学习、共同进步；二是坚持学习和实践，勤复盘，从失败中吸取教训。虽然选品是决定直播间起点的重要因素，但主播本身的能力和表现则决定了直播间的上限。在无法完全控制选品的情况下，主播需要不断地提升自我、强化自身能力。当你开始认真研究某个直播间，拆解其话术时，会发现有些主播的话术和节奏已经达到了"出神入化"的境界。在这些主播中，拥有先天优势的寥寥无几，绝大多数是通过不懈的实战经验和持续学习，才成长为今天的样子。

我猜测，许多从事运营和创业的朋友们可能会购买这本书，并急切地想要了解直播间应如何起号、为什么在这本书里没有关于起号的内容。

直播间的起号过程，与制作普通内容（如抖音短视频、小红书笔记等）

的起号过程完全不同。后者在内容结构上通常不会有太大的变化。然而，对于直播间而言，每个平台都有其独特的玩法和限制。正如在"避坑与危机应对篇"章节中所见，平台规则不断演变，即使是半年前和半年后的起号策略也可能存在差异。

尽管如此，大家却不必过于担心起号难度。在选品没问题的前提下，学习本书内容后，你们将能够正常开播，并取得一定的成绩。有人可能会问：为何要采用鱼塘起号方法？为何要采用付费起号？这是因为，如果仅依靠平播自然流起号，不采取任何套路和技巧，想要让直播间迅速成长，无疑需要耗费漫长的时间。此外，随着时间的推移，你当时所选的产品可能会逐渐失去吸引力，导致直播间流量下降，最终起号失败。

那么，如何迅速实现直播间的起号呢？针对抖音平台，我认为"鱼塘起号"和"随心推起号"是相对简便的方法，这两种方式均能够通过正价起号来提升直播间数据。关于鱼塘起号的玩法，我首推的是专注于鱼塘起号玩法的古木老师，他是一位热衷于研究抖音算法和底层逻辑的专家，同时是男装赛道头部矩阵账号的操盘手。我学习了古木老师从"鱼塘玩法1.0"到"鱼塘玩法3.0"的全部课程，在七八月的服装电商淡季期间，成功启动了两个女装直播间。而随心推起号主要是以对标直播间截流为核心，具体的操作方案可以在网络上找到相关的资料。

在成功起号之后，接下来的任务便是追求"精致"。这可以理解为，当直播间成功起号并步入日常直播的正轨时，需要定期对直播间的话术、场景、产品等要素进行细致的完善和调整，以提升其"精致度"。这样做不仅能够使直播间流量更好，还能有效提升销售额。随着平台功能的不断完善和市场的发展，每个直播间都不能安于现状，必须不断进步。

最后，我想与大家分享一句箴言：做直播要有核心技术，即直播消失后还能生存的能力。